李时新 著

工友与报馆

上海报业劳资关系研究

（1945—1949）

新聞報

上海全部解放

暨南大学出版社
JINAN UNIVERSITY PRESS

中国·广州

图书在版编目（CIP）数据

工友与报馆：上海报业劳资关系研究：1945—1949/李时新著.—广州：
暨南大学出版社，2021.5
ISBN 978 – 7 – 5668 – 3124 – 8

Ⅰ.①工⋯　　Ⅱ.①李⋯　　Ⅲ.①报业—劳资关系—研究—上海—1945 –
1949　Ⅳ.①F249.26

中国版本图书馆 CIP 数据核字（2021）第 043223 号

工友与报馆：上海报业劳资关系研究（1945—1949）
GONGYOU YU BAOGUAN
SHANGHAI BAOYE LAOZI GUANXI YANJIU（1945—1949）
著　者：李时新

出 版 人：张晋升
责任编辑：冯　琳　刘　蓓
责任校对：周海燕　冯月盈　孙劭贤
责任印制：周一丹　郑玉婷

出版发行：暨南大学出版社（510630）
电　　话：总编室（8620）85221601
　　　　　营销部（8620）85225284　85228291　85228292　85226712
传　　真：（8620）85221583（办公室）　85223774（营销部）
网　　址：http://www.jnupress.com
排　　版：广州市天河星辰文化发展部照排中心
印　　刷：佛山市浩文彩色印刷有限公司
开　　本：787mm×960mm　1/16
印　　张：15
字　　数：236 千
版　　次：2021 年 5 月第 1 版
印　　次：2021 年 5 月第 1 次
定　　价：59.80 元

（暨大版图书如有印装质量问题，请与出版社总编室联系调换）

自　序

· · · · ·

我在为博士学位论文搜集史料的过程中，发现一些报馆职员（如编辑、记者）和工友（主要从事印刷、发行等工作）与报馆发生冲突的文字，冲突大多缘于劳动环境、节假休息、工资待遇、年终分红等问题。这确乎在我面前展开了中国近代新闻史未曾见过的另一面：当我们在探讨一张报纸的内容特色、思想内涵和社会影响时，当我们在剖析一位报人的家国情怀、专业精神和秉性性格时，我们是不是可以从人所共睹的"前台"转入有些神秘的"后台"，探究报纸流水线生产的方式、报馆各个部门的分工和合作，以及更重要的——在生产过程中报馆所有人和管理层与各部门职工的地位和权力关系。

在完成博士学位论文后，我将关注点转移到报业劳资关系上，尤其关注职员和工友的工作情形与生存状态、职员与工友对报馆的态度之间的关联以及报馆的反应和应对。事实上，在文献检索中，我发现可供参考的直接相关的研究成果很少，多数是劳动科学领域的学者对于工厂（如面粉厂、印刷厂、纺织厂等）的劳资冲突问题的讨论；而且，关于报馆职员和工友的核心材料并不多（有关的新闻报道大多只是一种浅层、不完整的，有时甚至是不确切的描述）。好在上海档案馆收藏了1945—1949年上海报馆的部分档案资料，包括主要报馆的概况调查、报纸销量和工资状况，各报馆关于借薪、欠薪、津贴、年奖、增加工资、停刊、开除或解雇等纠纷与上海市社会局往来的文书，等等，基本上以报馆和工友为中心。这为我考察工友与报馆劳资冲突的机理提供了从新闻报道中难以获得的鲜活材料，也决定了问题的提出和研究的方向。

档案资料只是研究必需的一部分文献，报馆工友实际的收入水平和生活状况如何，以及在上海社会经济形势跌宕起伏之下工友是怎样随之颠簸挣扎的，已无迹可寻。补救的办法就是借助外围材料，利用前人业已整理的数据，展现不断变化的经济形势和经济政策对一般工人的多面影响，以此类推，折射报馆工友的薪水之廉、生活之艰和吁求之急，为研究劳资冲突的产生建立逻辑关系。

实际上，书中以《申报》和《新闻报》为例的研究只是剖析了部分报馆工友的收入和待遇，而其他历史短、效益差、时有纠纷的报馆（如《华美晚报》《时代日报》《商报》等）也是具有典型意义的。此外，劳资冲突对上海报馆、政府机构和社会有何深远影响，有待进一步挖掘。

总之，本书乃抛砖引玉，期待各位专家批评指正。

李时新

2021 年 4 月

目　录

第一章

绪　论

⋯　⋯

第一节　研究意义

　　有学者指出，新闻传播史的研究应该细分为三个子系统，即新闻传播事业、新闻传播制度和新闻传播观念。[①] 那么新闻传播事业，如近代报业的研究，又应分为几个方面呢？笔者认为可分为两个层次，一个是新闻组织（如报馆等），另一个是新闻从业者（如馆主、记者、编辑和工友等）。新闻组织是新闻从业者的集合体，新闻从业者依附于新闻组织而存在，同时通过自己的新闻活动为新闻组织创造价值，两者形成一种共存共荣的关系。在近代报业研究中，学者研究得较多的是报纸的内容特色、记者的采访技巧、馆主的经营才能等；比较而言，对报馆中另一个群体，即从事报纸印刷和贩卖的工友则着墨不多。原因在于，自创办伊始，报纸就一直在通过提供事实和意见与社会进行直接的、广泛的互动，对社会产生着潜移默化的但又深远的影响，而记者和编辑则是这些事实和意见的重要来源，对报纸内容的优劣起着关键的作用。这样，新闻内容的载体及其提供者理所当然地成为社会、研究者关注的焦点，而隐身幕后的工友则多多少少被忽略了。

　　近代报馆一般分为编辑部、营业部（或称经理部）和印刷部三个部门。编辑部负责新闻的采集和编选，营业部负责报纸销售和广告推广，印刷部负责报纸的拼排和印制。在报馆中，由于各人所从事的工作的差异性，报馆人员一般分为两个群体，即职员和工友（合称员工）。职员主要是编辑部、营业部和印刷部的管理人员、记者和编辑等，他们文化程度较高，从事的是脑力劳动。工友则包括从事印刷、发行和杂务等工作的工人，其特点是文化水平不高，以体力劳动为主。其中，印刷工友专司拼排新闻和广

---

　　① 张昆：《新闻传播史体系的三维空间》，《新闻大学》，2007 年第 2 期，第 30 – 35 页。

告、雕刻铅字和木戳、印刷报纸、承接外来印件、铸制铅字和铅条、压制纸版、浇制铅版、管理印刷机器和电力发动机、煎制胶棍、镌造铜版和锌版等；发行工友则负责报纸在本埠的售卖，他们隶属于派报业组织，并非报馆编制，但被报馆所雇佣，通过批发报纸与报馆建立经济联系；杂务工友则有司机、车夫、信差、门警等。可以说，三个部门缺少哪一部门人员的配合，报纸都将成为半成品甚至废品。如此看来，与编辑、记者和管理人员同等重要却又屡被论者忽视的工友不能不成为关切的对象。

众所周知，商业性报纸既是一个提供新闻、传播知识、反映舆论的文化组织，也是一个自负盈亏、进行成本核算的经济组织，它必须不断地与市场进行价值交换，追求自身收益的最大化，才能保证自己的生存和发展。近代报馆按照员工担任的职务以及从事的工作，制定了不同等级的薪津标准。其中，社长、总经理和总编辑薪水最高，各部门负责人及其他职员次之，最低则为工友。比较而言，职员对自身生活的满意度要高。收入决定态度。因此，在报馆中，他们与馆方更多的是一种合作的关系。尽管他们有时也对馆方不甚满意，但一般不像工友那样不平则鸣，起而反抗。而在同样的生活条件下，收入微薄、同样也要养家糊口的工友的生活要比职员拮据得多。当社会经济状况恶化时，情况更糟糕。那么，他们对此有着怎样的反应？报馆又是如何回应的？他们的行为对报馆造成了怎样的影响？而他们各自的行业组织和政府机构发挥了怎样的作用？

各报馆由于历史传统、经营能力、馆主素质和企业文化的差异，必然造成盈利能力和对待职工态度的差异，那么，在那些素负盛名的报馆，工友的地位和工资待遇到底如何？它们又是如何为工友提供了制度性的保障的？应该说，所有这些都是值得探讨的话题，这对我们了解近代报业劳资状况有着重要的意义。

诸如以上这些思考，归结于一点就是报业的劳资关系问题。所谓劳资关系是指劳动者个人或劳动者组织，如工会与雇主组织以及管理当局在劳动过程中所发生的权利义务关系，其内容包括劳动任务、劳动条件、劳动时间、劳动期限、劳动报酬、劳动保护、社会保险、生活福利等，以及有关的劳动争议及其处理关系。① 在报业劳资关系中,雇佣管理人员、编辑、记者、工友的资本所有者就是资方,或称馆主、报业资本家;而从事新闻编辑采访、报纸发行和广告推广等工作的被雇佣者就是劳方或馆员,他们以体力劳动或脑力劳动来获取报酬。一个提供资本,一个提供劳动,这种资本雇佣劳动的方式就形成了劳资关系。劳资关系包括两个层面,一个是合作,另一个是冲突。合作是指在就业组织中,双方共同生产和服务,并在很大程度上遵守一套既定制度和规则的行为。② 合作以契约或劳动合同为基础,通过契约规定劳资双方在劳动过程中必须遵守的权利和义务。契约表面上是双方意愿的自由表达,但实质上是不平等的。资本的稀缺和劳动的剩余,必然造成资本对劳动的压迫,从而引发劳资冲突。所谓劳资冲突,是指劳资双方因利益、目标和期望的不一致而出现的对立状态,表现为罢工、旷工、怠工、抵制、辞职及停业、解雇、惩处等行为。③ 据老报人雷瑨回忆,《申报》早期"薪水按西历发给,至丰者,月不过银币四十元,余则以次递降,最低之数,只有十余元。而饭食、茗点、洗衣、薙发与夫笔墨等等,无不取给于中。生涯之落寞,盖无有甚于此者"④,道出了作为被雇佣者的报人的工资待遇和生存境遇。而《时事新报》1931 年 11 月解雇编辑人员和 1932 年 4 月驱逐印刷工友就更加鲜明地反映了报业存在的劳资关系的对立和劳方所处的窘境。从这两次纠纷来看,作为资方的时事新报馆态度强硬,对于报界和社会的批评充耳不闻,而作为劳方的编辑人员和工友则自救无门,只能不断向社会呼吁和发表宣言以获得同情和支持。当时有人评论,"上海之新闻事业,早成为托辣斯资本主义工具",即使《时事新报》编辑部全部职员被迫离馆,"该馆仍照常出版,毫无影响,是则资本家金钱之能力也"⑤。

上海是近代中国的报业中心,从某个方面讲,上海报业就是中国近代报业发展的一个模本,探讨上海近代报业的劳资关系问题无疑具备了典型的特征。笔者将研究对象聚焦于 20 世纪 40 年代后期的上海报业是基于以下

① 王大庆、焦建国:《劳动关系的理论与西方发达国家的实践》,《经济研究参考》,2003 年第 51 期,第 42 - 48 页。

② 程延园:《劳动关系》,北京:中国人民大学出版社,2002 年,第 6 页。

③ 程延园:《劳动关系》,北京:中国人民大学出版社,2002 年,第 5 页。

④ 雷瑨:《申报馆之过去状况》,《最近之五十年》,上海:申报馆,1922 年,第 126 页。

⑤ 报馆茶房:《托辣斯主义下之记者》,《报报》,1931 年 11 月 4 日第二版。

考虑：其一，劳资关系问题在 20 世纪 30 年代就时有显现，但大多数都是员工与馆方自我协调解决，而一些行业组织、帮派组织、新闻团体和报人则充当了调解人的角色，总体上属于平稳时期；20 世纪 40 年代后期，由于社会混乱，经济衰败，无论是报馆还是工友都处境维艰，罢工和解雇事件时有发生。此时，协商、调解和仲裁等调处手段轮番上阵，上海市社会局、市政府、市警察局、各新闻专业团体和行业团体频频亮相，像一幕幕令人眼花缭乱的舞台剧，反映了当时劳资关系的激烈冲突，而这种冲突对报馆又造成了深刻的影响。由此看来，不仅政治、经济和制度因素制约着报业的发展，劳资关系同样产生了重大的影响。其二，研究材料的可获得性。历史研究必须以大量占有史料为前提，特别是一些关键性材料不可缺少。对于 20 世纪 30 年代报业的劳资纠纷，报纸虽有报道，但只是对事件的一般描述，无法进行深入研究；而 20 世纪 40 年代后期劳资冲突频发，不仅报界进行了大量的报道，上海市档案馆也收藏了不少珍贵的档案资料，可以相互印证和补充，这就为研究这一时期的报业劳资问题创造了条件。

总之，本书就是要探讨 20 世纪 40 年代后期上海报业劳资问题，分析劳资冲突的成因、表现形式、调处手段和方法及其对报馆和社会的影响。

第二节 研究现状综述

就目前搜集的资料来看，学术界对于中国近代报业劳资问题的研究几乎没有。究其原因，在于劳资问题是一个横跨劳动经济学的问题。经济学界对于劳资问题的研究成果非常丰沛，既有理论方面的探讨，也有实证方面的研究（如当代中国的劳动关系问题研究），但还没有人将视线投向属于新闻史学范畴的民国时期的报业这一狭小范围。而新闻学术界又囿于研究传统，更多地关注报纸的政治和文化教育功能，虽然对其经济功能也有涉及，但还没有深入到探求报纸赢利过程中隐藏的劳资对立关系。因此，围绕研究主题从史学的角度梳理学术界对近代上海劳资关系问题、工人和报馆工友生活状况以及重要报馆的组织形式、经营方式和经营状况的研究，无疑是大有裨益的。

一、近代上海劳资关系研究

1. 不同行业劳资关系研究

《1931 年上海出版业劳资纠纷述略》评述了几大书局工人在中国共产党的影响下为反对出版业资本家的压迫而进行的斗争。这些斗争虽然只取得了局部的胜利，但显示了工人阶级的力量。[1]

《1935 年上海法租界人力车夫罢工初探》探讨了上海法租界人力车夫因公董局限令人力车夫登记而引发的罢工。车夫与车商虽然存在着利益冲突，但共同利益使车夫与车商联合起来，共同抵制法租界当局，以维护人力车这一边缘行业的利益。而中国共产党没有少花力气，但未能统一领导、协调英法两租界人力车夫的斗争。[2]

《1926—1931 年：上海缫丝业劳资关系述评》讨论了上海缫丝业近六年劳资对抗激化的原因、对抗的过程和特点以及国民政府劳资政策的有限作用。[3] 文章观点独到，分析细致入微。

以上研究阐述了几个行业的劳资关系状况和在劳资冲突中劳资双方力量的对比变化，也探讨了政治势力和当局政府在劳资关系中的作用和影响，展示了多样的研究角度。

2. 劳资关系概况研究

较早的研究成果是陈达的《上海的劳资争议与罢工（1937—1947年)》，作为研究劳工问题的资深专家，陈达以扎实的材料和具体的事例评述了上海十年中各个历史阶段的劳资关系状况。[4]

《20 世纪 20 年代劳资纠纷问题初探》《南京国民政府时期（1927—

---

[1] 李联社：《1931 年上海出版业劳资纠纷述略》，《河南大学学报》（社会科学版），2000年第 2 期，第 117 - 122 页。

[2] 邵雍：《1935 年上海法租界人力车夫罢工初探》，《社会科学》，2009 年第 1 期，第 160 - 165、192 页。

[3] 陈光：《1926—1931 年：上海缫丝业劳资关系述评》，《探索与争鸣》，2003 年第 12期，第 47 - 48 页。

[4] 陈达：《上海的劳资争议与罢工（1937—1947 年)》，《教学与研究》，1957 年第 6 期，第 42 - 49 页。

1937）劳资争议总体概述》和《近代上海城市研究》① 相关章节分别对 20
世纪 20 年代、1927 年至 1937 年、20 世纪 20 年代至 40 年代这三个时间段
的劳资争议状况进行了研究。总体看来，20 世纪 20 年代前中国劳资纠纷处
于萌芽状态，之后日趋激烈。1932 年呈下降或持平态势，此时劳方占主导
地位；此后日益激化，资方占主导地位，1936 年劳方又压倒资方。笔者认
为，如果将这两个时段连接起来，则可以拼合出整个二十世纪二三十年代
中国劳资争议的全幅图景了。

张仲礼认为，以上海的情况看来，20 世纪 20 年代初到 1927 年劳资争
议数量激增；1927 年至 1937 年经历了"激烈—相对稳定—激烈"的发展变
化；1937 年至 1945 年则处于沉寂状态；1945 年至 1949 年发展到最高纪录，
涉及面广、规模大。如果将同时段的劳资争议状况进行对照，可以看出，
上海的情况与全国的情况相似度较高，说明论者的研究具有较高的可信度。

陈光则聚焦于 1925 年至 1931 年这六年中上海的劳资关系问题，得出了
这一时期的劳资关系由冲突渐趋稳定的结论，② 使以上的观点得到了佐证。

此外，《上海劳动志》以大量的数据为基础，翔实地描述了上海自清末
至 1949 年的劳资纠纷和罢工停业状况。③

以上成果展示了中国和上海劳资关系状况的总体概貌，为研究上海报
业劳资关系问题确立了一个参照系。

3. 劳资争议处理制度和对策研究

劳资冲突实是劳资关系的常态，如何消弭劳资争议是政府需要解决的
问题。周卫平以上海为主要视角探讨了国民政府劳资争议处理制度的起源、
形成、实施和失败过程，指出劳资争议的发生与解决主要受社会、政治、
经济环境的影响，社会现实状况及政治制度本身的缺陷，致使劳资争议处
理制度难以发挥作用。其中关于抗战胜利后"劳资争议处理制度的没落"

---

① 分别为徐思彦：《20 世纪 20 年代劳资纠纷问题初探》，《历史研究》，1992 年第 5 期，
第 32 - 44 页；田彤：《南京国民政府时期（1927—1937）劳资争议总体概述》，《近代史学
刊》，2006 年第 3 期，第 100 - 128、193 页；张仲礼：《近代上海城市研究》，上海：上海人民
出版社，1990 年。

② 陈光：《冲突到稳定：上海劳资关系研究（1925—1931）》，华东师范大学博士学位论
文，2007 年。

③ 《上海劳动志》编纂委员会编：《上海劳动志》，上海：上海社会科学院出版社，1998 年。

的论述尤为可贵。①

与上文从法律的角度研究国民政府的劳资争议处理制度不同，《上海劳动志》从历史的角度梳理了劳资争议处理制度的变迁及实施效果。

王明贵则具体分析了 1927 年至 1937 年上海市政府对于劳资争议的治理对策，这主要表现在劳资争议问题、工资问题和失业问题三个方面，作者认为治理对策发挥的作用是毋庸置疑的。②

以上研究为本书提供了重要的背景知识和参考。

4. 劳资政三者关系研究

在劳资关系中，资方和劳方各执一端，国民政府则扮演着调停人的角色。国民政府一直鼓吹阶级调和、劳资合作，但实际情况到底如何呢？王奇生以 20 世纪 30 年代上海三友实业社案为个案，探讨了资方、劳方与国民政府三者之间的关系。在这场旷日持久的劳资纠纷中，国民政府开始不得不站在工人一边，谴责资本家摧残民运，破坏社会秩序，但判决结果以工人被迫妥协退让而告终。国民政府两边不讨好，它本想迎合社会全体人民，但一无所获。③

田彤从南京国民政府加入国际劳工组织这一视角分析了劳资政三者之间的关系。国民政府加盟国际劳工组织旨在通过国际组织废除不平等条约，其次才是考虑改善劳资关系，尽管它倡导劳资合作，但其政策的制定还是偏向资方的。④

最后，有学者以个案的形式研究工人的维权意识，认为 20 世纪 20 年代末上海工人的维权意识已经觉醒，但其先进性中掺和着相对的妥协性。⑤ 还有学者认为雇主团体并非完全与劳方和工会处于对立面，同业工会与工会

---

① 周卫平：《南京国民政府时期劳资争议处理制度研究——以上海为主要视角》，华东政法大学博士学位论文，2008 年。

② 王明贵：《近代上海劳资争议治理对策初探（1927—1937）》，《黑龙江史志》，2009 年第 9 期，第 39 - 41 页。

③ 王奇生：《工人、资本家与国民党——20 世纪 30 年代一例劳资纠纷的个案分析》，《历史研究》，2001 年第 5 期，第 3 - 18、188 页。

④ 田彤：《国际劳工组织与南京国民政府（1927—1937）——从改善劳资关系角度着眼》，《浙江社会科学》，2008 年第 1 期，第 66、101 - 106、128 页。

⑤ 李彦军：《南京国民政府初期工人的维权意识探析——以 1928 年初上海三大公司劳资纠纷案为例》，《周口师范学院学报》，2009 年第 6 期，第 104 - 107 页。

的成立既增加了劳资冲突扩大的可能性，也提供了劳资合作的组织基础。①
而冀文彦对抗战胜利后上海市政府对工人失业问题的解决措施对本研究具
有重要的借鉴意义。②

综上所述，虽然以上探讨没有一项涉及上海报业劳资关系，但这些探
讨为本研究铺展了一个宏大的背景，确立了一个坐标系，同时启示笔者要
以开放的心态、客观的态度、灵活的角度展开研究，要独立思考，而不是
囿于陈说。

二、近代上海工人和报馆工友收入状况研究

劳资冲突的发生很大程度是由于劳方薪水过低、待遇太差，因此了解
近代上海工人和报馆工友的收入和生活状况，两相比照，对深入研究上海
报业劳资关系具有重要的意义。

陈达以翔实的史料描述了上海自 1937 年至 1947 年主要行业工人的收入
结构和变动情况，1945 年以后的数字资料对本研究来说尤为珍贵。③

黄汉民认为，从 1927 年至 1930 年，工人的工资待遇一度有所增长，但
由于“四一二”反革命政变，工人工资实际上处于停滞状态，其中相当一
部分工厂的工人工资是有所下降的；1931 年至 1935 年前期，受国内物价上
升的影响以及工人奖金、津贴的增加，工人工资有所回升，但在中后期，
工厂普遍陷于严重的经济危机，工人工资出现了下跌的趋势；1936 年，工
人工资较为普遍地回升。作者认为，工人工资水平的变动与企业的业务状
况、物价指数以及在社会舆论和政治局势的影响下劳资双方为维护各自利
益而进行的阶级较量等因素有密切的关系，它们都不是孤立的，而是相互
交错发生着作用，需要进行综合考察。④ 这一认识比较深刻。

---

① 魏文享：《雇主团体与劳资关系——近代工商同业公会与劳资纠纷的处理》，《安徽史
学》，2005 年第 5 期，第 58 - 67 页。

② 冀文彦：《上海市政府对工人失业问题的解决（1945—1947 年）》，华东师范大学硕士
学位论文，2008 年。

③ 陈达：《上海的劳资争议与罢工（1937—1947 年）》，《教学与研究》，1957 年第 6 期，
第 42 - 49 页。

④ 黄汉民：《试析 1927—1936 年上海工人工资水平变动趋势及其原因》，《学术月刊》，
1987 年 8 期，第 20 - 24、60 页。

周仲海认为，抗战爆发前，上海工人薪金收入大多数不能维持最低生活标准；抗战爆发后，上海工人生活状况每况愈下；抗战胜利后，国民政府实行"胜利加薪"，上海工人的工资收入有过短暂的上涨，但是随着内战的爆发，上海工人又陷入饥饿或半饥饿的生活状态。① 由此也能推测出报馆工友生活的大致状况。

白华山则研究了中华人民共和国成立前上海民族资本企业工资的特点及其成因，比如有货币工资、实物工资、补充工资以及包工制、包身工制、养成工制等工资形态。②

此外，近代新闻学家黄天鹏研究了20世纪20年代上海、天津、广州和汉口报馆员工的收入状况，涉及人员包括社长、总经理、总编辑（总主笔）、编辑主任（编辑长）、特派员、普通访员、副刊编辑、翻译、广告员、发行员、会计员、印刷工人等，他认为以当时的生活水平，员工的薪水过于低廉。而排字工人因成立了工会，待遇日臻改善；报界工会也力谋为工人争取权益。③ 这是对报馆员工经济状况和劳资关系较早的研究。

王敏在其专著《上海报人社会生活（1872—1949）》中以"报人的工作与收入"为题对报人的收入和福利待遇进行了描述，使我们了解了从总编辑和主笔到印刷工人和报贩的工作状况和收入水平。④ 这是我们能够见到的较为系统的对报人工资待遇的研究。

另外，陈明远的专著《文化人的经济生活》以大量的数字和事例讲述了民国时期各文化阶层的生活状况和收入情况，其中提供了不少史料，可以引为参考。⑤

---

① 周仲海：《建国前后上海工人工薪与生活状况之考察》，《社会科学》，2006年第5期，第83-91页。

② 白华山：《旧上海民族资本企业工资形态述略》，《历史教学问题》，1998年第5期，第42-43页、54页。

③ 黄天鹏：《中国新闻事业》，上海：上海联合书店，1930年，第35页。

④ 王敏：《上海报人社会生活（1872—1949）》，上海：上海辞书出版社，2008年，第154-232页。

⑤ 陈明远：《文化人的经济生活》，上海：文汇出版社，2005年。

三、上海主要报馆的组织形式、经营方式和经营状况研究

就目前搜集的资料来看，关于重要报馆的组织形式和经营方式多有论述，如企业化经营和公司化改造。正是由于报馆进行企业化改造，依赖市场而不是政府或者政党津贴求生存，才可能产生资金短缺的问题，从而在一定程度上波及工友，导致劳资问题的发生。

这类研究可分为两类：一类是对近代报业经营模式进行鸟瞰式的描述，如《中国报业的产业化运作》①《中国报业经营管理史》②。此外，还有《20世纪二三十年代上海报业的运营机制与规律》③《民国报业的公司化进程研究》④ 等。另一类是对一些报纸经营方式所进行的个案分析，如《解放前〈新闻报〉经营策略研究》⑤《上海〈民国日报〉简介》⑥《〈东南日报〉的变迁》⑦《胡健中与〈东南日报〉》⑧《论〈东南日报〉的企业化经营》⑨ 等。两类研究互为补充。

比较而言，论者对报纸经营状况的具体分析并不多见，主要原因在于当时报馆对自己具体的经营状况一般秘而不宣，因而很难找到系统的数字。但上海市档案馆收藏了如《新闻报》《申报》《文汇报》《中央日报》等大报经营状况以及几家报馆借款还债的统计资料。此外，某些小报如《铁报》《诚报》《东方日报》等不时报道一些报纸的办报活动，也可以从中获取不少关于这些报纸经营状况的重要信息。

总之，以上研究对于本书的构架起到了重要的支撑作用。

---

① 董天策：《中国报业的产业化运作》，成都：四川人民出版社，2003 年。

② 胡太春：《中国报业经营管理史》，太原：山西教育出版社，1999 年。

③ 宗亦耘：《20 世纪二三十年代上海报业的运营机制与规律》，《上海大学学报》（社会科学版），2006 年第 2 期，第 112 – 119 页。

④ 沈松华：《民国报业的公司化进程研究》，《杭州师范大学学报》（社会科学版），2009年第 7 期，第 68 – 74 页。

⑤ 姚福申：《解放前〈新闻报〉经营策略研究》，《新闻大学》，1994 年第 1 期，第 39 – 45 页。

⑥ 袁义勤：《上海〈民国日报〉简介》，《新闻研究资料》，1989 年第 1 期，第 132 – 147 页。

⑦ 穆逸群：《〈东南日报〉的变迁》，《新闻研究资料》，1985 年第 3 期，第 188 – 198 页。

⑧ 袁义勤：《胡健中与〈东南日报〉》，《新闻大学》，1993 年第 1 期，第 49 – 51 页。

⑨ 何扬鸣：《论〈东南日报〉的企业化经营》，《新闻大学》，1997 年第 2 期，第 60 – 62 页。

第三节　研究内容与方法

本书旨在探讨和描述 20 世纪 40 年代后期上海报业劳资关系状况，分析劳资冲突的成因、表现形式、调处手段和方法及其对报馆和社会的影响。

一、研究内容

20 世纪 40 年代后期，上海报纸可谓数量丰富，品种繁多：既有大报，也有小报、方型周刊；既有日报，也有午报、晚报；既有中文报纸，也有外文报纸。此外，还有专业性报纸。其中记载卷入劳资纠纷的报馆（主要是日报和晚报，包括英文报纸）有二十多家，本书就是以这二十多家报馆为研究对象来展开讨论的。本书的内容结构主要如下：

第一章主要讨论本书的研究缘起和研究意义，回顾相关的研究状况，交代本书的研究内容、研究思路及方法。

第二章主要分析上海报业的经营环境与经营状况。由于同业竞争激烈、纸张供应短缺以及由通货膨胀所导致的邮电费用高涨、新闻稿费居高不下、报价持续上调，上海报业的经营环境非常恶劣。不断恶化的经营环境推升了报馆的经营成本，令报馆不堪重负，为劳资关系的激化埋下了伏笔。

第三章主要讨论上海报馆工友的收入水平与生活状况。上海报馆工友的收入水平和生活状况既受通货膨胀和物价波动的影响，也受工友任职的报馆的历史传统、经济状况和管理制度等的影响。因此，除了《新闻报》《申报》和《大公报》等报馆工友的收入和生活差强人意，其他报馆的工友由于工资低、待遇差而度日如年。这导致了盈利能力不足的报馆劳资冲突频发。

第四章主要探讨上海报业的劳资冲突及各方的应对。上海报业的劳资冲突具有发生密度大、涉及面广和分布不均三个特点。这也决定了上海报业只有少数报馆相安无事，而其他报馆深受劳资冲突的困扰。择其要者，劳资冲突主要因底薪、生活津贴、工资折扣、借薪、欠薪、休假、报纸折扣、解雇和解雇金等因素而引起。劳资双方虽为各自的利益激烈争持，但都尽量避免导致报馆关闭这一两败俱伤的后果。而政府部门则竭力从中斡旋，到处"扑火"。由于抗战胜利后上海的经济濒临崩溃，政府部门的介入未能缓解双方的紧张关系。

最后，结语指出上海报业的劳资冲突在一定程度上改变了上海的报业结构，影响了报纸新闻报道功能的发挥，也推动了报馆在处理劳资关系时向比较文明和合理的方向发展。

附录分为两个部分，一为关于劳资纠纷调解的会议记录等档案资料，二为上海报纸关于纸张进口和配给、报纸售价、缩减报纸篇幅、年赏、配米、报纸竞争、报纸经营状况和工潮等报道。这些文献为理解纠繁的上海劳资关系提供了丰富的史料和多样的视角。

二、研究方法

本书以报馆与工友的关系为视角，探讨和描述上海报业劳资关系状况，为达此目标，在大量搜集原始资料的基础上，主要采用了以下研究方法：

1. 案例分析

通过案例分析，可以揭示事件的本质特征。如，1946 年 2 月，《中央日报》等二十多家报馆与上海市报业职业工会就增加工友工资进行谈判，未能达成协议，转由上海市社会局调解，未果；最后通过上海市劳资争议仲裁委员会仲裁才平息事端。这一绵延半个多月的事件，反映了劳方和资方为了各自的利益决不退让的强硬态度，也反映了当时经济环境恶化给双方带来的影响。而政府机构的工作就是担任消防员，到处"扑火"，以免事态扩大。

2. 比较分析

比较的好处是可以发现事件之间的差异和联系，从而推导出一些令人信服的结论。例如，比较一般工人和报馆工友的收入水平，比较同一报馆不同工种人员的薪津，比较不同报馆同一工种的收入差距，比较不同报馆的盈利状况，可以为分析报业劳资冲突的经济原因提供有力的证据。

3. 数据统计

本书进行了相关数据统计，如统计年度各种劳资纠纷的次数、报馆的收入状况、工友的薪水、休刊或停刊的报馆数量等，以使研究更有说服力。

此外，本书还运用了新闻学、史学、劳动关系学等理论进行研究。

第四节　创新之处

由于报纸具有强大的政治、文化功能，多数学者对报纸的发展历程、内容特色、政治立场和社会影响等方面的研究比较用力，延展开来，也对推动报纸发展、活跃于社会的报人（包括报业老板、主笔、编者和记者等）的经营活动或新闻活动给予了更多的关注。可以说，这方面的研究成果非常丰富。但不容忽视的是，从事印刷和投递工作的工友也对报纸的成长壮大作出了重要贡献，没有他们，报纸的诸多功能无从发挥，赢利也无从谈起。他们之所以被研究者冷落，主要由于工作性质使他们只能是一个躲在报纸背后、默默劳作的群体。他们主要以体力劳动为主，在报馆中收入低、地位低，常常与馆方产生冲突。本书将研究范围确定在20世纪40年代后期的上海报业，就是想探讨当时工友的收入水平和生活状况，在冲突发生时双方的处置方式，以及冲突对报馆造成的影响，这是一个很少有人触及的问题，也是本研究选题的新颖之处。

在新闻史研究中，限于研究的对象，研究者多采用定性分析的方法。出于研究的需要，本书引入量化分析的研究方法，也就是通过大量的统计数据比较一般工人和报馆工友的收入水平，比较同一报馆不同工种人员的薪津，比较不同报馆同一工种的收入差距以及不同报馆的盈利状况，旨在确切了解20世纪40年代后期上海报业劳资冲突的起因以及其在几家重要报馆的不同表现。这是本研究的方法之新。

第二章

上海报业的经营环境与经营状况

…… ……

上海人口众多，文化繁荣，商业发达，交通便利，素为中国的经济中心和报业中心。抗战胜利后，上海立刻成为各种报纸复刊和创刊的首选之地，其报业规模再次冠于全国，呈现一派繁盛景象。以每日出版的报纸统计，截至 1946 年 8 月，上海共有日报 22 家，晚报 6 家，外文报 5 家。[①] 以后日报数量持续增长。9 月，日报为 28 家（其中大报 20 家，小报 8 家），外文报 8 家。[②] 11 月，日报为 33 家，外文报为 5 家。[③] 1947 年 1 月，计有日报 23 家（其中大报 15 家，小报 8 家），稍有下降，午报 1 家，外文报 6 家。[④] 5 月，每日出版的各种报纸骤升至 58 家。[⑤] 1948 年 1 月，日报为 31 家（其中大报 17 家，小报 14 家）。[⑥] 以后基本保持这个规模。到上海解放前的 1949 年 4 月，总计日报 34 家（其中大报 13 家，小报 21 家），外文报（英文）2 家。[⑦] 由以上数字可以看出，虽然上海每日出版的报纸维持在 40 家上下，但大报数量总体呈下降趋势，表明大报的生存环境每况愈下；事实上，其中就有报纸由大型改为小型，由日报改为晚报，以缓解经营压力。同时，尽管晚报数量基本不变，但其中既有频繁休刊者，也有依靠告贷过活者。上海报业经营环境不断恶化，增加了报馆的经营成本，令报馆不堪重负。

第一节　上海报业的经营环境

上海报业的经营环境如此恶劣，主要缘于同业竞争、纸张供应和通货膨胀三个因素的影响。激烈的竞争态势迫使各报竞相在报纸销售和广告招徕上大打折扣，同时在新闻采访上加大资金投入；由于纸张供应短缺和滞

---

① 《朱虚白报告报纸期刊共二百九十六种》，《大公报》，1946 年 8 月 27 日第四版。

② 《新闻的新闻》，《前线日报》，1946 年 9 月 20 日第八版。

③ 《新闻的新闻》，《前线日报》，1946 年 11 月 10 日第六版。

④ 《本市报纸统计》，《申报》，1947 年 1 月 20 日第六版。

⑤ 《全国通讯社及报社统计》，南京《中央日报》，1947 年 5 月 17 日第七版。

⑥ 《新闻的新闻》，《前线日报》，1948 年 1 月 12 日第五版。

⑦ 《上海市军事管制委员会文化教育管理委员会工作计划草案（新闻出版）》，上海市档案馆，档案卷宗号：Q431－1－1。

后，各报只得缩减篇幅，有的被迫向黑市求购白纸，以弥补不足；通货膨胀则导致物价持续攀升，纸张、邮电和新闻稿等费用一路高涨。

一、同业竞争激烈

抗战胜利后，中国报纸发展不平衡的状态没有任何改观，上海的报纸数量仍旧领先于全国其他区域，以致上海市节约督导委员会在 1948 年初通过上海市政府向国民政府行政院报告上海的报纸数量已经达到饱和点，提议不应再批准新的报纸登记和复刊。[①] 此建议最终被采纳。事实上，如此之多的报纸挤在一个有限的市场寻求生存的空间，"僧多粥少"，竞争非常激烈，而且涉及报业经营的方方面面。而每一家报纸不到财力枯竭不会轻易退出市场，其结果是竞争成本骤增，收入减少。

1. 报价竞争

上海报纸竞争的方式之一就是报纸促销，即在推销报纸时提供赠品或给予一定折扣。1946 年 7 月，《申报》就通过订报给赠品的方式大大刺激了当月的销量。8 月 4 日，《申报》又联合厂商雇了十几辆车，装上各厂商的产品商标，进行盛大的汽车游行，轰动了上海滩。次日，《申报》即在报馆门前举行摸奖活动，读者凭 7 月 19 日报上的"署"字印花摸号抽奖。现场非常拥挤，热闹非凡，《申报》可谓"名利双收"。[②] 为了调动报贩多批报

---

① 《新闻的新闻》，《前线日报》，1948 年 1 月 12 日第五版。

② 铁儿：《〈申报〉噱头成功 赠品盛举收到效果》，《上海特写》，1946 年 8 月 13 日第 11 期。《申报》对此亦有详细记载："办理经过：联合大赠送，不仅是本报的创举，而且是全中国报纸从未有过的伟举。自本年（1946 年）七月份开始举办，至十一月份为止，共计五阅月，参加厂商，由二十家余家递增至八十余家。赠品总值，由五千余万元至七千余万元（五个月共值约二亿五千万元）。发出赠品组数，第一个月即七月份，仅三万余组。八九月份递增，至十月份，已增至七万六千余组，每次均由会计师书面证明。至于特别赠品，系凭对号券领取，每次开奖，都由名人莅场监视！中奖名单，复于报端公布。办理公正，深得读者信仰。盛大游行：第一及第二届发赠品之前一日，均曾举行大游行，乐队前导，参加厂商之彩车次之，殿以本馆之巨型大车队，旗帜飘扬，传单纷飞，沿途观者，肩摩踵接，以广告宣传而论，收效实大。广告加多：大赠送广告，最初以每日刊登一全版为限，嗣以参加之厂商增多，不得不破例于同日刊登二全版，最多时且曾登三全版。而一般广告，亦因此强有力之吸引，而呈显著之增加。销路扩充：大赠送举办以来，读者极感兴趣，新定户纷至沓来。故本报销数，已突破历来之记录。……同业颇多起而效尤者。"参见煌：《联合大赠送 中国报纸创举 同业纷起效尤》，《申报馆内通讯》，1947 年第 1 卷第 1 期，第 15－16 页。

纸的积极性,《申报》还规定报贩每批 5 份,即另送 1 份,原折扣不变。①

《益世报》自 1946 年 6 月增出上海版之后,为了扩大销路,大打折扣。一般报纸的批价为六六折,而《益世报》只批三折。因而,虽然其销数达 1.5 万份,但实际销数甚惨,报摊上几乎看不到这份报纸;由于其批价特别低廉,旧报纸价格比报价还高,报贩一转手,运到北京路旧货店去了。② 因此报纸促销没有达到预期的效果。

据《前线日报》报道,1946 年 5 月 27 日上海本埠销路最多者为《新闻报》,计 12 万份;次之为《申报》《大公报》和《正言报》,分别为 2 万份、1.8 万份和 1.2 万份,三报平分秋色;而《中华时报》仅 300 份。③ 至于《前线日报》《文汇报》和《中央日报》尚能站稳脚跟,新出各报则颇难维持。④ 而且,《新闻报》的总销量也是最多的,5 月 25 日已超过 20 万份,"创我国新闻纸销数最高纪录"。为了庆贺这一盛事,6 月 3 日,《新闻报》社长程沧波举行宴会,邀请本市社会闻人王晓籁、奚玉书、王选青和董监事钱新之、陈布雷、杜月笙、史咏赓等暨全体职工参加,并请本市广告商作陪。宾主 480 余人,济济一堂,盛况空前。⑤ 时至 10 月上旬,除《申报》和《新闻报》两报风头甚健,其他很多报纸的销量都有下降。⑥

2. 篇幅竞争

除了在报价和销量上竞争,各报还在报纸张数上压制对方。1946 年 4 月中旬,各报纷纷扩大篇幅。《新闻报》由 2 张增至 2.5 张,《申报》从 1.5 张扩为 2 张,《大公报》从 1 张增为 1.5 张,《前线日报》由四开 2.5 张增为四开 3 张,《时事新报》则增添了八开 1 张,《神州日报》也将改为 1 张。⑦ 4 月底,原来按兵不动的《正言报》由 1 张改为 2 张,《文汇报》亦由 1 张扩为 1.5 张,《中央日报》也计划增至 2 张。⑧

有人道出了各报争相扩张的内情:"《新闻报》出三大张,《申报》只得

① 报人:《〈申〉〈新〉两报发生摩擦》,《快活林》,1946 年 7 月 20 日第 22 期。
② 半路记者:《〈益世报〉专销北京路》,《七日谈》,1946 年 7 月 24 日第 30 期。
③ 《新闻的新闻》,《前线日报》,1946 年 5 月 31 日第八版。
④ 《新闻的新闻》,《前线日报》,1946 年 5 月 24 日第八版。
⑤ 来宾:《〈新闻报〉丽都花园请客素描》,《快活林》,1946 年 6 月 8 日第 19 期。
⑥ 《新闻的新闻》,《前线日报》,1946 年 10 月 11 日第五版。
⑦ 《新闻的新闻》,《前线日报》,1946 年 4 月 26 日第八版。
⑧ 《新闻的新闻》,《前线日报》,1946 年 5 月 3 日第八版。

跟上去，也出三大张，《大公报》虽然广告很少，也只得跟上去，《中央（日报）》《东南（日报）》《正言（报）》等报，也只得以二大张半来支持其'大报'之地位……如果《新闻报》日出二大张，则其他各报自然会缩到二大张之数，因为《新闻报》是因广告多才扩张的；其他各报是'打肿脸孔装胖子'，是为着'地位'，为着'尊严'而加张的。"① 为了维护自己的大报形象，尽管纸价不断上涨，各报都不计成本，唯《新闻报》马首是瞻。另外，读者的心态也起了一定的推动作用，读者认为报纸的张数越多越好："看《新闻报》就是买卖废纸也合算！"② 各报也不得不投合读者的心理。

为了撙节外汇，减少纸荒，1947 年 1 月 31 日，国民党中宣部公布了《纸张节约办法》，命令各地报纸缩减篇幅。其中规定：①上海报纸原有篇幅在 3 张以上者，缩为 3 张，其余依次递减为 2.5 张、2 张，原有篇幅在 2张以下者，可自由减缩；②国庆纪念日及该报创刊纪念日外，不得增刊；③各报广告及新闻之编排，应力求节约篇幅地位；④最迟在 2 月 16 日以前开始依照标准执行。③ 各报只得遵从。

同年 9 月 5 日，国民政府行政院又公布了《新闻纸、杂志及书籍用纸节约办法》，规定：自即日起，各地报纸原在 1 张以上者，自动缩减为 1 张，原在 2 张以上者，不得超过 2 张。④ 较前更加严厉。实际上，这对上海的大多数报纸来说不啻为一个利好消息，它们正好可以借此缓解纸张压力，因而各报一致决定通电全国表示拥护，并敦请政府严格执行，还推派代表赴京请愿。⑤ 然而，这个办法却引起了《新闻报》的强烈反对，减少半张的篇幅，这意味着它将损失 1.5 亿元的广告收入。《新闻报》立即发表社论要求政府修正节约办法，同时力争中央对《新闻报》予以特别优待。⑥《新闻报》拒不执行节约办法，甚至在"经济提携""互惠合作"原则下拉拢九家

① 编者：《减张乎？减报乎？》，南京《中央日报》，1947 年 1 月 6 日第十二版。
② 王浩：《新闻监察眼：纸张的威胁》，《前线日报》，1946 年 10 月 17 日第八版。
③ 《上海报界动态》（1947—1949），上海市档案馆，档案卷宗号：Q430 - 1 - 13。
④ 《报纸杂志等规定自动缩减篇幅》，《申报》，1947 年 9 月 6 日第一版。
⑤ 《上海报界动态》（1947—1949），上海市档案馆，档案卷宗号：Q430 - 1 - 13。
⑥ 华封三：《〈新闻报〉要求修正节约法》，《诚报》，1947 年 9 月 13 日第二版。

日报，合组"十联公司"①，以对抗《申报》和《大公报》限制篇幅的攻势。有人批评《新闻报》："藐视法令，已经犯法，再联合其他几家，以优待条件作联络，更非站于严正立场上的新闻界所应做的事。即使《新闻报》改出两大张，也勿见得会蚀本，何以一定要利欲熏心，硬着头皮触犯法令呢？"②此办法最终未能全面贯彻。结果，唯有《益世报》和《商报》由2张减为1.5张；《新闻报》则不予理会，其他报纸不甘落后，也亦步亦趋。

1947年底，国民党中央行政院节约督导委员会将《新闻纸、杂志及书籍用纸节约办法》略作修正，在第一条"原出二张以上者不得超过二张"之外，另加"原出三张以上者不得超过二张半"，较前放宽半张。③1948年3月，上海市社会局与各报馆负责人商定，自4月1日起各报篇幅在1张半以上者各减半张。最终，《新闻报》由3张缩为2.5张；《申报》和《大公报》由2.5张减成2张；《正言报》《和平日报》和《前线日报》由2张改为1.5张；《益世报》和《商报》原为2张，事先已自动减半张，维持1.5张；《金融日报》《立报》和《中华时报》仍为1张。《中央日报》则以节约纸张原令为2张以上者缩减半张，在未奉令前不缩减篇幅，仍出2张；《东南日报》因《中央日报》违反规定，也维持2张。④其他报纸见状，皆颇愤愤不平，声称如果当局不予合理解决，它们不仅将恢复原有张数，甚至增加篇幅。⑤

自缩减篇幅后，为了弥补经济损失，也为了在竞争中不输于人，《申报》《大公报》和《新闻报》都在版面或内容上进行了相应的变动。《申报》除了调整版面结构，还将评论缩为六号字，纸张改用68寸卷筒纸，每

---

① "十联公司"即由《新闻报》与《益世报》《和平日报》《东南日报》《商报》《中央日报》《前线日报》《金融日报》《立报》《正言报》九家日报组成的报业组织，旨在抵消《申报》和《大公报》力主《新闻报》缩减篇幅的努力。这些报纸可以获得《新闻报》分配的广告，条件是它们必须赞成《新闻报》日出3张。参见秋君：《〈新闻报〉抵制节约 筹组"十联公司"》，《活报》，1947年10月28日第二版。

② 秋君：《〈新闻报〉抵制节约 筹组"十联公司"》，《活报》，1947年10月28日第二版。

③ 《新闻的新闻》，《前线日报》，1948年1月5日第八版。

④ 《上海报界动态》（1947—1949），上海市档案馆，档案卷宗号：Q430－1－13。

⑤ 报僮：《各大报节约起纠纷》，《东方日报》，1948年4月6日第二版。

批增加约 14 行，八版共多出 5 批的地位；① 同时，调整京戏、影戏广告刊例办法。②《大公报》则将本市新闻合并作一版，实行精编，同时将教育版并入国际版，体育版与地方通讯合为一版。《新闻报》则将版面放宽，改用 78 寸阔纸张印刷，较以前 64 寸纸多 4 寸，每版每批为 120 行，比原来篇幅少不了多少。③

事实上，各报一直处于扩张和缩版的矛盾之中。一方面，在广告多、篇幅多、财力雄厚的《新闻报》面前，为了巩固已有的市场和维护自身的地位，各报不得不扩充篇幅，以抗衡《新闻报》咄咄逼人的发展势头。④ 另一方面，用纸量增加，纸张供应紧缺，纸价飞涨，又造成报馆经营成本大幅攀升，不能不缩减篇幅。另外，报纸是大众读物，报价不能超出读者日益低下的购买力；由于工商业日渐衰落，广告来源和广告收入有限。这一切使各报背上了沉重的经济负担。有些报纸因经济枯竭而被拖垮。

3. 内容竞争：以第七届全国运动会报道为例

1948 年 5 月 5 日至 16 日，第七届全国运动会在上海举行。运动会日近，各报积极筹划，开始了报道的前期准备工作，"俾得届时争奇夺胜，增广销数，于采访与编排上，竞争殊烈"。由于运动会在五个场馆同时举行，一些报纸因人手不够，从各地分馆调遣大批记者来沪协助报道。⑤ 各大报在会场与报馆之间架设专用电线，以随时传递新闻，刊印号外；各大报还以 1

---

① 为了增加篇幅和新闻量，《申报》早从 1948 年 1 月 20 日开始，其第一、二两张俱用 60 寸卷筒纸，每版每批多 12 行。"批"或"皮"为英文单词"paragraph"的音译，现在称为"栏"。"批数"即"栏数"。参见《上海报界动态》（1947—1949），上海市档案馆，档案卷宗号：Q430 - 1 - 13。

② 此办法规定：一，不论当天戏目或新戏预告，概以六号字廿一字高为一行；二，每则广告至多以三十五行为限。参见《广告三事》，《申报馆内通讯》，1948 年第 2 卷第 7 期，第 41 页。

③ 《上海报界动态》（1947—1949），上海市档案馆，档案卷宗号：Q430 - 1 - 13。

④ 如《申报》就处于一种两难境地："最近（指 1948 年 6 月前后——笔者注）沪上各报因白报纸价高涨，加以开支巨大，发行广告收入不能与支出相抵，如发行价再加，又为一般读者不能负担，乃有自行缩张、减低成本之议。就《新闻报》言，该报多数读者为低层次的市民，报费增加，对《新闻报》销数影响殊大，自以缩减半张篇幅，而报费维持原价为上策。《申报》如仿效缩减半张为 1 张半，在纸源枯竭，纸价昂贵的今日，成本减低固可，然若销数在《申报》之下而经济力量雄厚的《东南日报》《中央日报》不缩张，或在批价上减低，将为《申报》竞争的对手，且即使缩张，在员工薪金等开支上也不可能减少，又不像《大公报》的容易解决，是需顾虑之点。"参见《上海报界动态》（1947—1949），上海市档案馆，档案卷宗号：Q430 - 1 - 13。

⑤ 《浮生散记》，《诚报》，1948 年 4 月 20 日第二版。

亿的费用向大会承包路牌广告，又租用会场摊户作为办事处。此外，《申报》别出心裁，让记者一律穿着绣有"申报"字样的法兰绒西装，作为活动广告进行自我宣传。①

运动会开幕后，各报都扩展篇幅，争出特刊，计《新闻报》3 张（5 月 7 日起改为 2.5 张），《申报》和《大公报》各 2.5 张，《正言报》和《益世报》各 1.5 张，《和平日报》《商报》《中华时报》《立报》和《前线日报》各 1 张。②《正言报》《益世报》和《和平日报》等十家报纸本来组织了一个"十报联合会"，此次便由其中五家报纸联合出版一张专刊，随各报附送。所有费用由五报分担，每家要分摊近 10 亿元。《新夜报》和《大晚报》则同时请一位特约作者写稿，稿费均为 1 亿元。平均计算，每千字稿酬达 200 万元左右，"可以说是破天荒的稿酬了"。在此次报道中，《中央日报》计划支出 70 亿元；体育新闻本是《东南日报》的特色，此次《东南日报》也准备投入 30 亿元进行报道。③

各报还在会场展开宣传攻势。《新闻报》花费 2 亿元释放了一个特制的气球，下悬"新闻报欢迎全国选手"几个大字，特别引人注目。《申报》和《大公报》则租飞机散发有奖传单，引得观众奔走争夺。④

总体而言，各报出版体育特刊，销数普遍增加，广告收入也较平时日增数倍。⑤ 但在业务和宣传上的支出，为数却也不赀。⑥

4. 竞争个案：晚报联盟昙花一现

《大晚报》《大英夜报》（后改名《大众夜报》）和《华美晚报》都在 1945 年复刊。起初，三家报纸颇能团结一致，在报纸批价和广告价格上都采取统一行动，报贩和广告商无可奈何。每家报纸每日销数多在 1 万份以上。⑦

1946 年 4 月和 5 月，《联合晚报》（前身为《联合日报·晚刊》）、《新

---

① 巍巍：《各大报对全运之竞技》，《铁报》，1948 年 4 月 24 日第二版。

② 《上海报界动态》（1947—1949），上海市档案馆，档案卷宗号：Q430 - 1 - 13。

③ 报僮：《全运会各大报竞争》，《东方日报》，1948 年 5 月 9 日第二版。

④ 《新闻的新闻》，《前线日报》，1948 年 5 月 17 日第三版。

⑤ 《新闻的新闻》，《前线日报》，1948 年 5 月 17 日第三版。

⑥ 报僮：《全运会各大报竞争》，《东方日报》，1948 年 5 月 9 日第二版。

⑦ 小访员：《日趋穷途中的上海新闻事业　彼此明争暗斗　都是外强中干》，《海晶》，1946 年 7 月 21 日第 21 期。

民晚报》和《新夜报》先后复刊或创刊，冲决了三家晚报的联合阵线。如《联合晚报》每天下午2时左右即已面市，近似午报。"晚报最重要者为争取时间，非比早报之时间，从容而不迫。任何一张晚报，不论其内容如何充实，消息如何灵通而迅速，如出版时落在人后，惨跌情形，立时可见。"①联合阵线既已解体，各家晚报只能各自争先力上，除了在出版时间上争先，复降低批报价格和广告折扣，以期刺激销售。时至7月，各报销路已大受影响，多者六七千份，少者仅三四千份。收支勉强相抵的只有《华美晚报》，《大英夜报》已近入不敷出，《大晚报》《联合晚报》《新民晚报》和《新夜报》一直都在亏损。②

然而，为了不致淘汰出局，各报都竭尽全力扩充篇幅、降低批价，提早出版时间。如《大众夜报》和《新民晚报》为充实内容，扩为1张；《联合晚报》则效仿《申报》，与厂商合作，订报即赠送产品。③

面对各报"拼命地在输血，一旦血尽，不免鸣呼哀哉"的危境，1946年9月28日，各晚报负责人举行联席会议，共同拟定了一个统一行动的盟约，规定：①自10月1日起，各晚报都限制在4点钟后出版，如超过4点钟出版之夜报，初次罚款100万元，第二次违犯加罚至300万元，再度违犯须罚1 000万元，并须自动停刊1周，以示信守互相订定盟约；②广告码洋折扣，也一律同等订定，不得减增；③报纸批价一律由100元涨为150元，不得私自涨跌；④各晚报一律日出1张，最多每周增加篇幅或放半张和1张，只限1次，逾量逾限，概须罚款；⑤倘有谁违犯盟约，不受制裁时，则全体参加盟约的报纸对该报采取一致的行动。④ 该盟约由各报负责人签字成立。

就在盟约生效的当天，《联合晚报》和《新民晚报》即违约提前出版。其余四报深为不平，召集会议商讨处罚办法，但两报只是一味敷衍，会议无果而终，联盟破裂。晚报又陷入各自为政的无序竞争状态。⑤

---

① 现世报：《晚报风起云涌明争暗斗》，《海晶》，1946年5月9日第12期。
② 小访员：《日趋穷途中的上海新闻事业　彼此明争暗斗　都是外强中干》，《海晶》，1946年7月21日第21期。
③ 访员：《夜报竞争已达焦点》，《上海特写》，1946年8月27日第13期。
④ 访员：《各晚报实行联盟　下月起取一致行动》，《海晶》，1946年9月30日第31期。
⑤ 钢兄：《晚报联盟昙花一现》，《上海特写》，1946年11月2日第22期。

二、纸张供应短缺

中国是一个造纸工业非常落后的国家，白报纸（也包括其他用纸）长期依赖进口。抗战胜利后，这种状况不仅没有任何改善，反而因为国民政府实行外汇管制，限制纸张进口，使得纸张供应日趋紧张，纸价日升夜涨。为了竞争，各家报纸无不增张扩版；但为了眼前的生存，又被迫缩减篇幅，承受高昂的纸价。

1945 年下半年，由于战争结束不久，海外交通运输还没有完全恢复，洋纸还没有大量进口。鉴于纸张存量有限，上海报界未雨绸缪，向国民政府行政院呼吁予以救济。国民政府于是筹划从台湾购纸，但由于缺少运输船只且台湾自身尚感不敷使用而作罢。[1] 此时，纸张问题并不十分突出。从 1946 年第一季度末开始，洋纸又开始大量输入。"（这一年）四月至十一月八个月间，输入报纸数额，约值国币二百五十亿元，折合美金约合一千一百万元；如以全年计，当在二千万美元左右。此数实为战前报纸每年输入量值美金三百五十万之五倍。"[2] 由于纸价平稳，各报都竞相加张。[3] 国民政府行政院认为耗费的外汇太多，而且大量进口纸张，难免有人囤积居奇，又各报馆竞相扩充篇幅，未免浪费，因而严格审批购买纸张的外汇，从而影响到纸张的订购。而纸商却掌握着充沛的存货，待价而沽，推动纸价持续上扬。"一批穷报馆，因纸价飞涨而压得透不过气来，真有啼笑皆非之苦也。"[4] 报馆第一次尝到了外汇管制带来的苦头。

1947 年 2 月，由于外汇存底趋于枯竭，国民政府在推行纸张节约办法的同时，开始实行限额输入办法。其具体办法是：由国民政府分配给需要外汇的一些行业以每期一定限额的官价外汇，由受分配的行业用以向国外

---

[1] 《文化事业前途之隐忧》，《海晶》，1946 年 8 月 11 日第 24 期。

[2] 《彭部长答记者询问 报纸减缩篇幅为事实需要 根据出版法取缔黄色新闻》，《申报》，1947 年 2 月 6 日第一版。

[3] 据抽样统计，1946 年 3 月、6 月、9 月和 12 月，每令白报纸分别为 4.6 万元、3.3 万元、3 万元和 2.5 万元。参见艾明之：《胜利两年来出版事业管窥》（下），上海《大公报》，1948 年 1 月 15 日第九版。

[4] 商隐：《报纸进口一年 美金三千万元》，《铁报》，1947 年 1 月 26 日第二版。

订购原料或成品，每三个月为一季。具体分配事宜由输出入管理委员会（以下简称"输管会"）负责。凡以分配到的限额外汇向国外订购原料或成品，必须取得输管会的输入许可证方可进口。[①]　最终，国民政府核定第一季（1947 年 2 月至 4 月）纸类进口外汇配额为 345 万美元，其中卷筒平面报纸配额仅 200 万美元。有人计算，以此数购欧纸仅 7 000 余吨，购苏联纸仅 1 万吨，购加拿大纸亦仅 1.25 万吨。即使全部购到加拿大纸，在假定书业报业平分的原则下，则全国报界每月仅获纸 2 000 吨。而国民党中宣部还要在此吨数中为国民党党报保留 1 000～1 500 吨，如此则民营报业只能分得 500～1 000 吨。然而仅上海一地报业每月需纸即为 3 700 吨，这还不包括未登记的一两家西报。[②]

　　上海市报馆商业同业公会（以下简称"报业公会"）[③] 深感事态严重。2 月 23 日，恰逢国民党中宣部部长彭学沛来沪，报业公会推派代表詹文浒（《新闻报》总经理）、李子宽（《大公报》发行人）、张志韩（《华美晚报》

---

　　① 　上海社会科学院经济研究所：《中国近代造纸工业史》，上海：上海社会科学院出版社，1989 年，第 267 页。

　　② 　《救救文化！救救民主！——为纸类进口向政府请命》，天津《大公报》，1947 年 2 月 27 日第二版。另，此处的"西报"指外国人创办的外文报纸。

　　③ 　上海市报馆商业同业公会为报业资方组织，成立于 1946 年 7 月 7 日，第一届理事为李子宽（《大公报》）、陈训惫（《申报》）、詹文浒（《新闻报》）、王晋琦（《正言报》）、张志韩（《华美晚报》）、沈公濂（《中央日报》）、骆清华（《商报》）、刘子润（《东南日报》）、严谔声（《立报》）、严宝礼（《文汇报》）、罗敦伟（《和平日报》）、陆东生（《大英夜报》）、王乐山（《大晚报》）、叶季平（《民国日报》）、孙道胜（《新夜报》）；候补理事为王纪华（《联合晚报》）、高明强（《中美日报》）、刘道行（《神州日报》）、胡鄂公（《时事新报》）、毛子佩（《铁报》）；监察为马树礼（《前线日报》）、周谦冲（《中华时报》）、崔竹溪（《益世报》）、陈铭德（《新民晚报》）、朱培璜（《侨声报》）；候补监察为束全保（《自由论坛报》）、庄芝亮（《大陆报》）；理事长为李子宽。报业公会以"谋取报业之改良发展及矫正同业间弊端"为宗旨，其任务包括：a. 协调会员事业经营，如原材料的共同购入或处理仓库运输设备，以及其他会员间之共同设施；b. 关于会员业务的指导、研究、调查及统计；c. 办理合于宗旨的其他事项。其经常性工作为官价白报纸和"善后物质"的分配，协调和制止某些财力雄厚的报馆以加张或降价等手段进行营业竞争，与外国通讯社洽谈稿费等。1947 年夏全面内战爆发后，主要忙于洽商各报售价和广告刊例，发布调价通告。报业公会最初有会员报馆 27 家，后陆续加入外文报和小报 18 家。1948 年 9 月 9 日召开全体会员大会时有会员报馆 37 家。1949 年 4 月 19 日，报业公会刊登启事，声明"此后报纸售价不再由公会发表启事，一律由公会通知会员各报随时在报头标价更订之"，嗣后各报纷纷自寻出路，报业公会不再举行集体活动。参见《上海新闻志》编纂委员会编：《上海新闻志》，上海：上海社会科学院出版社，2000 年，第 529 页；《本市报业公会举行成立大会　李子宽、陈训惫当选理事》，《民国日报》，1946 年 7 月 8 日第三版。

社长）、刘子润（《东南日报》经理）等携带呈文拜谒彭氏，面述报纸奉令减张以后不堪遭受重大的打击，恳请彭氏转咨国民政府行政院，放宽全国报纸输入限额，俾报业延续残喘，希望国民政府调查纸商进纸情形，防止囤积居奇，同时查明最近未曾结汇即行进口的报纸，由各报馆平价承购，彭氏当即应允。为巩固游说效果，第二天，报业公会又派代表亲赴南京向国民党中宣部请愿。① 对此，天津《大公报》气愤难平，批评国民政府厚此薄彼："当大批的汽车、口红、丝袜向中国涌进时，我们不相信政府撙省外汇必须由报纸开刀。仅仅好莱坞电影的输入，一年便占去多大一笔外汇！"并质问国民政府："还要文化不要？还要报纸不要？"② 最终，上海报业购得第一季白报纸 3 000 吨，与实际所需相差甚远。沪市各报售价本来由报业公会规定，《文汇报》因配给纸张不敷甚巨，致成本激增，3 月下旬独自将报价涨至每份 700 元。③

　　5 月下旬，政府核定第二季（1947 年 5 月至 7 月）纸类进口外汇配额为 450 万美元，其中白报纸 259.5 万美元，比第一季仅增加三成。27 日，报业公会理事长李子宽和上海市书商业同业公会理事长李伯嘉致电国民参政会秘书长邵力子，痛陈"报纸进口不敷消费甚多，书报两业同感难以维持，敬恳贵会转请国民政府，准予增加报纸进口限额，俾得解决艰困"④。

　　许孝炎等参政员对限制纸张进口颇有微词，他们为全国书报用纸算了一笔账：国民政府每季核定书报业用纸进口外汇限额为 175 万美元，若以每吨 180 美元计算，所购白报纸不足 1 万吨，每月平均 3 000 吨左右，尚不敷上海一地之需，更不要说全国了。6 月初，感于全国报纸"自动缩减篇幅，尽量节约虚耗，但仍不敷至巨"，许孝炎等在参政会上提请国民政府从速放宽书报业用纸进口外汇限额，至少每年增至 2 400 万美元，"若政府再不酌予放宽进口限额，致令书报业日渐衰落，而至于削减，非特书

　　① 《报业向彭部长请愿　宽放纸张进口限额　彭氏允转商各该管机关核准》，上海《大公报》，1947 年 2 月 24 日第四版。

　　② 《救救文化！救救民主！——为纸类进口向政府请命》，天津《大公报》，1947 年 2 月 27 日第二版。

　　③ 《新闻的新闻》，《前线日报》，1947 年 3 月 24 日第五版。

　　④ 《放宽报纸进口限额　书报业电国民参政会呼吁》，上海《大公报》，1947 年 5 月 28 日第五版。

报业所不堪，实亦国家社会之不幸"①。而此时，白报纸价格继续攀升，已达每令 20 万元以上。6 月 2 日，《益世报》因存纸缺乏暂时减缩半张，日出 1.5 张。②

第三季（1947 年 8 月至 10 月）纸类进口外汇配额仍然是 450 万美元，没有增加。此时白报纸市价一路高涨。8 月 15 日前后每令二十七八万元，9 月 15 日前后涨到五十三四万元，短短一个月上涨了一倍。10 月 5 日每令 60 万元，7 日每令 68 万元，9 日每令 70 万元，11 日每令 80 万元，13 日每令 87 万元，14 日每令 90 万元，16 日每令竟高达 120 万元。这与经销商囤积居奇，哄抬纸价不无关系。17 日，纸商同业公会理监事召集同业开会，规定门市售价每令为 85 万元，纸价才有所回落。③ 有报人建议国民政府检查纸商的囤积行为，严惩不法纸商，没收搜获的纸张，并低价优先售予没有配给的报纸，"盖吾业受纸老虎高抬纸价，受害最烈，如能达到目的，则不无小补"④。

由于配给纸有限，一些民营报馆只得从市场购买。有人计算，日出 1 张报纸，不计印刷费用，成本高达 1 050 元。为解燃眉之急，10 月 12 日，这些报馆派代表晋京，要求配给官价白报纸。⑤

第四季（1947 年 11 月至 1948 年 1 月）纸类进口外汇配额仍为 450 万美元，其中上海报业获得白报纸配额约 66 万美元，比第一季的 48 万美元略有增加。而白报纸分配在报业公会与西报之间掀起了一场轩然大波。12 月 18 日，在决定各报配额时，报业公会以《字林西报》和《大美晚报》不遵守公会公约，擅自加张，按照两报第三季配额分别减去 90% 和 50%，即分别自 9 400 美元和 8 458 美元减为 940 美元和 4 229 美元。19 日，《大美晚报》以头条新闻《报业公会向西报宣战》报道西报减少配额之事，说报业公会事先没有警告，也没有让他们有申诉的机会，就削减了他们的纸张配额。他们已经向司徒雷登大使和美国国务部提出申诉。20 日，《字林西报》登载

---

① 《放宽报纸进口限额　许孝炎等提议参政会已通过》，天津《大公报》，1947 年 6 月 4 日第二版。

② 《上海报界动态》（1947—1949），上海市档案馆，档案卷宗号：Q430 - 1 - 13。

③ 储安平：《白报纸!》，《观察》，1947 年第 3 卷第 9 期，第 6 页。

④ 《浮生散记》，《诚报》，1947 年 10 月 27 日第二版。

⑤ 《新闻的新闻》，《前线日报》，1947 年 10 月 20 日第五版。

长篇报道抗议报业公会的处置,说:报业公会的这种行动使他们的报纸不可能继续出版,除非国民政府立刻改变报业公会的决定,否则他们的报纸只好停刊。又说:在全市的英文报纸中,只有《字林西报》和《大美晚报》是外商经营,如今他们被减少纸张配额,而《大陆报》(英文报纸,由孔祥熙控制)和《自由论坛报》(英文报纸,由国民政府外交部主办)却并未减少,报业公会的这种举动也是令人不满意的。

同日,《大陆报》发行人庄芝亮发表声明指出:上海报业公会对任何报纸均一视同仁,其减少《字林西报》和《大美晚报》的报纸配额是公会内部的事务。《字林西报》的篇幅超过公会限制,由原来的 8 页增至 10 页,公会通知减至 8 页,《字林西报》没有照办,《大美晚报》也有时增加篇幅,公会才减少两报的配额。《大陆报》绝对服从公会的决定。① 报业公会同日则指责两西报所刊文字“除表示其不平外,兼载传闻猜测之词,更加渲染,不仅作非善意的评骘,诋诬本会,措词且涉及我国政府,暨本会其他会员”,声称公会处理此案“完全遵照正当会议手续,未尝有所偏曲阿私”②。输管会主席张嘉璈也在同日致函《大美晚报》,表示即时调查此事,使获公允解决,同时指出白报纸限额的最后决定权在输管会,报业公会仅仅具有建议同业分配的权力。③ 小型报《诚报》既赞成报业公会的决定,也支持《大美晚报》总主笔高尔德“各报以确实销数分配,及由公正机关主持分配”的主张,指出“现一部分会员报取得之配额,有超出十余倍实际销数者有好几家”,认为小型报在配额分配上未受到公正待遇。④ 这场配纸之争以输管会限额分配处出面酌量增加两西报的配额而告一段落。⑤

---

① 《两西报著文攻击》,上海《大公报》,1947 年 12 月 21 日第四版。此期还发生一件有趣的事。据《前线日报》报道,《大美晚报》和《字林西报》因报业公会减少配纸之事与《大陆报》连日在报上争辩不休。24 日,《大美晚报》突然在《大陆报》刊登广告,略谓“《大陆报》之读者如欲改订《大美晚报》,一律以每月 20 万元之特价优待”。因系照章付款,《大陆报》无法拒绝此项广告,开沪市报业竞争之先例。参见《新闻的新闻》,《前线日报》,1947 年 12 月 29 日第五版。

② 《两西报不满纸额限制 报业公会发表声明 对于中外会员未尝有所偏曲》,《申报》,1947 年 12 月 21 日第二版。

③ 《西报配纸问题 张嘉璈下令调查》,上海《大公报》,1947 年 12 月 23 日第五版。

④ 《浮生散记》,《诚报》,1947 年 12 月 22 日第二版。

⑤ 何人:《争配报纸案告妥协》,《风报》,1948 年 1 月 1 日第二版。

《前线日报》因此将"白报纸之争"评为1947年国内十大新闻之一，谓："……上海本地各报亦曾为分配额而争得脸红耳赤。到年终的时候，《大美晚报》与《字林西报》更因为配额被减而与报业公会及《大陆报》大开笔战，事情闹到了南京与华盛顿，为本年度白报纸争夺之高潮。由于印报纸之缺乏与黑市纸价的猛涨，一年间各地报纸之被迫停刊或减张者，不计其数，构成了新闻事业惨淡的暗影。"①

是年年底，全国经济委员会（以下简称"全经会"）计划1948年供应全国书报业白报纸5万吨，其中进口1.5万吨，其他由国内自行生产。天津《大公报》提醒国民政府，根据以往的经验判断，这个计划并不切合实际："要是政府不能正视现实，深切研究，凭着虚拟的生产数字，限制洋纸输入，结果必致国产纸张供不应求，酿成极严重的纸荒。届时虽欲再令洋纸输入，也将缓不济急，而使全国书报业陷于无可维持的境地。这是文化界的一大危机！"况且5万吨也远远不敷使用。② 以前，各大报除《中央日报》和《和平日报》外一律在新年休刊三天。为了同业竞争，各报都不愿意休刊。现在，由于配给纸张来之不易，各报能省则省，多停几天也无所谓了。③

时至1948年3月中旬，第五季（1948年2月至4月）纸张外汇配额尚未分配，各报鉴于配纸或将中断，向政府致函求助，但鲜有结果。④ 26日，报业公会推派李子宽、陈训念（《申报》总经理）、吕光（《新闻报》经理）、刘子润、孙道胜（《新夜报》总经理）、陈道夷、毛子佩（《铁报》社长）等七人为代表晋京，向国民政府行政院递交请愿书。首先，请愿书诉说了自实行纸张配给制以来报业的苦境：一是限额既不敷各报馆实际需要，又有递减，报馆只得向黑市求购，其差价奚啻倍蓰。⑤ 二是每季核准报纸限额发布的时间拖沓延迟，报业公会与纸商签订合同再呈送输管会领取进口许可证又费相当时日，而在此时期外汇比率屡有调整，各报馆蒙受极大的

---

① 胡道静：《民国三十六年十大国内新闻》，《前线日报》，1947年12月29日第五版。

② 《文化界的一大危机》，天津《大公报》，1948年1月12日第二版。

③ 信之：《报坛年景》，《东方日报》，1947年12月31日第二版。

④ 《新闻的新闻》，《前线日报》，1948年3月15日第五版。

⑤ 据1948年的档案记载，即便增加广告价格也无法抵销黑市纸价，"就广告论，每方'提要'定价180万元，不能谓不高，在商店几已无力负担此广告刊费，但在报馆言，尚不足抵黑市报纸之成本"。参见《上海报界动态》（1947—1949），上海市档案馆，档案卷宗号：Q430 – 1 – 13。

损失，影响成本，关系报价。其次，请愿书指出目前自行生产不现实：一是"多购纸浆造纸……果能如期成功，产量犹虑不足。顾至今筹议多时，实施计划，依然渺茫"。这正验证了前述《大公报》的担忧。二是生产周期颇费时日。"国外购浆，既非咄嗟可到，且纵使纸浆即到，交厂制造，亦有种种困难，须待一较长时间，乃获解决；但各报存纸垂罄，无法株守。"三是生产成本高。纸浆价格未必低于成纸，有违节省外汇的初衷。"如果自行造纸，加以其他原料、工资、厂费等项，恐国产纸一吨之值，势必超过舶来品一吨之值甚多；如此代价，更非国内报业所克负荷。"最后，请愿书希望国民政府行政院督促各主管单位克日核定第五季和第六季白报纸限额，请勿核减上海报业公会的配额，维持第四季的数额。① 此次请愿终获圆满结果。输管会呈准全经会，第五季纸张外汇配额仍照第四季配给；至于第六季配额，则须视纸张进口后国内纸张生产情形而定。②

此时，尽管《大公报》拥有很多读者，广告与日俱增，收入增加，但因为配给纸不够，只得从黑市补进高价白报纸，抵销了盈利。③

1948 年 7 月，第五季和第六季（1948 年 5 月至 7 月）的白报纸仍未配给。因纸源不继，《前线日报》自 26 日起缩减篇幅，暂时改出 1 张；一俟纸张运到，再恢复原有篇幅。④ 8 月，因纸价飞涨，一些大报开始掺用国产卷筒纸印报。⑤

1948 年 10 月上旬，第六季的白报纸配额终于审核通过。20 日前后，国民政府行政院即令输管会发给输入许可证。报业公会几次派代表前往接洽，输管会起初称未收到国民政府令文，接着又说日内即当通知，却总是一再拖延。11 月 11 日下午六时，报业公会终于收到输管会送达的批文，准备次日兑换美元。12 日，正逢国民政府更改结汇比率，由金圆券 4 元比美元 1 元调整为金圆券 20 元比美元 1 元，三十余家报馆损失金圆一千余元。有人说，输管会在国民政府调整汇率后数小时才通知报业公会，似乎在与国民政府保持默契；

---

① 《报馆同业公会吁请迅定配纸额 推七代表昨晚乘车晋京》，《申报》，1948 年 3 月 27 日第四版。

② 《新闻的新闻》，《前线日报》，1948 年 4 月 4 日第六版。

③ 信之：《〈大公报〉发红利》，《东方日报》，1948 年 3 月 28 日第二版。

④ 《上海报界动态》（1947—1949），上海市档案馆，档案卷宗号：Q430 - 1 - 13。

⑤ 《新闻的新闻》，《前线日报》，1948 年 8 月 9 日第四版。

还有人说，这是输管会有意为难报业公会，因为其他各业早已领证结汇。报业公会理事会深为不满，认为输管会有失职误公之嫌；如有必要，将对输管会提起行政诉愿。① 21 日，输管会则就此发表声明，进行辩解。②

报人王公亮认为纸张配给制度其实是国民政府控制民营报纸的手段。他举例说，在 1947 年 2 月 17 日输管会公布的限额配给中，烟草的输入达 800 万美元，是纸张进口额的 2 倍多。他认为国民政府的目的不过是想变相封闭宣泄民隐的民营报纸。他质问：为什么党营报纸有优先和大量的配额？为什么黄色报纸骂骂共产党就能获准登记，公开浪费纸张？为什么纸张的进口会大大少于纯粹是消耗品的烟草？自从白报纸升价百倍以后，报纸配给已经成为国民政府公开要挟的武器。要获得白报纸，言论态度就必须遵循国民政府意志，不然，就关门大吉。他斥之为"文化政策的下流"③。

三、邮电费用高涨

一张报纸从新闻的采集、传递到成品的发售都离不开邮政、电讯和航空部门的配合，其中，邮电费用是一个非常重要的方面，它直接决定着报纸的运营成本和销量。1945 年 10 月 1 日，全国各类邮资一律增加 9 倍，航空收费暂不增加，即印刷品 20 公分以内 6 元，新闻纸每 50 公分 2 元。④ 1946 年 5 月 5 日，上海实行新的收费标准，报卷 25 公分以内，普通邮费 2 元；航空费 90 元，较前增长 9 倍。⑤ 8 月，有报载国民政府交通部为弥补邮电事业巨大亏累，又将调整邮电价格。记者特地采访国民政府交通部负责人。该负责人称，一切公营事业均不加价，绝无邮电加价之说；如果国家财政进一步好转，邮电不但不加价，反而会降低价格。⑥ 但就在 9 月 23 日，国民政府交通部部长俞大维却说"邮电蚀亏不堪，非加价不足以维持"。25 日，记者就此采访了国民政府交通部。据有关部门称，不准加价是国民政府行政院的

---

① 胡理：《报业公会不满输管会》，《诚报》，1948 年 11 月 14 日第二版。
② 《新闻的新闻》，《前线日报》，1948 年 11 月 29 日第四版。
③ 王公亮：《这一代的新闻工作者》，《前线日报》，1948 年 1 月 12 日第五版。
④ 《邮资加价》，重庆《大公报》，1945 年 10 月 1 日第三版。
⑤ 《邮件空运费加价　本月起航空费加九倍》，天津《大公报》，1946 年 5 月 8 日第三版。
⑥ 《邮电费不增加　交部负责人谈话》，上海《大公报》，1946 年 8 月 24 日第二版。

政策，但交通部则希望加价，因为邮电事业每月亏蚀达 160 亿元之巨，邮政和电讯各 80 亿元，都须由国民政府补贴，其数可观；在目前国家财政收支情形下，由国民政府补贴亦不容易，但加价又碍于政策，只好另谋开源节流之道。①

然而，国民政府立法院最终通过了邮电加价的提案。自 11 月 1 日起，邮资加 5 倍，电报费加 10 倍，较交通部的提议打了 5 折。② 一石击起千层浪。由于邮电加价，上海各报益感支出浩繁。经过会商，报业公会确定了按照发行张数决定加价幅度的标准，即自本月 11 日起，日报日出 2 张以下者，每份定价不得低于 150 元；日出 3 张以下 2.5 张以上者，每份定价不得低于 200 元；日出 4 张以下 3.5 张以上者，每份定价不得低于 250 元；晚报一律每份 200 元。③ 与此同时，报业公会二十一家会员报还向全国同业发出通电，共同呼吁交通部免除航邮加价。通电称："邮电同时加价，并即执行，较之原规定，计长途电话及电报费顿增九倍，邮费顿增五倍。航空寄递，报纸所需费用，原已剧增，现已再增至五倍之多，此与报纸发行影响綦巨。现在物价逐步增长，发行报纸之成本，随之加重，已感支持维艰，今邮电航费又有巨额增加，实不胜其重负，是将使报业与读者交受其困。报纸系属文化事业，非普通商货可比，应获得政府扶掖。今航报邮费反较商货为高，本市同业一致深感邮电新加负担重压，迫不得已，拟声请交通部特予救济，准许将报业所需之邮电航费既加或拟加之价减免，概依三十五年十月三十一日以前定价计算。"④ 武汉新闻界和山东临参会也电请当局减免费用，以利文化发展。18 日，南京《中央日报》《和平日报》和《救国日报》等十五家报纸联名具呈国民政府交通部仍照原先的标准收费，同时与参加国民大会的全国同业代表交换意见，会商办法，以采取一致行动。⑤

有人从读者角度批评航邮涨价不合理，指出，上海的报纸比内地的报纸要丰富精彩得多，因此，内地各界对上海报纸的需求也特别旺盛，但有

---

① 《交通部负责人谈　邮电不加价》，上海《大公报》，1946 年 9 月 26 日第二版。

② 《邮电加价》，上海《大公报》，1946 年 10 月 31 日第二版。

③ 《上海市报馆商业同业公会启事》，《前线日报》，1946 年 11 月 8 日三版。

④ 《报馆业同业公会　呼吁免除航邮加价》，上海《大公报》，1946 年 11 月 18 日第四版。

⑤ 《新闻邮费加价　影响新闻发展　京报业请交通部减免》，上海《大公报》，1946 年 11 月 21 日第五版。

些地方交通不便，非利用航空不可，问题是航寄一份报纸如上海《大公报》到内地仅航空邮费就得花 600 元。内地一个公务员每月的总收入不过十几万元，要他们为了订一份上海的报纸每月花 2 万元的航空邮费，是很不合理的。他希望为了不绞杀内地的文化，交通部应该赶快出台救济的办法。[①]

1946 年 11 月 28 日，南京《中央日报》以算账的方式就邮电加价和火车运费加价对报纸造成的严重影响发表了自己的看法。首先，平邮每重 50 公分的报纸须付邮费 10 元；航邮每重 20 公分的报纸，除纳邮费 10 元外还须另付航空费 150 元。这样一来，航邮一份重量在 20 公分以内的报纸，每月便要负担邮费 4 800 元；重量在 20 公分以上的则须缴费 9 600 元。以《中央日报》而论，除报费以外，读者每月须再付出航邮费 9 600 元。结果，不胜重负的读者只有停阅。其次，加急新闻电每字须付费 200 元。长途电话通话 3 分钟为一次，每次通话费，南京至上海也要 3 900 元。假定一家报社驻各地的特派员每日发电的字数为 5 000 字，则每日电费为 100 万元，每月合计为 3 000 万元；假定各地的特派员与本社通话 3 小时，合计 60 次，每次平均 6 000 元，则每日话费为 36 万元，每月为 1 080 万元。负担如此之重，一般的报社就只有因噎废食，少发电报，少打长途电话，或是增加发行和广告的价目将负担转嫁于订户及广告主。但哪一种选择都等于自杀。最后，火车货运加价 75%，白报纸和其他报社所必需的物资器材的运费也要增加 75%。报社也要将这一重担设法转嫁于读者，读者也就只有不看报了。《中央日报》希望交通当局为报业留一线生机，推动文化事业进步。[②] 其社长马星野则批评国民政府交通部只知频繁加价，却不知改进邮电服务，还不许各报设置电台；各报接收消息要受电报加价的打击，报纸运往外地则受航空加价的打击，尽管各报大声呼吁，国民政府交通部却充耳不闻。[③]

12 月 9 日，面对全国各地报界的来电，国民政府交通部复电称，即便新订价格仍赶不上物价的增长，实难减低。唯普通新闻电可照加急，商电提前拍发，以示优待。对航空邮寄的报纸将不受限制地收寄。各地报界都对此仍感不满，准备再次致电国民政府交通部，请另订新闻电付费办法，

① 梅焕藻：《航邮涨价不合理》，上海《大公报》，1946 年 11 月 18 日第四版。

② 《邮电加价与报业》，南京《中央日报》，1946 年 11 月 28 日第二版。

③ 星：《当前报业之危机》，南京《中央日报》，1946 年 12 月 9 日第十二版。

在新办法未公布前暂照旧价付费。①

16日，各地报界代表百余人在南京召开全国联合会，对国民政府交通部先前提出的电话费打七折的方案均不满意，因为此价比旧价还高7倍，且仅优待日报，晚报不与；认为邮费尤为报业的负担，必须减至原价。接着，联合会组织全国各报请愿团，推定十余名代表，向国民政府交通部请愿。国民政府交通部部长俞大维表示愿与请愿团进行进一步的磋商。②

20日，全国各报代表就电话、电报和邮费三方面的收费与交通部达成协议③：

甲、电话

① 京沪间夜间优待新闻界通话办法，推行全国。

② 白天规定上午十二时至下午二时新闻界通话电话提前接通。自下午九时至次日晨七时之时间内，可指定在任何二小时内接通。上项指定时间之电话，必须在一小时前先行挂号，上述办法暂以京沪为限，俟各地有线电话畅通时，普遍实施。

乙、电报

① 拍发新闻电报执照预存报费，如不付存者，可请商店担保。

② 寻常新闻电提前拍发。

③ 由首都新闻界编拟发电用新闻简讯，送中央宣传部、交通部核定后施行。

丙、邮费

航空通过地点互寄之新闻纸，得照航空图书小包收费。

① 寄内地之航空报纸，可卷成小卷，照航空通运地点，每地汇成一束，按每束总重照收航空图书小包费外，另再加收新闻纸邮费，每卷不逾五十公斤十元。照贴邮票或照收邮费后，由邮局加盖邮资已付戳记。

---

① 《减轻报业邮电负担　湘滇报界纷纷电请交部核减》，上海《大公报》，1946年12月11日第三版。

② 《全国各报各通讯社集体向交部请愿　请求优待新闻邮电费》，《申报》，1946年12月17日第一版。

③ 《新闻邮电优待办法》，《申报》，1946年12月21日第一版。

②航空运费有变动时，图书小包邮费随时调整。

虽然较前有所优惠，但代表恢复原价的要求没有被采纳。上海《大公报》通过计算认为邮局加价没有达到减轻赔累的目的，反而使报馆不堪重负，人民享受不到精神食粮。它重申，公营事业的目的首在服务人民，多予人民以便利；如有亏折，应由国库拨款补贴。它批评国民政府的邮电加价政策只从财政上作考虑，未必曾为社会文化教育设想过，国民政府事事都企图进行直接或间接的统制，但统制得没有效率。它提出减低邮电价目，开放电讯，使民间报馆也可以自由地使用无线电设备。① 有读者则认为邮政总局并没有什么亏损，而是一贯采取不赔不赚的政策，要求邮政总局以后不要利用加航空邮资无须经过国民政府立法院通过的便利而胡乱增加读者的负担。②

以后，国民政府交通部在新闻电话和报纸邮寄收费上给予了一些优惠，但拒绝接受电话费5折的请求。

1948年4月，国民党国民大会第十四次会议通过扶植新闻事业案，包括"新闻什志邮电运输尽量予以优待，以助其发展""公营事业如邮电、运输对各报社什志通讯特予廉价优待"（其他还有"合法报纸政府应优给配纸外汇，并准其自备外汇购纸"等）。但就从当月开始，邮电费用涨价越来越频繁。4日，报纸每束每重50公分邮寄费为300元；10日，又骤涨为6 000元。③ 7月5日，普通信件每20公分邮寄费由1万元增至3万元；报纸每束每重20公分航空邮资由1万元增至6万元，比普通信件高出一倍。依此规定，航寄　本杂志即须付邮费12万元，已经超过杂志本身的售价。9日，上海市杂志界举行记者招待会。《观察》杂志主编储安平说，新闻纸在各国收邮费都比普通信件低，现在我们不但不低，反而高出一倍之多，太说不过去了。这一次航邮加价，对所有报章出版业都是很大打击，而对于杂志打击特别大，尤其是周刊、半月刊之类，因为他们发行的半数是航邮。他

---

① 《我们的两点切身呼吁——请求减低邮电费并开放电讯使用》，上海《大公报》，1946年12月21日第三版。

② 非非子：《论航空邮资的不合理》，南京《中央日报》，1946年12月23日第十一版。

③ 《国际邮资明天涨价　信函起码三万　航空另加八万》，上海《大公报》，1948年4月10日第四版。

以《观察》为例,《观察》每期销 4.8 万份,其中 2.5 万份通过航空寄送外埠;寄一份须 12 万元,则每次邮费达 30 亿元,杂志根本办不下去。经过讨论,杂志界决定 46 家杂志联名发表抗议宣言,其中 16 家杂志即日起停刊一期,以示抗议,同时推派代表向政府请愿。①

针对杂志界的抗议,上海邮政管理局解释,此次提高取费,仅是航空邮费,至普通资例仍如以前一样,并未变动。以前航空公司向来向邮局收取运费,信函印刷物完全一律,至于迨寄新闻纸类则订有优先办法,即照航空图书小包六折收费。此次航空运价上涨,除增加百分之一百八十运费外,并将基数调整为印刷品,较信函加一倍,邮局只得将航空费比例提高。而优待新闻纸类办法,并未更动,仍可应用。②

上海《大公报》同情邮资加价,但同时认为加价要合情合理,普通信件要少加,快信、挂号信件可多加,新闻纸类出版品更要少加,以免障害文化发展;现在反其道而行之,在文化界这根瘦骨头上啃肉,未免有些残忍了。《大公报》支持杂志界的抗议行为,希望国民政府“速作贤明的考虑,以免经由传播文化的航邮之手来扼杀当前文化界的微弱生机”③。

由于报界和杂志界强大的抗议声浪,7 月 10 日,国民政府交通部下令取消航邮加价,改为与信函相同的收费,即一律为每 20 公分 3 万元,并给予六折优惠。④

21 日,国民政府行政院又颁布新的邮资标准,照现行价目一律增加 2 倍。在新闻纸类中,第一类每束每重 50 公分 1 000 元,第二类每重 50 公分 600 元,第三类每重 100 公分 200 元;航空函件每重 20 公分 7 万元。⑤ 8 月 12 日,邮局即宣布,因航空公司班机减少,即日起停收沪渝空运新闻纸。而其他航线也有停运的可能。⑥

金圆券改革前后,各项资费不断调整。11 月 6 日,国民政府交通部公

---

① 《杂志界抗议航邮加价》,上海《大公报》,1948 年 7 月 10 日第四版。

② 《邮政当局谈话》,上海《大公报》,1948 年 7 月 10 日第四版。

③ 《航邮加价特别苛待新闻纸类》,上海《大公报》,1948 年 7 月 10 日第二版。

④ 《新闻纸类航空邮费 决取消不平加价 交部俞部长已令航邮双方将航空邮费减与信函相同》,上海《大公报》,1948 年 7 月 11 日第四版。

⑤ 《邮资明日加价 平信一万五千 航空七万》,上海《大公报》,1948 年 7 月 20 日第四版。

⑥ 《新闻的新闻》,《前线日报》,1948 年 8 月 16 日第四版。

布寻常电明语每字 2 角，密语每字 4 角，洋文明语和密语每字 4 角。加急电每字 4 角，密语每字 8 角，新闻电每字 2 分，加急每字 8 分。[①] 17 日，国内邮资又开始调整，新闻纸类，第一类每束每重 50 公分 6 厘（金圆券），第二类每次每重 50 公分 4 厘，第三类每份每重 100 公分 2 厘。

1949 年 2 月 21 日，邮电加价 5 倍。电报方面，普通华文明码每字 30 元，密码每字 60 元，加急加倍。西文明密码一律照华文价加倍计算，即每字分 60 元、120 元两种。[②] 3 月 1 日，邮电价目接着上涨。在新闻纸类，第一类每束每重 50 公分 2 元，第二类每次每重 50 公分 1 元 2 角，第三类每份每重 100 公分 4 角；电报价目照原价上涨 66%。[③] 3 日，国内航邮加价。11 日，邮电和铁路运输又涨价。在新闻纸类，第一类每束每重 50 公分 4 元，第二类每次每重 50 公分 2 元 4 角，第三类每份每重 100 公分 8 角；国内电报价格照旧价增加一倍，国内长途电话价目亦同时按照比例调整；京沪区铁路货运价照原有运价增加 170%。[④] 18 日，国内航邮又开始加价。

事实上，邮电频繁加价，邮电部门也有迫不得已的苦衷。1948 年 6 月，邮政总局总结了邮政亏损的原因：一是邮资过低，物价高涨，邮资却很少变动；二是包裹业务衰落，邮递包裹历来是邮政的盈利业务，赖以弥补信函和书报的亏损，但由于收寄大幅减少，邮政亏损无可挹注；三是书籍和报纸邮费低廉；四是挂号、快递邮件等特种函件太多，人工和物力耗费甚巨；五是邮区广大，邮件稀少，自办邮路太多，加大了机构设置和人力、运输成本。[⑤] 1949 年 3 月，上海邮政管理局负责人又解释，现在一封平信邮资只有一个大饼的售价，比战前还便宜。邮局为了自给自足，避免国库贴补，只能随物价渐渐调整。假使不涨而由国库补贴，则仍由全国老百姓负担，这并不适宜。他认为反对邮资加价理由不充足。[⑥] 上海市电信局负责人

---

① 《电报今天涨价　两路加价改明天实行》，上海《大公报》，1948 年 11 月 6 日第四版。

② 《邮电今起加五倍》，上海《大公报》，1949 年 2 月 21 日第四版。

③ 《邮电价又调整》，上海《大公报》，1949 年 3 月 1 日第四版。

④ 《邮电铁路今涨价》，上海《大公报》，1949 年 3 月 11 日第四版。

⑤ 《邮政总局编邮政亏损原因》，中国第二历史档案馆：《中华民国史档案资料汇编》（第五辑　第三编　财政经济　七），南京：江苏古籍出版社，1999 年，第 819－826 页。

⑥ 《反对邮资加价案　王裕光认为理由不充足》，上海《大公报》，1949 年 3 月 17 日第四版。

也说,由于电信定价过低,远远落在物价涨幅之后,以致亏负过巨,无法维持。调整价目后,收入虽然增加,但仍不够成本。① 总之,邮电交通费用高涨是政局动荡、交通梗阻、商业凋敝和物价高涨等多重因素造成的,而国民政府已经无力减轻报业的负担,致使其亏累不赀。

四、稿费居高不下

通讯社新闻稿是报纸的重要稿源之一,而通讯社的稿费并非固定不变的,而是应通讯社的要求随物价不断订正。中央社上海分社的稿费是依照各报的销数而定的。报纸的销数由该社调查或由各报自己报告。1946 年 6 月,分社向各报公布了订稿收费标准:对开报纸发行数在 1 万份以下者每月 20 万元,1 万份以上 2 万份以下者每月 30 万元,2 万份以上 3 万份以下者每月 40 万元;四开报纸和晚报依以上销数分别为 10 万元、20 万元和 30 万元。《新闻报》对外自称“日销廿五万份”,则其每月应付 240 万元。以前《申报》和《新闻报》每月稿费为 10 万元,比较而言,涨价 24 倍之多。②

抗战胜利后,上海的西方通讯社③十分活跃,不仅几乎垄断了国际新闻,而且对中国国内重大新闻的采访也大大优于国民党中央通讯社,国内私营通讯社更不是它们的竞争对手。④ 外国通讯社在上海的优势地位使得上海新闻界对其形成了一定的依赖性,因此,其在稿费上不断加码。

抗战胜利以前,上海报馆都以国币向外国通讯社支付费用。抗战胜利后,外国通讯社分别与各报重新订立合同,要求以美元付酬。国民政府并未禁止使用美元进行交易,各报于是照办。后来,由于国民政府实行外汇管制,各报不易获得美元,于是决定将美元折合成法币支付。但外国通讯社要求按黑市价格折算,而各报只愿以官价结付。报业公会经过讨论,议

---

① 《邮电加价事 出于不得已 否则将无法维持》,上海《大公报》,1949 年 3 月 18 日第四版。
② 怀清:《中央社上海分社改订收费办法》,《周播》,1946 年 6 月 14 日第 14 期。
③ 这里主要指英国的路透社、美国的美联社和法国的法国新闻社,即下文的外国通讯社。
④ 马光仁:《上海新闻史(1850—1949)》,上海:复旦大学出版社,1996 年,第 1054 页。

决由会员报联合具名致函交涉，以法定汇率结算。[①] 最终，外国通讯社同意了报业公会的请求。

1947 年 4 月，外国通讯社要求更改计算标准。经与报业公会商定，各报每月支付的美元数额一律改作基数，以后逐月照当月职员生活指数计算稿酬（即基数乘以国民政府提供的当月职员生活指数）。虽然各报经济窘迫，但没有办法，还是勉强答应了这一要求。此办法于 6 月开始实施。各报新闻稿内容相同，但稿费基数不同，最高者为每月 250 元（如《新闻报》），而最低者不到百元。不料才过数月，各通讯社毁弃前约，又向报业公会提出将原定基数提高。报业公会再次与各报磋商，卒以各报负担能力不同，乃婉劝营业较佳的报馆酌量接受。从 12 月起，《新闻报》《申报》和《大公报》的稿费基数均提高 30%，仍按当月职员生活指数计算。各报支付的法币不断增加，如原定每月基数 250 元的报馆 6 月须支付路透社或者联合社（即美联社，下同）420 万元，到了 1948 年 5 月已增至 9 263.5 万元，6 月又涨到 18 200 万元。7 月上半月职员生活指数较上月增加 90% 以上，各报所付稿费也再次飙升。然而，路透社和联合社仍以物价腾贵为由指责各报付酬太低。

1948 年 6 月，两社负责人前往报业公会，要求《新闻报》《申报》《大公报》和《中央日报》四家报馆的稿费须照上月份基数按他们每月自行决定的倍数计算（7 月为 200 万倍）。报业公会并没有以这四家报馆的稿费已较其他报为高而拒绝，而是向各报征求意见。由于近来生活指数一再跃升，进口材料的结汇办法也发生变更，各报已感精疲力竭，不予理会。

7 月 21 日，两社又致函四报馆，声称，如本月 23 日不照它们自定的计算标准付费，当晚即停送新闻稿件。四报报告报业公会，适值报业公会举行会议，经过会商，认为两社对四报停止供稿，是想运用分化手段，各个击破，逼人过甚，随即通知全体会员，暂时停登两社稿件，以寻求一个合理的解决办法。24 日，两社首先停送《新闻报》和《大公报》的新闻稿，接着又对《申报》和《中央日报》停止供稿。25 日，英商《字林西报》刊登长篇报道，以"不顾曲直是非，阿其所好"攻击报业公会。当晚，报业

---

① 廷公：《外国通讯社的美金稿费》，《快活林》，1946 年 11 月 10 日第 37 期。

公会发表声明,详述事件经过,"不容其任意诬蔑"。① 路透社和联合社乃以英文《大美晚报》为阵地指责报业公会的"海盗行为"。

本来与路透社和联合社取同一立场的合众社于 27 日发表声明,说合众社曾与路透社和联合社采取统一行动,以图彼此满意,但这是不可能的,因此它采取独立的作风。声明还说,合众社与各报订有长期的书面契约,这些契约都是有效的、极有约束力的;如果参加停止发稿的联合行动,将严重违反合众社与各报所订的协议。合众社一向竭力与各报维持最好的关系,并且尽可能不卷入报业公会会员报与其他通讯社之间的争端。②

报业公会与外国通讯社形成僵局之后,联合社记者特地往访国民党中宣部部长黄少谷,希望他出面调解。黄少谷允其所请,并致电《新闻报》社长程沧波和《中央日报》社长冯有真,询问究竟。③ 但久无下文。

稿酬争执迁延未决,四报损失不赀。1948 年 7 月 29 日至 8 月 14 日,第十四届世界运动会(即奥运会,以下简称"世运会")在英国伦敦举行,路透社的报道极为详细。因路透社拒绝供应四报稿件,四报只有仰诸广播获取新闻,因此对世运会的报道颇为逊色。④

11 月,路透社和联合社函请各报继续采用其稿件,未有结果。而合众社的稿费仍保持"八一九"币制改革以前的标准。⑤

有人对外国通讯社与各报的稿费之争发表了看法,认为物价有物价的指数,不能由外国通讯社自行规定,且路透社和美联社的人员在中国工作和生活,享受着美国式的待遇,他们所雇佣的中国人员也是美金待遇,收电和译电人员的待遇比国民政府的部长和次长还高。"这种过分高过中国生活必需费用的美金待遇,都要转嫁到中国报纸和中国读者身上。这种作风使我们回想到次殖民时代。"⑥

---

① 《对联合路透提高稿费事 报业公会发表声明 指出〈字林西报〉袒护西商》,上海《大公报》,1948 年 7 月 26 日第四版。

② 《对联合路透提高稿费事 合众社声明立场》,上海《大公报》,1948 年 7 月 27 日第四版。

③ 秝马:《黄少谷调解通讯社停稿纠纷》,《铁报》,1948 年 8 月 1 日第一版。

④ 齐驱:《两通讯社停稿与世运会新闻》,《铁报》,1948 年 8 月 11 日第二版。

⑤ 《新闻的新闻》,《前线日报》,1948 年 11 月 1 日第四版。

⑥ 《上海报纸与美联路透纠纷》,《报学杂志》,1948 年试刊号,第 2 页。

五、报价持续上调

由于印刷、邮电和运输费用以及职工薪资的飞涨，也由于纸张的限制输入及其价格的飙升，法币对美元汇价的上浮，上海报馆的运营成本不断刷新。以 1946 年 1 月至 1949 年 5 月的物价指数①为例，1946 年 1 月为 1 603 倍，12 月为 6 816 倍，全年上涨 4.25 倍；1947 年 1 月为 8 175 倍，12 月为 100 630 倍，全年上涨 12.31 倍；1948 年 1 月为 138 450 倍，至 8 月 19 日币制改革前为 5 645 700 倍，上涨 40.78 倍；同年 9 月为 2.393 3 倍，1949 年 5 月为 12 122 000 倍，上涨竟达 5 064 973.05 倍。物价上涨的幅度越来越大，越来越快，已经到了触目惊心的程度（见表 2-1）。

表 2-1　上海批发物价指数（1946 年 1 月—1949 年 5 月）

1937 年 1—6 月 =100

时间	指数	时间	指数	时间	指数	时间	指数
1946 年 1 月	1 603	1947 年 1 月	8 175	1948 年 1 月	138 450	1949 年 1 月	154.80
2 月	2 136	2 月	13 098	2 月	186 500	2 月	1 193.40
3 月	3 444	3 月	13 866	3 月	320 820	3 月	5 128.70
4 月	3 260	4 月	16 699	4 月	379 060	4 月	142 100
5 月	3 605	5 月	25 840	5 月	512 470	5 月	12 122 000
6 月	3 782	6 月	29 057	6 月	1 078 100		
7 月	4 072	7 月	33 594	7 月	2 995 500		
8 月	4 425	8 月	36 493	8 月	5 645 700		
9 月	5 077	9 月	46 357	9 月	2.393 3		
10 月	6 184	10 月	72 934	10 月	3.586 4		
11 月	6 331	11 月	82 613	11 月	27.864 0		
12 月	6 816	12 月	100 630	12 月	39.794 0		

注：①改编自《上海批发分类指数表四：1946—1949 年 5 月》，中国科学院上海经济研究所、上海社会科学院经济研究所编：《上海解放前后物价资料汇编（1921 年—1957 年）》（下册），上海：上海人民出版社，1959 年，第 173 页。②1946 年 1 月—1948 年 8 月为法币价，1948 年 9 月—1949 年 5 月为金圆券价。

---

①　所谓物价指数，是指用某一时期的物价平均数作为基数，把另一时期的物价平均数跟它相比所得的百分数。物价指数用来表明商品价格变动的情况。

有人对 100 元法币的价值进行统计和比较，1937 年 100 元法币可购 2 头大黄牛，1938 年 1 头大牛和一头小牛，1939 年 1 头大牛，1940 年 1 头小牛，1941 年初 1 头猪，1941 年底 1 袋面粉，1942 年 1 条火腿，1943 年 1 只母鸡，1944 年半只母鸡；此后其价值急速下降，1945 年 1 条鱼或 2 个鸡蛋，1946 年 1 个鸡蛋或 1/6 个肥皂，1947 年 1 只煤球或 1/3 根油条，1948 年初仅 4 粒大米，1948 年 8 月 19 日 0.002 416 两大米（按每斤 16 两计算），即不到 1 粒米。① 难怪《大公报》说："最近物价跳动，米价每粒合法币三元，看你每日吃多少米？"② 币制改革后，金圆券的发行量急剧膨胀，面额也越来越大，从 1 角、5 角、1 元、5 元、50 元、100 元、1 000 元、5 000 元、1 万元、2 万元、4 万元、10 万元，直至 1949 年初的 100 万元。最后，金圆券的币值贬到了原来的 1/500 万，还不如垃圾，扔在地上也没有人捡了。③ 物价突飞猛进，报纸材料随之激增。"报社受到物价的影响，真是苦不堪言"④，只能调高报价以为挹注。

由于物价腾跃，1948 年 7 月，《新闻报》《申报》和《大公报》三大报突然向广告代理商提出将广告费的账期由原来的二十天缩短至一周，同时原来的广告折扣也将提高到九三折，令广告商大为不满，准备群起交涉。有人评论："三大报固属不顾广告商之利益，但在币值步步惨跌之下，二十天的账期，即无异大打折扣，实亦暗亏太大。"⑤ 从 8 月 1 日开始，上海各报又要求读者缩短订阅期限。⑥ 有报人感叹"这与战前拉长期订户以年计的故事一比，是未免令人有'古怪多'之感"⑦。

---

① 转引自陈明远：《那时的文化界》，太原：山西人民出版社，2011 年，第 191 页。

② 载《大公报》，1946 年 6 月 13 日第四版。

③ 陈明远：《那时的文化界》，太原：山西人民出版社，2011 年，第 220 页。

④ 穆加恒：《物价与报价——一部十五月来的报价上涨史》（上），《前线日报》，1948 年 4 月 26 日第三版。

⑤ 平允：《广告商恨煞三大报》，《东方日报》，1948 年 7 月 14 日第二版。

⑥ 市报馆商业同业公会各会员报发行本外各埠，为读者及派报业双方便利起见，原以订阅一个月为原则，近因物价波动剧烈，报馆为顾及成本，不得不有调整售价之机会，兹经会议决定，于八月份起所有本外各会员报纸订阅期限，暂改每半个月一期为原则，直接间接订户概不得超过半个月，俾各会员报得随时适应经济环境。（1948 年 7 月 28 日）参见《上海报界动态》（1947—1949），上海市档案馆，档案卷宗号：Q430-1-13。

⑦ 穆加恒：《物价与报价——半年来沪报五次调整（民国三十七年三月至八月）》（下），《前线日报》，1948 年 11 月 1 日第四版。

报馆的纸张要用美元购买，而美元的汇率不断上涨，报馆被迫支出更多的法币和金圆券。1946 年 1 月 1 美元合法币 1 390 元，12 月为 7 600 元，增加了 446.76%；1947 年 1 月为 6 755 元，12 月为 149 600 元，增加了 2 114.66%；1948 年 1 月为 178 900 元，8 月为 10 700 000 元，增加了 5 880.99%；是年 9 月 1 美元合金圆券为 4.50 元，1949 年 5 月为 23 289 000 元，增加了 517 533 233.33%，令人瞠目结舌（见表 2 - 2）。在美元汇率暴涨的高压下，报业公会不得不频频登出千篇一律的启事，通知读者"兹因外汇变动，纸价飞（继）涨，为维持事业起见，经本会会员各报决议，自 × 月 × 日起调整报价"，聊作补益。

表 2 - 2　上海美汇市价（1946 年 1 月—1949 年 5 月）

1937 年 6 月 = 100

时间	每美元合币数	时间	每美元合币数	时间	每美元合币数	时间	每美元合币数
1946 年 1 月	1 390	1947 年 1 月	6 755	1948 年 1 月	178 900	1949 年 1 月	289.00
2 月	1 560	2 月	12 129	2 月	213 250	2 月	1 884.34
3 月	2 000	3 月	14 000	3 月	411 154	（2 月）1—23 日	1 668.30
4 月	1 890	4 月	16 250	4 月	661 154	（2 月）24—28 日	2 912.50
5 月	2 370	5 月	27 204	5 月	1 166 923	3 月	8 898.46
6 月	2 335	6 月	36 826	6 月	2 290 000	4 月	813 880
7 月	2 550	7 月	43 060	7 月	6 430 000	5 月	23 289 000
8 月	2 510	8 月	42 280	8 月 1—18 日	10 700 000		
9 月	3 250	9 月	51 500	9 月	4.50		
10 月	4 010	10 月	87 000	10 月	9.00		
11 月	4 950	11 月	109 400	11 月	38.50		
12 月	7 600	12 月	149 600	12 月	75.70		

注：①改编自《上海美汇市价及其指数表：1937—1949 年 5 月》，中国科学院上海经济研究所、上海社会科学院经济研究所编：《上海解放前后物价资料汇编（1921 年—1957 年）》（下册），上海：上海人民出版社，1959 年，第 116 - 117 页。②1946 年 1 月—1948 年 8 月为法币价，1948 年 9 月—1949 年 5 月为金圆券价。

　　在报馆所有材料的支出中，白报纸占据着较大的比重，而物价、美元汇率和纸张输入政策等些微的变动都会引起纸价的波动，再加上职工薪金和邮电输运费用的调整，都促发报价的连锁反应（当然也包括广告价格）。这里侧重考察1947年以后纸价对报价的直接影响。1947年1月上旬白报纸每令售价为3.6万元，下旬为5万元，报馆尚能承受。

　　2月1日，纸价由每令5.2万元涨至6.5万元、7.2万元以至12万元，12日竟高达为16万元。16日，各报加价约75%～100%。这是第一次加价。

　　不到半月，由于外汇提高到12 129元，同时政府限制纸张进口，3月1日报纸不得不涨价70%～100%。这是第二次加价。

　　3月中下旬，纸价涨幅更为疾厉，依次为每令10万元、14万元、17万元、18.5万元；5月达到24万元。6月1日，报价调整，较上次增加100%。这是第三次加价。

　　6月，纸价小幅回落，为每令21万元；8月18日又涨为33万元、40万元。《新闻报》和《大公报》先行涨价。这是第四次加价。

　　9月初至10月中旬，纸价由每令40万元、90万元涨至140万元。10月16日，报价上涨一倍。这是第五次加价。

　　11月，纸价节节攀升，分别为每令90万元、95万元、105万元。12月1日，各报联合加价，每份约为1 000元。这是第六次加价。

　　12月3日，纸价继续增长，为每令135万元，中旬则为150万元。

　　1948年，白报纸可谓一月数价，扶摇直上。1月上旬即涨至每令228万元。2月1日，各报涨价约一倍。这是第七次加价（见表2-3）。

表2-3　上海报纸价格调整情况（1947年1月—1948年2月）

单位：元，以法币计价

报纸	每份张数	1947年1月报价	第一次加价（2月16日）	第二次加价（3月1日）	第三次加价（6月11日）	第四次加价（9月16日）	第五次加价（10月16日）	第六次加价（12月1日）	第七次加价（1948年2月1日）
《新闻报》	3	240	350	700	1 400	2 000	2 500	3 500	7 600
《申报》	2.5	200	300	600	1 200	—	2 100	3 300	6 600
《大公报》	2.5	200	300	600	1 200	2 000	2 500	3 500	7 000
《中央日报》	2	150	300	500	1 000	—	1 700	3 000	6 000

（续上表）

报纸	每份张数	1947年1月报价	第一次加价（2月16日）	第二次加价（3月1日）	第三次加价（6月11日）	第四次加价（9月16日）	第五次加价（10月16日）	第六次加价（12月1日）	第七次加价（1948年2月1日）
《前线日报》	2	150	300	500	1 000	—	2 000	3 000	6 000
《东南日报》	2	150	300	500	1 000	—	1 700	3 000	6 000

注：①改编自穆加恒：《物价与报价——一部十五月来的报价上涨史》（上），《前线日报》，1948年4月26日第三版。②《新闻报》《申报》和《大公报》第一次调价均在1947年2月1日。③第四次只有《新闻报》和《大公报》调价（此时《申报》的销数正在增长，为争取更多销数，不惜亏损保持原价）。

2月，纸价由月初每令180万元至月底涨到350万元。3月6日，各报涨至原价的1.5~2倍。这是第八次加价。

3月，纸价一度由每令340万元涨至600万元。根据以往情形，报纸势必涨价，但各报根据社会局的命令施行减张，报价虽未变动，实际上等于调价，涨约1/4。这是第九次加价。

4月中旬，纸价为每令570万元，月底跌至480万元。虽然本月涨幅不大，但月初减张也未带来多少补益，大多数报馆都亏损严重。5月2日，各报涨价约一倍。这是第十次加价。

5月上旬，在十日内纸价由每令500万元、640万元涨至740万元；6月再涨760万元。本月11日，各报又涨价一倍。这是第十一次加价。

6月中下旬，纸价一路蹿升，不可阻遏，初为每令800万元，继则为860万元、1 000万元、1 200万元、1 800万元，月底突破2 000万元。7月1日，各报每份上涨100%。这是第十二次加价。

7月上旬，纸价由每令2 000万元涨至3 000万元，中旬突破5 000万元。8月1日，各报上涨一倍。这是第十二次加价（见表2-4）。而当月纸价一度高至每令6 500万元。①

---

① 以上部分内容参考了穆加恒：《物价与报价——一部十五月来的报价上涨史》（上），《前线日报》，1948年4月26日第三版；《物价与报价——一部十五月来的报价上涨史》（下），《前线日报》，1948年5月3日第三版；《物价与报价——半年来沪报五次调整（民国三十七年三月至八月）》（上），《前线日报》，1948年10月25日第四版；《物价与报价——半年来沪报五次调整（民国三十七年三月至八月）》（下），《前线日报》，1948年11月1日第四版。

表 2-4　上海报纸价格调整情况（1948 年 3 — 8 月）

单位：元，以法币计价

报纸	第八次加价（3 月 6 日）	第九次加价（4 月 1 日）	第十次加价（5 月 2 日）	第十一次加价（6 月 11 日）	第十二次加价（7 月 1 日）	第十三次加价（8 月 1 日）
《新闻报》	15 000	减为 2.5 张	24 000	48 000	96 000	190 000
《申报》	13 000	减为 2 张	20 000	40 000	80 000	160 000
《大公报》	13 000	减为 2 张	20 000	40 000	80 000	160 000
《中央日报》	10 000	减为 2 张	20 000	40 000	80 000	160 000
《前线日报》	10 000	减为 1.5 张	20 000	40 000	60 000	120 000
《东南日报》	10 000	减为 2 张	20 000	40 000	80 000	160 000

注：①改编自穆加恒：《物价与报价——半年来沪报五次调整（民国三十七年三月至八月）》（上），《前线日报》，1948 年 10 月 25 日第四版。②《前线日报》第十次调价在 1948 年 5 月 3 日。

从 1947 年 1 月至 1948 年 8 月，在此 17 个月的时间内，各报总共加价达 13 次，间隔时间最长者 100 天，最短者仅 15 天，平均每 23 天涨价一次，且愈往后间歇愈短。这与《申报》早期由第一次加价到第二次加价（由 10 文调整为 12 文）相距足足 26 年相比，真有天渊之别。此外，报价每次的涨幅也很大，平均为 100%。期间，《新闻报》《申报》《大公报》《中央日报》《前线日报》和《东南日报》六报的涨幅分别高达 79 066.67%、79 900%、79 900%、106 566.67%、79 900% 和 106 566.67%。1947 年 10 月 17 日，上海市派报业职业工会（简称"派报业工会"）① 致函报业公会转饬《申报》《中央日报》和《东南日报》，"此中百元零票市上已绝少流通，又交易颇多困难……请求将零数更改为整数，便利买卖相应"②。三家报纸的售价分别为 2 100 元、1 700 元和 1 700 元，可见通货膨胀对报价的影响。

---

① 上海市派报业职业工会成立于 1947 年 1 月 16 日（书报供应业职工会奉社会局命令并入该会），推选丁志扬、陈炳坤、潘乾生、赵鸿卿、袁祥生、翟笑辉、蒋耀先、吕阿根、应少卿、徐福昌、奚怀德、周殿奎、殷寅木、周筱棣、李德培、施继尧等为理监事。参见《派报业工会昨选出理监事》，上海《大公报》，1947 年 1 月 17 日第四版。

② 《上海市报馆商业同业公会关于调整报价致申报馆函》（1947 年 10 月 17 日），上海市档案馆，档案卷宗号：Q430 - 1 - 25 - 62。

　　8月19日，国民政府颁布《财政经济处分令》，发行金圆券代替法币，规定所有物价保持在当日的水平，致使上海物资奇缺，工商业凋敝，抢购风起。11月1日，政府不得不宣布撤销限价政策，金圆券大幅贬值，物价又开始暴涨。受其影响，报价也刮起一阵强似一阵的涨风，其涨幅和涨价间隔时间较此前有过之而无不及。以《新闻报》为例，1948年11月1日的报价为0.14元（从当日起各报开始以金圆券计价），1949年4月19日的报价已至4 000元，涨幅高达2 857 042.86%（见表2-5）。鉴于物价飞腾，自1948年8月1日起，各报缩短订阅期限，改为每半月收订一次。1949年4月22日，报业公会放弃统一定价，由各报根据自身经营状况各自定价。此时，报价犹如脱缰之马，狂涨不已。如《申报》1949年4月21日的报价为3 500元，至5月22日涨到900 000元，在短短一个月内上涨了约257倍（见表2-6）。

表2-5　上海主要报纸报价调整情况（1948年11月—1949年4月）

单位：元，以金圆券计价

报纸	1948年11月1日	1948年11月6日	1948年11月16日	1948年12月1日	1949年1月11日	1949年2月6日	1949年2月16日	1949年3月1日	1949年3月16日	1949年4月1日	1949年4月16日	1949年4月19日
《新闻报》	0.14	0.51	1.20	2.40	6.00	24	70	120	350	700	2 400	4 000
《申报》	0.12	0.50	1.10	2.20	5.50	22	60	100	300	500	2 000	3 500
《大公报》	0.12	0.50	1.10	2.20	5.50	22	60	100	300	500	2 000	3 500
《中央日报》	0.12	0.50	1.00	2.20	5.50	22	60	100	300	500	2 000	3 500
《前线日报》	0.11	0.50	1.00	2.00	—	20	60	100	300	600	3 000	
《东南日报》	0.12	0.50	1.00	2.20	5.50	22	60	100	300	500	2 000	3 500

　　注：①根据历次《上海市报馆商业同业公会为会员各报更订售价启事》编制；②《前线日报》自1949年1月8日起改为晚刊。

表2-6　《申报》报价调整情况（1949年4月21日—5月22日）

单位：元，以金圆券计价

时间	报价	时间	报价	时间	报价
4月21日	3 500	4月30日	90 000	5月16日	250 000
4月22日	7 000	5月1日	200 000	5月18日	300 000
4月26日	15 000	5月3日	210 000	5月21日	500 000
4月28日	25 000	5月11日	220 000	5月22日	900 000

此外，读者的购买力日益薄弱。对于他们来说，看报已经成为一种不小的负担，因为长期订阅几份报纸每月至少要支出一两千万元。为了应付眼前的生活，他们只好先省去这笔"精神食粮"的费用。"少看一两份，报纸的销数方面，无疑也多少将受到一些影响。"① 报人曹聚仁长期订阅各版《大公报》，但是由于报价上涨，已感力不从心。1948 年 8 月，他忍痛停订上海《大公报》，"我决意停止订阅，还把积存盈架的（《大公报》）汇订本，当作旧报纸卖于荒货摊了。出卖的时候，心头有无限怆惘"。他感叹"今日的文化人，快要连一份报都订不起了，又有什么办法呢？三年的旧报纸，换得三千万的法币，又换来了六斗白米。这该是数十年老友给我的最后好处了"②。有一位读者就质疑在国民政府已经革新币制，改用金圆卷的情况下，多数报纸仍以国币若干万元标价。"一般的人又正在闹战前的标准了，少于战前标准的，自然拿这句话来好加价：多余战前标准的，恐怕就会不作声吧！"以此揭穿报纸涨价的企图。他劝告报纸："怎样使阅读者轻一点负担，才是明智之举啊！"③

事实上，报馆在是否加价、加多少、什么时候加等问题上一直犹疑不决，不到迫不得已不会随意施行。一位小型报报人就道出了同业的心声："不涨，无大本钿可蚀，涨后，加重读者负担，销数必受影响，故为求得顾全双方起见，涨虽涨，并不涨足。"④

第二节 上海报业的经营状况

在上海报纸中，经营状况最佳的当属《新闻报》。《新闻报》不仅发行量大，篇幅多，广告充足，收益丰厚，而且一直运行平稳，为其他报纸

---

① 太上：《夜报每张十二万 不到三只大饼》，《东方日报》，1948 年 7 月 26 日第二版。
② 曹聚仁：《惜别〈大公报〉》，《前线日报》，1948 年 8 月 9 日第四版。
③ 夏：《报价记疑》，《前线日报》，1948 年 8 月 30 日第四版。
④ 浮生：《不得已的涨价》，《诚报》，1947 年 2 月 10 日第二版。

所不及。[①] 为了扩大经营规模，《新闻报》曾经计划创办《新闻夜报》，实行日报和晚报同时出版，因遭到晚报同业的激烈反对而中止；后《新闻报》又发刊《新闻周报》，变相增张。由于《新闻报》抢占了大部分的市场份额，对其他报纸造成了强大的经营压力。踵《新闻报》之后的是《申报》《大公报》和《中央日报》等屈指可数的报纸，即便是这几家报纸也时常收不抵支。[②] 至于其他报纸，几乎都在亏损中挣扎，度日如年。"各报所苦者，一为经济拮据，每月要贴数千万元，确非易事。"[③] 有些报馆的职员为维持报纸的生存，自愿减薪或暂不支薪。连盛极一时的黄色刊物、小型周刊、小报都已所剩无几，渐趋没落了。[④] 销量低迷，广告萎缩，成本高昂，这是大多数报纸面对的共同问题。为了纾缓困境，这些报纸不得不想方设法，四处借贷，或者缩减篇幅，减少成本。

一、经营状况：销量低落，成本高昂

随着物价的高涨和货币的贬值，市民消费能力下降，报纸需求不旺，报纸销路因之萎靡不振。此外，上海的报业市场，不管是日报市场、晚报市场还是小型报市场，都达到了饱和，在市民消费能力有限的情况下，一些报纸销量的增长就意味着另外一些报纸销量的缩减，以致强者愈强，弱者愈弱。总之，报纸销售不畅，必然造成广告的低迷，进而影响报纸的经济收益。

以 1946 年 2 月 26 日上海各报的销数为例，18 家报纸的总销量为

---

① 有人撰文："广告多，是该报一大特色。不仅商业广告比较集中，经济信息灵通，而且遗失声明、婚丧启事等分类广告很多，使当时社会上的中、上层人士认为一天不看《新闻报》，就如耳失聪，对生活与交际会产生一定影响。"参见袁义勤：《四十年代后期上海报纸一瞥》，《新闻研究资料》，1987 年第 38 辑，第 174－186 页。

② 以《中央日报》为例，由于国民政府的威信扫地，个人订阅该报者甚少，大多向机关、学校和企业硬性推销，发行量远逊《新闻报》《申报》和《大公报》等报，经济来源拮据。社长冯有真每次为了发工资东拉西凑，有时不得不出卖白报纸。参见蒋光佩：《我所知道的国民党上海〈中央日报〉》，上海市政协文史资料委员会：《上海文史资料存稿汇编·教科文卫》，上海：上海古籍出版社，1991 年，第 152 页。

③ 《新闻的新闻》，《前线日报》，1946 年 7 月 26 日第十一版。

④ 《报业危机　物价高涨难于维持　上海大小报纸纷纷停刊》，天津《大公报》，1947 年 2 月 10 日第二版。

356 950 份,平均每家为 19 831 份。处于平均线之上的只有《新闻报》《申报》《大公报》和《正言报》4 家报纸,占总销量的 71.91%,即 256 700份;其余 14 家报纸仅占 28.09%,即 100 250 份,相当于《新闻报》的销量。其中,《新闻报》的销量最高,达 100 000 份,《铁报》的销量最低,仅 1 150 份,前者约为后者的 87 倍。即便在 4 家报纸中,《新闻报》也是遥遥领先,比第二名《申报》多 30 000 份(见表 2 - 7)。可见,上海报纸销量的两极分化十分突出,它直接决定了极少数报纸与大多数报纸冰火两重天的经营格局。

表 2 - 7　上海各报销数(1946 年 2 月 26 日)

单位:份

报纸	本埠销数	外埠销数	总销数	报纸	本埠销数	外埠销数	总销数
《新闻报》	65 000	35 000	100 000	《前线日报》	8 000	—	8 000
《申报》	44 000	26 000	70 000	《时事新报》	2 000	5 000	7 000
《大公报》	26 200	20 000	46 200	《民国日报》	2 000	5 000	7 000
《正言报》	13 500	27 000	40 500	《华美晚报》	7 000	—	7 000
《中央日报》	3 000	11 000	14 000	《大英夜报》	5 000	—	5 000
《立报》	8 000	6 000	14 000	《辛报》	4 800	—	4 800
《中美日报》	3 000	6 500	9 500	《神州日报》	600	3 000	3 600
《大晚报》	9 000	—	9 000	《和平日报》	2 000	—	2 000
《文汇报》	2 200	6 000	8 200	《铁报》	1 150	—	1 150

资料来源:《本埠各报销数批价一览表》(1946 年 2 月 26 日),载《申报馆各种统计表》,上海市档案馆,档案卷宗号:Q430 - 1 - 11。本表根据以上资料改编。原表未列入《正言报》直接订户 4 500 份,《大公报》直接订户 1 200 份,但本表已计入。

再以 2 月 26 日和 6 月 9 日各报本埠销量的排名为例。在表 2 - 7 中,《新闻报》《申报》《大公报》和《正言报》分别占据第一至第四的位次,《时事新报》《民国日报》《和平日报》《铁报》和《神州日报》分别排在第十四位至最末位。在表 2 - 8 中,《新闻报》《申报》《大公报》和《正言报》的排名没有任何变化,只是《新闻报》增加了 55 000 份,《大公报》减少了 3 500

份，《正言报》增加了 3 000 份。① 在排名最后五位的报纸中，除了《铁报》显著上升，《时事新报》《民国日报》和《神州日报》大多不同程度地下挫，销量减少。而统计数字阙如的《中华时报》根本没有摆上报摊，只有贴在墙上的几份。②

表 2-8　上海各报本埠销数（1946 年 6 月 9 日）

报纸	销数（份）		报纸	销数（份）		报纸	销数（份）	
《新闻报》	120 000	+ 55 000	《华美晚报》	6 000	- 1 000	《和平日报》	4 000	+ 2 000
《申报》	43 751	- 249	《立报》	5 000	- 3 000	《大英夜报》	3 000	- 2 000
《大公报》	22 700	- 3 500	《文汇报》	5 000	+ 2 800	《商报》	2 000	—
《正言报》	16 500	+ 3 000	《前线日报》	5 000	- 3 000	《时事新报》	1 000	- 1 000
《铁报》	10 000	+ 8 850	《联合晚报》	5 000	—	《民国日报》	400	- 1 600
《大晚报》	9 500	+ 500	《新夜报》	5 000	—	《侨声报》	300	—
《辛报》	7 000	+ 2 200	《中央日报》	4 000	+ 1 000	《神州日报》	200	- 400

资料来源：《本埠各报销数批价一览表》（1946 年 6 月 9 日），载《申报馆各种统计表》，上海市档案馆，档案卷宗号：Q430-1-11。本表综合以上资料以及表 2-7 改编，原表未列入《正言报》直接订户 4 500 份，《大公报》直接订户 1 700 份，《申报》直接订户 5 751 份，但本表已计入。其中"+"和"-"表示比较表 2-7 各报本埠销数所得出的增加和减少的数量。

事实上，在所有报纸中，销量少或排名下滑的报纸都出现了经济问题以及由此引发的休刊、人事和劳资问题。《立报》于 1945 年 10 月 1 日复刊，起初一纸风行，颇受青睐。11 月 22 日，当《申报》和《新闻报》挟其往日的声势重新面世时，《立报》受到了影响。在之后的两个月内，《立报》销量不断下滑，1946 年 3 月 7 日终因经济枯竭引起劳资纠纷而休刊。③《中美日报》也有与《立报》类似的遭遇。1945 年 8 月，《中美日报》复刊。

---

① 这一销量情况也得到了《前线日报》的印证："销路最多者以《新闻报》居首位，《申报》《大公报》《正言报》平分春色，《前线日报》《文汇报》《中央日报》亦能站稳脚跟。至于新出各报则颇难维持。"参见《新闻的新闻》，《前线日报》，1946 年 5 月 24 日第八版。

② 马革：《〈新华日报〉出版有待》，《七日谈》，1946 年 5 月 29 日第 24 期。

③ 李时新：《1946 年上海〈立报〉改组探因——澄清〈立报〉晚期的一段史实》，《新闻知识》，2011 年第 12 期，第 86-88 页。

· · · · · ·

时《申报》和《新闻报》尚在停刊整顿之中，《大公报》也未复刊，上海日报的数量还不多，《中美日报》尚能维持。1946 年春，三报和其他报纸先后出刊，《中美日报》便亏损日增，无法打开销路，最终于 4 月停刊。①《和平日报》于 1946 年 1 月 1 日创刊。同年 4 月，因销路未能打开，继编辑主任离职后，社长万枚子也引咎辞职。② 由于经济窘迫，1946 年 12 月 15 日《神州日报》停刊，次年 2 月 1 日《民国日报》停刊③。两报分别于 1945 年 11 月 1 日和 10 月 6 日复刊，都只经营了一年多的时间。即使是销路尚可的《正言报》也自称"像我们这样的一个穷报馆，真所谓'度日如年'"④。1947 年 3 月，因经费困难，《正言报》职工参与报馆行政事务。⑤

最典型的当属《大晚报》。《大晚报》于 1945 年 9 月 1 日复刊，在晚报中发行和广告向居首位，但常常入不敷出，频频休刊。1947 年 1 月，《大晚报》因工友罢工被迫与其他晚报一起休刊（9 日至 11 日），12 日复刊后再度于 16 日休刊。后复刊不久又于 2 月 6 日休刊。此时，馆方拖欠员工薪金达 16 000 万元，但董事会置之不理，遑论按规定必须发放的解雇金了。为了维持生计，报馆职工乃组织同人护报会，于 3 月 26 日复刊《大晚报》。该报刊登广告称："所有复刊以前，本报一切人欠欠人款项，同人无法负责，亦无力负责。护报开支，如购买报纸等外，所有余剩，作四六分拆。六成为排字、制版、机器三房所得，四成为编辑房所得，其中包括稿费等等。预拟一礼拜一结算。今后各部分同人可以派得几何，不得而知。说不定分得数千元，或者说不定一文钱也分不得。"有报人评论说，《大晚报》这种拆账办报的方式很像营业不振的戏班，老板拿不出包银，伙计们只好自己来演戏，拆账维持生活，"令人感到无限凄怆！"⑥ 此

---

① 袁义勤：《〈中美日报〉始末》，《新闻研究资料》，1989 年第 47 辑，第 151－157 页。

② 报侦：《〈和平日报〉社长辞职》，《快活林》，1946 年 4 月 27 日第 13 期。

③ 1947 年 1 月，《民国日报》在收入方面，广告科收入 8 653 094 元，发行科收入 1 439 660 元，印务科收入 4 369 200 元，合计 14 461 954 元；同时在支出方面，物料消耗 7 000 000 元，业务费用 55 678 544 元，印务开支 2 436 225 元，合计 65 114 769 元。综上，本月亏损 50 652 815 元，再加上上期亏损 108 491 901.81 元，总计亏损 159 144 716.81 元。参见《上海市社会局关于〈民国日报〉遣散纠纷的文件》（1947 年 2 月—4 月），上海市档案馆，档案卷宗号：Q6－8－3564。

④ 《民营报纸怎样过年关》，《上海文化》，1947 年第 12 期。

⑤ 《新闻的新闻》，《前线日报》，1947 年 3 月 31 日第五版。

⑥ 王浩：《拆账办报》，《前线日报》，1947 年 4 月 7 日第五版。

时，债权人早已起诉《大晚报》。6 月初，法院判决债权人胜诉。同人护报会恐执行判决时影响报纸出版，于 9 日致函《大公报》，向各界呼吁，要求债权人注意执行方式，有云："敝报全体同人之处境，实较各债权人尤为困苦；薪工拖欠数月，总数达一亿数千万元之巨，迄今分文未能取偿。债权人虽被欠债款，然过去尚曾收得相当之高利。今同人为维持此具有悠久历史之报纸，暨百数十人之生活，故暂行复刊，静候一切合法之解决，绝非其他用意。此次法院执行庭时，本会代表律师蒋持平、许荫到庭声明现时《大晚报》之组织与立场，为维护文化事业及同人生计，请求法官在执行方式上严重考虑，并非反对债权人之执行。"[①]《大晚报》的处境由此可见一斑。

广告是报馆收入的重要来源。由于工商业不景气，广告需求疲软，报纸的广告来源也随之减少，销量强劲的报纸日益稳定且远超其他报纸，而销量有限的报纸则深受打击。如，《新闻报》的戏院广告向来特别多，收益也颇丰厚，但《新闻报》并未因此降低广告刊费。1947 年 2 月，由于黄金价格暴涨，《新闻报》拟从 16 日起将刊费提高 30%，且只收现款，以致引起戏院业、商业、同业公会的抵制。该公会决定自《新闻报》涨价之日起各戏院停刊其广告，以使《新闻报》知道"广告刊费实在涨得太贵了，客户们都已负担不起了"[②]。这时，《新闻报》又以各广告公司未能按期付款，还有少数广告公司的支票到期不能兑付，通知各广告公司每月 15 日和月底付款，并拒收支票，一律以现钞支付。"本市广告商闻悉后，群情哗然，然亦无可如何，盖《新闻报》固为一老牌'广告报'也。"事实上，《新闻报》每月的广告收入竟达一亿以上，十分可观（《申报》和《大公报》亦如此）。[③]《新闻报》也只有在上海报坛居于他报无可撼动的广告地位才会有如此的举措，"一般商店宁可多花钱登《新闻报》，不愿意登其他各报的广告"[④]（见表 2 - 9）。1948 年 9 月 21 日，《新闻报》《大公报》和《申报》

---

① 《〈大晚报〉同人来函述苦衷》，上海《大公报》，1947 年 6 月 11 日第五版。

② 余一：《黄金狂跳　广告跟涨　自十六起戏院业停刊〈新闻报〉广告》，《诚报》，1947 年 2 月 8 日第二版。

③ 王渤：《大公报被欠三万万　广告跑街死人不关》，《诚报》，1947 年 2 月 6 日第二版。

④ 报探：《不景气笼罩下各报将缩小篇幅》，《快活林》，1947 年 2 月 1 日第 49 期。

三报未照往例在报上刊登启事就调整广告刊例，涨价 120%。① 而其他报纸不是广告贫乏价低，就是广告费结算迟滞，以致收入不振，长期亏损。1946年 2 月 20 日，印刷工人和报贩因生活费日高要求改善待遇，《民国日报》等报纸未能满足其要求，结果工人罢工导致停刊一天。"《民国日报》等，平日广告本备极凄惨，不加工资，已感维持不易，何堪每月更增百余万之支出？"② 有报人就反映"若干报馆在年底收广告费所取得的支票，退票占据多数。如此一拖再拖，甚至有欠二月广告费而无法结算"③。这无疑将影响报馆的正常运转。

表 2 - 9　上海主要大报广告状况比较（1946 年 2 月 22—26 日）

报纸	张数（张）					广告面积（%）					广告收入（万元）				
	22 日	23 日	24 日	25 日	26 日	22 日	23 日	24 日	25 日	26 日	22 日	23 日	24 日	25 日	26 日
《新闻报》	1.5	1.5	1.5	1	1	68	67	68	67	65	289	304	284	280	294
《申报》	1	1.5	1	1.5	1	55	52	55	51	51	182	253	182	247	246
《大公报》	1	1	1	1	1	47	50	50	50	50	157	182	182	182	182
《中央日报》	1.5	1.5	1.5	1.5	1.5	27	31	34	32	31	92	104	116	110	104
《正言报》	1.25	1.25	1.25	1.25	1.25	26	27	27	27	27	72	75	75	75	75

资料来源：《上海各大报比较》（1946 年 2 月底调制），载《申报馆各种统计表》，上海市档案馆，档案卷宗号：Q430 - 1 - 11。本表系根据以上资料改编而成。

---

① 《上海报界动态》（1947—1949），上海市档案馆，档案卷宗号：Q430 - 1 - 13。
② 一军：《各日报酝酿怠工的前夜》，《七日谈》，1946 年 2 月 27 日第 11 期。
③ 《民营报纸怎样过年关》，《上海文化》，1947 年第 12 期。

为了增加收入，各报只能不断提高广告刊费，然终究赶不上物价疯长的速度。以《申报》为例，1947 至 1948 年，《申报》几乎每月都要调整一次广告价格，如 1948 年 1 月 5 日，2 月 14 日，3 月 16 日，4 月 6 日，5 月 5 日，6 月 7 日，7 月 16 日，8 月 18 日，9 月 21 日，11 月 6 日；到了 1949 年则是几天调整一次了，如 1 月 16 日、26 日，2 月 6 日、12 日、22 日，3 月 4 日、15 日、21 日，4 月 1 日、6 日、12 日、17 日、18 日、21 日、24 日、30 日。同时，《申报》的广告批数也整体呈下滑趋势，后期大多不到 110 批（见表 2 - 10）。这说明，越是往后，《申报》的收入也越紧张，其他报纸概莫能外。

表 2 - 10　《申报》每月广告批数比较（1947 年 11 月—1949 年 4 月）

时间	广告批数	时间	广告批数	时间	广告批数
1947 年 11 月 1 日	158.60	1948 年 5 月 1 日	104.40	1948 年 11 月 1 日	85.52
1947 年 12 月 1 日	143.99	1948 年 6 月 1 日	97.60	1948 年 12 月 1 日	76.83
1948 年 1 月 1 日	389.34	1948 年 7 月 1 日	108.93	1949 年 1 月 12 日	52.48
1948 年 2 月 1 日	116.28	1948 年 8 月 1 日	95.87	1949 年 2 月 1 日	91.70
1948 年 3 月 1 日	99.07	1948 年 9 月 1 日	106.64	1949 年 3 月 1 日	81.96
1948 年 4 月 1 日	95.89	1948 年 10 月 1 日	101.57	1949 年 4 月 1 日	112.39

资料来源：《〈申报〉逐日广告分户统计表》，上海市档案馆，档案卷宗号：Q430 - 1 - 76，转引自高郁雅：《国民党的新闻宣传与战后中国政局变动（1945—1949）》，台北：台湾大学出版委员会，2005 年，第 172 页。

上海报纸面临的另一个问题是各种材料（如纸张、油墨、铅字等）、工资津贴、电报电话、交通运输、机器磨损等费用居高不下，成本有增无减。首先是白报纸价格。1947 年 2 月，纸价已涨到每令 12 万元左右。有人计算，一张对开白报纸最低成本约 120 元（印成报纸还有损耗）。一张报纸定价 200 元，批发至少打七折，报馆所得仅仅抵销纸价，其他开支尚未计入。如果白报纸再涨，报馆便得赔本。[1] 而白报纸涨价从未止歇。《文汇报》总主笔徐铸成就说："《文汇报》在过去一年（即 1946 年——笔者注）中，能

---

[1]　洪都：《报业的危机》，南京《中央日报》，1947 年 2 月 20 日第八版。

够站得定，账面上能够做到收支平衡，主要是因为读者的热烈拥护，发行不致亏本；其次，全体同人，都咬牙吃苦，忍受最低的待遇，无怨无尤。"① 可见报纸维持之艰难。时至 1948 年 6 月底，《诚报》诉苦道，物价愈高，亏蚀愈巨，近日发行收入补购白报纸尚嫌不够，印刷、稿费、薪工、杂支等全部贴本，投资办报如同"萝卜敲铁，愈敲愈短"②。

其次是邮电运输费用。南洋地区是《侨声报》发行的重点，必须使用航空寄送报纸，而每份报纸每日需航邮费 4 000 ~ 6 000 元，每月则需 12 万 ~ 18 万元，十分惊人。因此，一个读者在南洋订一份《侨声报》要花费一个月的薪金，比本地报纸贵 50 倍。1946 年 8 月，有华侨拟在新加坡创设《侨声报》新加坡办事处，包销 4 500 份报纸，声明可先交每份 1 万元的保证金。《侨声报》为此一再函商于邮政局和中航公司，请求核减航费，均无结果。《侨声报》核算，4 500 份报纸每月即需航邮费 67 500 万元。《侨声报》有海外订户 13 700 份以上，能够寄发者很少，有许多是在五六月间国外航邮费用未涨时订阅，为了维护信誉，《侨声报》只得照常寄发，因而亏蚀至大。③ 其他如《新闻报》《申报》和《大公报》等都是全国性报纸，也需要航空寄递报纸。以 1946 年 9 月为例，《新闻报》和《大公报》在四川的重庆和成都，贵州的贵阳，山东的青岛和济南，广西的柳州、南宁和桂林，湖北的汉口，云南的昆明，河北的北平，辽宁的沈阳都有订户；除了以上地区，《申报》还发行到绥远的归绥，西康的康定和雅安。此时，航空邮费为每 10 公分 30 元。《大公报》因篇幅较少，邮费较省，比《申报》和《新闻报》易于推销，因此销量较大（三报的销量分别为 4 590 份、1 455 份和 505 份）。④

最后是员工的薪津。自 1946 年 2 月开始，按照国民政府规定，报馆必须按生活指数发放工资。自此政策施行后，报纸负担加重，大有不堪赔本之苦。⑤ 1947 年 5 月底，《正言报》因当月生活指数高涨，如果照此发放薪

---

① 《民营报纸怎样过年关》，《上海文化》，1947 年第 12 期。有关档案也证实，这一年，《文汇报》的不足资金"均暂向行庄抵借，平时周转已感困难，际此年关更觉拮据"。参见《〈文汇报〉概况调查》，上海市档案馆，档案卷宗号：Q78 - 2 - 15742。

② 《浮生散记》，《诚报》，1948 年 6 月 30 日第二版。

③ 《民营报纸怎样过年关》，《上海文化》，1947 年第 12 期。

④ 《全国各大埠"申""新""大公"销数表》（1946 年 9 月 4 日），上海市档案馆，档案卷宗号：Q430 - 1 - 69 - 136。

⑤ 泗人：《本市各报竞争白热化》，《快活林》，1946 年 5 月 11 日第 15 期。

金，报馆将不胜负担，乃提议维持 4 月份的薪金，引起员工不满，发生怠工，致使 6 月 1 日只出版一张。[①] 此外，还有年赏问题。《申报》向来与《新闻报》并驾齐驱，自抗战胜利后，《申报》追赶《新闻报》已感力不从心，但在待遇上《申报》职工历来向《新闻报》看齐。1947 年，由于生活程度太高，《申报》参考《新闻报》，每位职工除发放一个月薪水，另外再支借半个月，相当于一年作 18 个月计算。时至年末，工友援例要求报馆发给 3 个月年终津贴（年赏），几经折冲，每位工友终遂其愿，领得 1 200 万元，但这笔钱却是《申报》付 9 分利息从银行借得的。[②] 有增无减的薪津成为一些报馆解雇员工的重要原因。

二、应对手段：贷款度日，减张缩版

1946 年 12 月初，南京《中央日报》社长马星野谈到中国报业身陷四重危机：一是邮电费、航空费加价；二是工商业不景气，广告来源越来越窄；三是增加工资的压力；四是原材料加价且来源枯竭。[③] 有人更加具体地指出了上海报业面临的困局：“不景气下的上海各民营报馆，因各界购买力之日趋薄弱，报纸销路每况愈下；广告方面，复因商界情况，益显凋敝不振，遑论有余资，刊登广告。所以，各报馆在这两重环境下，收入益形减少，而支出因人工生活指数日高，一切开销日涨夜大，更见浩繁。收入既相差殊巨，莫大亏负累累。仅见《新闻报》一家赚钱外，其余在这一年中（1946 年——笔者注），亏损最大的十余亿，少者也在三五亿之上。倘各报不再谋补救，势将全部寿终正寝。”[④] 办法之一就是到处告贷。“京、沪、渝、汉等地民营报纸纷纷联合向政府要求‘低利’贷款”，因此被评为 1946

---

① 《上海报界动态》（1947—1949），上海市档案馆，档案卷宗号：Q430 - 1 - 13。

② 大记者：《申报馆贷款发年赏》，《诚报》，1947 年 12 月 25 日第二版。《申报》和《新闻报》是上海两家有名的大报，抗战胜利后《新闻报》的营业状况较《申报》越来越好。“在《新闻报》方面以收益既丰，对于员工每多顾忌，遇有要求，辄予授受。《申报》员工因亦根据惯例，继起效尤。……《申报》以投鼠忌器，不得不忍痛效尤。《申报》收支不能平衡，员工薪津之负担太重，实其主因。”参见《〈申报〉〈新闻报〉〈大公报〉年销数一览表及文字说明》（1947 年 8 月），上海市档案馆，档案卷宗号：Q430 - 1 - 25 - 77。

③ 星：《当前报业之危机》，南京《中央日报》，1946 年 12 月 9 日第十二版。

④ 《民营报纸要求低利贷款》，《上海特写》，1947 年 2 月 1 日第 30 期。

年中国新闻界十大新闻之一。①

为加强团结，共谋发展，各民营报纸特发起组织上海市民营报业联谊会。1946 年 12 月 18 日，《东南日报》《益世报》《文汇报》《商报》《立报》《神州日报》《前线日报》《正言报》《民国日报》《时事新报》《侨声报》和《国民午报》十二家报纸的负责人举行第一次聚餐会，决议推定《民国日报》《神州日报》《时事新报》《侨声报》等报负责筹备联谊会，并以年关在即，经济周转困难，联名呈请国民政府行政院院长宋子文和国民党中宣部部长彭学沛准予紧急低利贷款 3 亿元，同时推派代表于 19 日夜乘快车晋京请愿。② 1947 年 1 月 4 日，彭学沛答复各报负责人，将尽力催促四联总处于旧历年前办妥贷款手续，以便各报得以安然渡过年头。③ 但为数仅 5 000 万元，各报认为于事无补。④ 最后，蒋介石以各报请求贷款为数达 5 亿元，数额巨大，批示不予贷款。⑤

也就在此期间，《和平日报》《前线日报》《中央日报》联合《侨声报》和《神州日报》以亏折甚巨，经济陷于困危，也推派代表晋京请求贷款。各代表在京遍谒国民党中宣部、国民政府行政院和四联总处等机关，但未获结果，各代表亦废然而返。后国民党国防部新闻局决定对《和平日报》《前线日报》和《中央日报》给予"变相贷款"，即由新闻局向三报各预订

---

① 胡道静：《今年中国新闻界十大新闻》，《前线日报》，1946 年 12 月 29 日第六版。其他九大新闻为：中央通讯社电务部主任高仲芹氏在美国发明电动华文打字机；新闻检查制度完全撤除（三月六日），惟在本年十一月以后，若干地点之军事消息，仍遭受严格的管制；各地外勤记者广泛地争取"采访之自由"，以对抗当局的"统一发布新闻"，而以上海记者十三人发表公开函向淞沪警备司令宣铁吾提出请求予以采访便利之举为高潮（十月七日）；女记者从报热，各报任用女记者之众多与普遍开报史之先河；台湾报纸在台岛返还祖国怀抱之周年纪念日一律取消日文版（十月二十五日），荼毒台岛五十一年之倭文于焉廓清；规模空前弘大一次之"党报社长会议"（十月二十五日至三十日）；各地报纸因刊载言论或新闻违反当道之意旨而遭受停刊处分者多，以南京《救国日报》被罚停刊一周（十二月十五日）事件为高潮，其他有香港《国民日报》（六月）、青岛《民言报》（六月十五日）、上海《文汇报》（七月十七日）及广州《建国日报》（十月九日）、《前锋晚报》（十月十六日）等事件；全国报界向交通部要求维持新闻邮电原价，获致酌予减低及技术上协助之协议（十二月二十日）；报奸管逆翼贤经判处死刑（十一月十一日）。

② 《民营报业请求贷款 推定代表今晚晋京》，上海《大公报》，1946 年 12 月 29 日第六版。

③ 《民营报贷款 彭部长极力促成 四联通过即实行》，上海《大公报》，1947 年 1 月 5 日第四版。

④ 《新闻的新闻》，《前线日报》，1947 年 1 月 12 日第五版。

⑤ 《新闻的新闻》，《前线日报》，1947 年 1 月 19 日第八版。

一万份报纸，按照订户之例结款。这样，三报可逐月预收 6 000 万元，"不无大补"。新闻局则拟以所订报纸在新收复区散发，以达到宣传的目的。[①]

1947 年 1 月中旬，《大晚报》《华美晚报》《大众夜报》《新夜报》《联合晚报》和《新民晚报》6 家晚报主持人晋京请愿，请求国民政府行政院和国民党中宣部核准低利贷款。

1 月 30 日，《东南日报》等 12 家报纸的请愿虽遭驳回，但并不气馁，继晚报之后再次联袂晋京，继续向当局请愿，援照南京各报贷款前例，要求低利贷款 22 亿元，即五家自备印刷机的报馆以机器为抵押，每家申请贷款 3 亿元，共计 15 亿元；其他 7 家无印刷设备、无物可抵的报馆，每家申请贷款 1 亿元，共计 7 亿元。[②] 但都未获准。

既然国民政府不能提供帮助，报馆就只能找银行申请高利贷款。《华美晚报》自 1945 年 12 月 1 日复刊，广告和发行均有不俗表现。1946 年，由于现款流动金太少，又加上物价不断上涨，《华美晚报》不时以高利贷资金周转，因此稍告支绌。[③] 同时期的《大晚报》也与《华美晚报》相仿佛，"惟生产设备既感不足，流动资金更感缺乏，致深受高利贷压迫，是则最感困难者也"[④]。《东南日报》自 1946 年 1 月迁沪出版后，销路一直不见起色。尽管社长胡健中用尽全力，力求与《新闻报》《申报》和《大公报》等大报并驾齐驱，但终未如愿。截至 1947 年 4 月，《东南日报》每月依然亏损六七千万元。社长胡健中"天天在忙着'调寸头'，借债度日"[⑤]。1946 年底，《正言报》的经济情形非常困难，社长吴绍澍和副社长王晋琦虽然勉力撑持，但总召不到一笔大资金来将内部整顿一下，只得以借汇来维持，"虽

① 忘忧：《"和平""前线""中央"三报获得变相贷款》，《铁报》，1946 年 12 月 27 日第二版。

② 白居难：《民营报组织联合阵线　再向当局申请借款》，《铁报》，1947 年 1 月 28 日第二版。

③ 《〈华美晚报〉概况调查》，上海市档案馆，档案卷宗号：Q78 - 2 - 15753。

④ 《〈大晚报〉概况调查》，上海市档案馆，档案卷宗号：Q78 - 2 - 15740。

⑤ 报人：《胡老板天天"调寸头"〈东南日报〉的蚀本生意》，《快活林》，1947 年 4 月 13 日第 56 期。《东南日报》的编辑回忆："《东南日报》（后期）营业亏损数字有增无已，经济上显露出捉襟见肘的窘象。（社长）胡健中对此忧心忡忡。他的补救办法有二：一是每月由杭社（分社杭州《东南日报》）挹注一部分，二是从三十万美元的基金中提出一部分向银行抵押贷款，以济燃眉之急。"参见穆逸群：《〈东南日报〉的变迁》，《新闻研究资料》，1985 年第33 辑，第 188 - 198 页。

然各报都是持拆息，但《正言（报）》似乎更重一点"①。

而小型报也是步履维艰。创办一家小型报，需二三十亿资本；由于资金不足，只好借贷，以月息 2 角计算，每月需支付利息 6 亿元。②

有人说："'经济问题'，没有一个报社不为它焦虑，许多报纸因为它而停闭；幸存的报社，它们的社长和经理们，大多数整日在外跑银行钱庄，提头寸，借高利贷。""真的，很少有报纸不是在斤斤于赚一点钱来苟延残喘地维持下去，至于如何将报纸办得好，能真正教育启导民众，倒成了其次的问题，甚或不能顾及了。"③

物价上涨漫无止境，发行和广告加价受到读者和商家支付能力的限制，贷款又遭受高利贷的盘剥，剩下的就只有减张缩版一途了。1948 年 8 月，由于纸价上涨，报业公会决议于 21 日将报价由 16 万元提到 30 万元，未及调整，币制改革于 19 日开始施行。按照国民政府法令，所有商品价格都冻结在 19 日的水平。而按成本计算，每份报纸的售价至少须 30 万元（金元 1 角）；为了拥护政令的推行，各报只得忍痛牺牲。为了减少损失，一些报于是临时缩减张数。如，24 日，《新闻报》改出 2 张；25 日，《大公报》改出 1.5 张；28 日，《申报》改出 1.5 张，《正言报》改出 1 张。④

9 月，各报因国民政府要求不准涨价，纷纷缩减篇幅，原出 2 张者每周间出 1.5 张数天。⑤

11 月 2 日，由于收支不能平衡，各报又开始减张。《新闻报》《申报》《大公报》《中央日报》《东南日报》《和平日报》减为 1.5 张，《前线日报》《商报》《益世报》《金融日报》和《中华时报》减为 1 张，《立报》减为半大张（2 小张），《大众夜报》《华美晚报》和《大晚报》仅为 1 小张。⑥ 就在 11 月底，《大公报》决定从下月起各周刊全部停刊，减为 1 张。⑦

---

① 报子：《各大报缩减篇幅　"正言""商报"如召新股》，《东南风》，1947 年 2 月 4 日第 40 期。

② 《浮生散记》，《诚报》，1948 年 1 月 21 日第二版。

③ 穆加恒：《物价与报价——一部十五月来的报价上涨史》（上），《前线日报》，1948 年 4 月 26 日第三版。

④ 《上海报界动态》（1947—1949），上海市档案馆，档案卷宗号：Q430 - 1 - 13。

⑤ 《新闻的新闻》，《前线日报》，1948 年 9 月 13 日第四版。

⑥ 《上海报界动态》（1947—1949），上海市档案馆，档案卷宗号：Q430 - 1 - 13。

⑦ 《新闻的新闻》，《前线日报》，1948 年 11 月 29 日第四版。

12 月，由于商业萧条，广告日见减少，原为 1.5 张的报纸继续减为 1 张。以前《中央日报》和《大公报》等报的第一版全为广告，现已改为要闻版。[①]

有人替中国的报业悲哀不已："一哀中国无纸，没有米而要吃饭，结果总有一天会饿死。二哀报无财，工商业一日不能复苏，中国的报业就一日没有普遍发展的可能，现在连生存都成问题。三哀物价如马，奔跑不已，报社增加的开支，永远无法转嫁。四哀交通如龟，飞机、铁路，走走就睡着了，结果报纸变成废纸……六哀国事如麻，战乱不能停止，民生不能安定，教育不能普及，报业像无根的浮萍，永远不会长大。"[②]

---

① 《新闻的新闻》，《前线日报》，1948 年 12 月 13 日第四版。
② 郑一禾：《报业总崩溃》，《新闻天地》，1947 年第 21 期，第 19 页。

第三章

上海报馆工友的收入水平与生活状况

…… ……

• • • • • •

由于相关资料阙如，我们无法确切探知上海报馆工友的收入水平和生活状况，但我们可以通过考察1945—1949年上海的社会经济形势和同时期一般工厂工人的收入概况，推断报馆工友的相关情况。总体而言，上海的经济形势日趋窘困，工人收入每况愈下。生活在同一社会环境、同样以体力劳动为主的报馆工友也度日如年。当然，这只是一般情况。实际上，不同的报馆由于历史传统、经营能力和管理制度等的差异，报馆工友的待遇是不一样的。比较言之，《新闻报》的经济效益最佳，因此工友的薪津非常丰厚。其次为《申报》和《大公报》。《申报》虽然拥有较强的赢利能力，但由于开销庞大，工友待遇逊于《新闻报》；而《申报》工友常常以《新闻报》和《申报》为上海首屈一指的大报在待遇上向《新闻报》看齐，令《申报》不堪重负。[1]《大公报》因为拥有较好的经济基础，能够尽其能力解工友后顾之忧，劳资关系尚可。其他报纸则寅吃卯粮，工友生活艰难。

第一节　上海的社会经济形势与工人的收入和生活

抗战胜利后，通过接收敌伪产业，上海经济有了一定的恢复和发展。自1945年底，内迁工厂开始返沪，新设工厂也不断增长。这些工厂大都获得了政府的贷款和帮助。新公司法颁布后，各种公司组织更是如雨后春笋，相继成立。战后不到两年，上海工业生产已经恢复到相当的水平。[2] 但是，由于国民政府对美国货物实行完全开放政策，上海民族工业遭到严重冲击，逐渐步入困境。内战爆发后，军费支出激增，通货膨胀，物价暴涨，再加以政

---

① 有一则新闻报道有所夸张地报道了《新闻报》发放年赏对《申报》造成的冲击，其中云："本市老牌大报之《新闻报》，在各大报中，收入最丰，因此它所发年赏，在四个月以上，大老板可摊到六千万，小老板也有四千万。这在其他报馆看来，都羡慕不止。这一豪举不打紧，却急坏了《申报》社长潘公展，（潘公展）在南京暴跳如雷，摊着两手，向政府大声道：'你发六千万叫我怎么办？叫我怎么办？'《申报》的同人，自然将以为例。昨日的《申报》，几乎无法出版。末院长闻讯，急召《新闻报》发行人詹文浒进京当面训斥。吴市长也找程中行（程沧波）恳谈，程、詹等受此压力，已决定赖去前议。"参见《为了一笔年赏　詹文浒大受训斥　潘公展跳脚　吴市长调解》，《诚报》，1946年12月21日第一版。

② 徐新吾、黄汉民：《上海近代工业史》，上海：上海社会科学院出版社，1998年，第295页。

府施行适应内战需要的经济统制政策，经济危机进一步加剧。而币制改革失败最终使上海经济走向全面崩溃。

由于物价涨无止境，政府不得不规定各厂商按照生活费指数发放薪金。而工人的工资先后经过了生活费指数[①]的"冻结—解冻—取消—恢复"的过程以及以法币计薪和以金圆券计薪两个阶段。政府反复无常的经济政策不仅使厂商深受其害，或者停业倒闭，或者苟延残喘，也使工人饱受折磨，工资的购买力越来越弱，生活水平每况愈下。而上海报业也深受社会经济形势的拖累，经营成本有增无减，广告来源有限，民众购买力下降；同时，工友因生活困难，要求报馆改善待遇，劳资纠纷不断。

一、按生活费指数计算工资：1946 年初至 1947 年 1 月

生活费指数（index number of cost of living）是测量生活费变迁的一种统计数字，即将衣服、食品、房租、燃料、交通、教育、娱乐、水电等各类消费品的零售指数用加权综合法统计成为总指数。计算生活费指数通常选定某一时期内物价较为稳定的一个阶段为基期（base year），然后以这个基期价格求出权数，配合以后物价的升降，求出指数。[②] 简而言之，就是将居民在某一时期实际生活所需的费用作为基本时期（设为 100），然后以某时期实际生活所需的费用与基本时期进行比较，增加或减少的百分数即为生活费指数。[③] 通常，生活费指数越低，表示职工以同样的货币工资收入所能购买的商品越多，货币的购买力越强；反之，生活费指数越高，表示以同样的货币所能购买的商品越少，货币的购买力也越弱，甚至是货币贬值。一般来说，生活费指数下降，工资增加，表明居民生活水平提高；反之，生活费指数上涨，而工资减少或不变，表明居民生活水平下

---

① 新闻报道和档案在涉及"生活费指数"时，常常将"生活费指数"简称为"生活指数"，本书在援引时从其表述。

② 邵心石、邓紫拔：《上海市劳工年鉴（1948 年）》，上海：大公通讯社，1948 年，第 71 页。

③ 王善宝：《上海市工人生活费指数之编制方法》，《社会月刊》，1946 年第 1 卷第 1 期，第 16 – 17 页。

降。[①] 早在 1929 年初，上海市社会局（以下简称"市社会局"）以 305 家
工人家计调查和 1926 年的基期价格为基础开始编制"上海市工人生活费
指数"，但只是以此了解工人生活状况。按生活费指数计算工资始于 1940
年。由于物价暴涨，生活费用猛涨，上海邮局自行编制生活费指数，以此
计薪发给职工。后来，其他一些行业也相继效仿。1943 年，这些单位按
生活费指数计薪的办法一律取消。[②]

1945 年 8 月，抗战结束。9 月 27 日和 11 月 22 日，国民政府先后公
布法币兑换伪中联储券和伪联银券的比率，分别为 1∶250 和 1∶5，而这
两日其实际比价应为 1∶35 和 1∶1.6。这种大大超过实际情况的兑换率
不仅剥削了上海等收复区的人民，也引起物价上涨和法币发行量剧增，第
一轮通货膨胀随之而来。此时，廉价的美国货物也源源不断地输入中国，
上海成为美货的集散地，可谓"无货不美""有美皆备"，吸引了上海市
民的购买，致使民族工业产品滞销，不少工厂处于半停工状态，工人失
业。[③] 自 10 月开始，物价猛涨，比 8 月上涨了 3～4 倍，有的多达 10 倍，
工人生活艰难。由于未能按生活费指数发给工资，怠工、罢工、劳资纠纷
普遍发生。

为了安定收复区工人生活，10 月 22 日，国民政府社会部颁布《收复地
区调整工资暂行办法》，规定"各地工资之调整，应参照当地生活费指数之
增加倍数，为合理之评定""各业工资之调整，应以同工同酬为原则，并须
与邻近地区配合联系""与民生日用必需品有关各业工人之工资，由当地政
府邀集主雇双方代表，及有关机关法团代表协议调整""调整工资时，工人
不得有罢工怠工行为"等。同时上海市也发布《调整工资暂行办法》，规定
"调整之基本原则在使员工所得之工资，能维持其目前最低之生活水准，已
能维持最低生活者不再调整"。有论者认为，最低生活水准至少应该包括职
工本人及其家属的吃饭、穿衣、住房的基本生活费，本人及其子女的教育

---

① 周仲海:《建国前后上海工人的工薪与生活状况之考察》,《社会科学》,2006 年第 5
期, 第 83 – 91 页。

② 《上海工运志》编纂委员会编:《上海工运志》,上海:上海社会科学出版社,1997
年, 第 145 页。

③ 潘君祥、王仰清:《上海通史（第 8 卷）·民国经济》,上海:上海人民出版社,
1999 年, 第 452、440、441 页。

费，本人及其家属的健康维持费，本人及其家属文化娱乐费用等，但上海一般工人家庭均达不到这一水准。[①] 以 1945 年 11 月为例，一个五口普通工人家庭，每月生活费用起码24 800元，但大多数工人月薪只有 4 000 ~ 5 000元，仅占实际支出的 1/5 至 1/6。[②]

　　工人以固定的工资收入难以应付日趋高昂的生活费用。1945 年底，上海电力公司职工首先要求公司按生活费指数计发工资，改善待遇；接着各公用事业和其他行业职工也援例提出要求。这段时期，劳资争议案件的数量和涉及的范围达到空前的水平。1946 年 1 月，上海市政府首次公布了市政府研究室编制的上海市工人生活费指数，以后循例每月发布一次。2 月以后，各业各工厂先后采用市政府公布的生活费指数计算工资（即底薪×生活费指数）。这时，虽然物价在不断上涨，但生活费指数也随之变化，工人的生活没有如从前每况愈下，甚至一度得到改善，大部分工人家庭除还清战时的债务后还有一点剩余。[③] 以上海 16 个工业行业工人为例，其月平均工资达 205 246.13 元，较战前的 14.35 元提高近 1.43 万倍，扣除同期生活费指数提高因素后实际平均工资为 50.49 元，比战前提高2.52 倍，月平均工资可购米 3.45 石，比 1936 年提高 1.5 倍。[④] 职工生活稍得安定，劳资双方相安无事，罢工怠工事件也大幅度减少。尽管如此，在物价高翔的情况下，按照生活费指数发放工资还是加大了资方的支出。对报业而言，"各报工人要求依生活指数发薪，报纸负担加重，大有不堪赔本之苦"[⑤]。

　　为了处理劳资问题，安定生产秩序，1946 年 4 月 23 日，国民政府又颁布《复员期间劳资评断办法》，规定劳资评断委员会的职权（比如关于一般工人待遇之调整事项、关于重要劳资纠纷之紧急处理事项、关于交通

---

① 刘明逵、唐玉良：《中国近代工人阶级和工人运动》（第十三册），北京：中共中央党校出版社，2002 年，第184、185 页。

② 刘明逵、唐玉良：《中国近代工人阶级和工人运动》（第十三册），北京：中共中央党校出版社，2002 年，第185 页。

③ 刘明逵、唐玉良：《中国近代工人阶级和工人运动》（第十三册），北京：中共中央党校出版社，2002 年，第185 页。

④ 《上海劳动志》编纂委员会编：《上海劳动志》，上海：上海社会科学出版社，1998年，第336 页。

⑤ 泗人：《本市各报竞争白热化》，《快活林》，1946 年 5 月 11 日第 15 期。

公用事业及公营事业劳资纠纷之处理事项),组成人员和评断依照的法规(《复员期间民营企业工资调整办法》);特别规定"雇主或工人未经评断委员会评断以前,不得因任何劳资争议,停业或罢工怠工,劳资发生纠纷时,应由评断委员会予以评断,评断委员会之裁决任何一方有不服从时,主管官署得强制执行"。这些都有利于工厂恢复正常生产。依照此办法,上海市政府成立了上海市劳资评断委员会,并起草了组织规则和评断程序。①

6月20日,该委员会又发布了《处理工潮五项办法》,规定"底薪不得增加,但不足于最低工资者得调整之""劳资争议非经过法定程序不得任意怠工或罢工,应饬各业工会遵守。至罢工后伤人毁物,资方可随时报请主管机关依法惩办""在调解劳资纠纷时,工人不得聚众包围双方代表。人数力求减少至多不得超出十人""各工厂应即订定厂规,呈请市社会局核准公布,劳资双方共同遵守""厂方与劳方应举行工厂会议消弭纠纷"。

6月26日,蒋介石下令围攻中原解放军,内战爆发。军费开支膨胀刺激了国民政府财政赤字的飙升,法币发行量呈几何级增长,恶性通货膨胀造成货币剧烈贬值。②几乎与此同时,国内市场完全对美货开放,致使美货泛滥,许多企业濒临倒闭。而不法资本家又囤积居奇,市场秩序紊乱不堪,经济危机日渐严重。此时,国民政府故意压低生活费指数,减少工厂主的支出,引起职工的不满。有人质疑,工人生活费指数的统计数字,和工人实际市场上购买的物价有很大的差异。1946年五六月份政府编制生活指数是根据限价米价46 000元,可是事实上,任何职工也没买到这种便宜货,黑市从5万、6万到7万皆买不到。生活指数5月是4 095倍,到6月反下

---

① 1946年5月4日,上海市劳资评断委员会筹组成立并举行了第一次会议,通过上海市劳资评断委员会委员名单,包括:吴开先,上海市社会局长,任主任委员;钱乃信,上海市政府参事,董仁贵,上海市报业公会常务监事,萧宗俊,上海市百货同业公会,以上三人均为常务委员;徐寄顾,上海市临时参议会议长,谭煜麟,淞沪警备司令部参谋长,王晓籁,上海市商会监事,杜月笙,华商电气公司董事长,张兹圆,经济部特派员,杨锡志,粮食部上海市粮政特派员,宣铁吾,淞沪警备司令兼上海市警察局长,赵曾珏,上海市公用局长,张维,上海市卫生局长,朱学范,上海市总工会整理委员会主任委员,余敬成,中纺公司十二厂工会理事,以上十一人均为委员。

② 潘君祥、王仰清:《上海通史(第8卷)·民国经济》,上海:上海人民出版社,1999年,第452页。

降为 4 040 倍。粮食、衣料、柴炭、蔬菜，都较战前涨至六七千倍以上，7 月份生活指数，尚仅 4 494 倍，这不能不使我们怀疑指数的编制。[1] 总之，物价飞涨，实际工资却不断下降，职工要求增加待遇的呼声越来越高，短暂沉寂的劳资争议又沸腾起来。尽管市社会局力图进行调解，但无法缓解矛盾的激化。

这一时期，影响最大的劳资纠纷是 1946 年底前后的年赏问题。年赏也叫年奖、年终赏工、年终赏金、年终奖金等，是工厂主在阴历年底发给职工的一定数量的赏金，以奖赏职工的劳动质量、劳动时间和劳动效率。各业年赏实行情况很不一样。抗战以前，年赏的有无多少基本视工厂主的意图而定。[2] 是年底，上海职工开展了大规模的争取年赏的罢工请愿活动，劳资僵持不下。为了应对眼前的形势，市社会局成立了年赏处理委员会，订定《本市各厂商发给年终奖励金办法》，规定：①年赏改称年终奖励金；②奖励金以工资一个月为标准，应视各工商厂家本身营业之盈亏为伸缩；③如职员服务时间不满一年者，依照其月数比例核减之，但至少不得低于十二分之一；④奖金一经决定，应早日发放，俾工人多得实惠；⑤件工、临时工之奖金应否发放，可依照去年成例；⑥发给奖金如有争议，必须规定手续，请求公断，不得有越轨行动，违干惩处。[3]

二、生活费指数从冻结到解冻：1947 年 2 月至 1948 年 7 月

由于物价空前波动，黄金、美钞涨势惊人，为了稳定物价，1947 年 2 月 17 日，国民政府颁布《经济紧急措施方案》，停止公布生活费指数，规定"各指定地职工之薪工按生活费计算者，应以本年 1 月份之生活指数为最高指数，亦不得以任何方式增加底薪，但此项工厂应就食粮、布匹、燃料三项，按本年 1 月份之平均零售价，依定量分配之原则，配售于各职工。各工厂为供应工人所需之食粮、布匹、燃料，应请由政府代购，不得自由采购，变相囤

---

① 齐振华：《上海的工资问题》，《中国建设》，1946 年第 2 卷第 6 期，第 31 - 33 页。

② 《上海工运志》编纂委员会编：《上海工运志》，上海：上海社会科学出版社，1997 年，第 143 - 144 页。

③ 参见沈切：《三十六年度年赏问题》，《社会月刊》，1948 年第 3 卷第 1 期，第 48 - 53 页。

积"，亦即冻结生活费指数计薪方式（此时工人生活费指数为 7 900 倍，职员生活费指数为 6 600 倍），代之以生活必需品的配售。后来，由上海市政府和市社会局争取，又增加糖、油和盐三项；又鉴于实物配给手续辗转繁杂，费时费力，改为将六项物品依照 1 月份的平均零售价格作为基准，按本月市价折算差额，由厂方发给职工（见表 3 - 1）。

表 3 - 1　二、三、四月职工日用品市价差额（1947 年）

品名	二月补贴数（元）	三月补贴数（元）	四月补贴数（元）
籼米	34 960.00	32 080.00	63 626.00
豆油	5 555.00	7 555.00	13 220.00
食盐	1 000.00	925.00	1 055.00
食糖	1 200.00	648.00	1 600.00
煤球	19 500.00	23 700.00	25 500.00
布匹	10 750.00	7 955.00	11 975.00
合计	72 965.00	72 863.00	116 976.00

资料来源：顾祖绳：《职工差额金贴补办法概述》，载《社会月刊》，1947 年第 2 卷第 4 期，第 29 - 30 页。本表系由原表重新编制而成。

然而，由于物价不断上涨，差额金远远追不上物价的涨幅。如，1 月的批发物价指数为 0.8 万倍，2 月为 1.3 万倍，3 月为 1.4 万倍，4 月又猛涨至 1.7 万倍。[1] 工人生活又陷入困境。自 2 月起，各业工人开始上街游行请愿，要求

---

[1]　《上海批发物价分类指数表四》，中国科学院上海经济研究所、上海社会科学院经济研究所编：《上海解放前后物价资料汇编（1921 年—1957 年）》（下册），上海：上海人民出版社，1959 年，第 173 页。

解冻生活费指数。2 月 25 日，上海市报业职业工会（以下简称"报业职业工会"）①致函市社会局，诉说"工人薪给依照沪市工人生活指数计算，亦仅足维持最低生活而已……今生活指数既明令冻结而物价则反形高涨，政府决策何厚于彼而薄于此？"，恳请市社会局转呈中央恢复工人生活指数给薪办法，以安工人生活而利工运。②4 月 23 日和 24 日，报业职业工会又接连两次向市社会局和市总工会请求解冻生活指数，痛陈"自《经济紧急措施方案》公布后，生活指数冻结，工资不能增加，津贴之附加亦遭取缔，各业工人以 1 月份之工资及有限之差额金收入，际此物价不断暴涨之时，实难以维持一家数口之生活"③。有人批评国民政府"对我们劳苦的职工们却用统制工资的方法来冻结我们藉以为生的生活指数，这是给我们的致命打

---

① 上海市报业职业工会成立于 1946 年 2 月 7 日，到会代表 60 余人，选出理事 17 人，监事 7 人，选举孙镜湖为理事长，通过宣言和提高待遇等提案 10 余件。其宣言云："在胜利后，尤其全国冲突停止，政治协商会圆满告破，国家建设前途已露曙光，春满大地，祥和空气弥漫全国的今日，本会同人，欣逢此盛世佳节，得集各报会员代表于一堂，检讨过去，策励来兹，欢幸何似。爰经共同的研讨，一致的议决，用抒所感，藉为本会今后工作努力的鹄告，并就正于各界。一、关于政治的：我们的主张，是遵奉总理遗教，彻底实行三民主义，以及蒋主席所揭示的民主、统一、和平、团结，'政治民主化，军队国家化'，以建设富强的、自由的新中国。二、关于工运的：我们欢迎政治协商会所议决的'实行劳动法，改善劳动条件，试行劳工分级制，举办失业工人及残废保险，切实保护童工女工，并广设工人学校，提高工人文化水准'，更愿政府立即付之实行，但同时我们要认识工运的意义，是维持改善劳动条件，和一切福利为目的。因此，工会虽赖政治的保险，但必须竭力避免工运政党化。三、关于工潮的：工潮，是世界大战后各国普遍的现象，尤以最近上海为烈，此兴彼起，原因在于敌伪时期，资方财富集中，国难财，胜利财，极尽豪华，而对工人日处饥寒交迫而不顾，一旦天日重光，要求资方维持最低生活而不获，而引起怠工罢工情事，实由于资方自食其恶果。我们希望当局以公平的、合理的解决工潮，但同时请求政府立即全面抑平物价高涨，因为罢工加薪，加薪而物价又涨，循环因果，工潮永远不得平。工潮不平，不独劳资双方，同受其害，对国家建设前途，亦为有力的阻碍，所以我们诚望政府作釜底抽薪之计，而更希望资方清静其头脑，工潮是为何而发的。'知难行易'，工潮是不难解决的。四、关于本会的：凡是服务报馆的工友，都应加入本会，以团结的力量，集体的行动，来争取我们的地位，增高我们的待遇。我们服务于报馆的工友，工作则通宵达旦，手足脑耳，心力并用，而待遇则反不得温饱。据我们的调查，大部分工友都不满三万元一月的，本会实深致其同情，要求资方立即自动加以改善，使能生活，工作待遇，要两得其平。以上所述，卑之无甚高论，实为我们今后工作的方面，坚强的意旨。"报业职业工会成立后，第一件事就是请愿并与资方谈判，要求以国民政府发布的工人生活费指数计薪并获得成功。以后，该会的主要工作就是改善工友的工资福利待遇，如假日补贴、年终奖励金、借支、解雇纠纷，等等，但同时也协助政府规劝工友遵守国民政府和上海市社会局的有关规定。参见《报业职业工会昨开代表会　选举理监事并通过宣言》，《民国日报》，1946 年 2 月 8 日第三版；《上海新闻志》编纂委员会编：《上海新闻志》，上海：上海社会科学院出版社，2000 年，第 541 页。

② 《报馆业、报业、报差业等业与上海市社会局关于复职、申请仲裁调整工资、裁减报差 19 名、年奖等纠纷来往文书》，上海市档案馆，档案卷宗号：Q6-8-282。

③ 《各业工人要求生活指数解冻》，《文汇报》，1947 年 4 月 25 日第三版。

击"，质问"假如事实真如这样执行，那不啻置我们一家老小于死地吗?"[1]
而资方则竭力反对解冻，以减轻沉重的经营负担。

为了解决劳资双方的对立，5 月 10 日，国民政府社会部发布了《上海市工资调整暂行办法》（以下简称《办法》），有条件地解冻生活费指数，包括：①自1947 年 5 月起各业工人工资按月根据指数分别依本办法计算发给；②底资绝对不得变更，其在《经济紧急措施方案》实施后，已有变动者，应复原数；③底薪在 30 元以下者，依照指数十足发给；④底薪在 30 元以上至 100 元者，除 30 元照指数发给外，其余部分以 10 元为一级逐级递减 10% 折扣；⑤资方如因生产及营业情况不佳，确难负担，不能照本办法三至五条规定发给工资时，得由劳资双方协议减少之，如协议不能成立时，由劳资评断委员会评断之；⑥本办法公布以前各业劳资双方对依照指数发给工资折扣办法已自有协定者，得依其协定；⑦本办法实施之日起配售实物之差额金贴补即行停止。亦即，若某工人底薪为 50 元，5 月的工人生活费指数为 23 500 倍，则其工资为（30 + 10 × 90% + 10 × 80%）× 23 500 = 1 104 500 元。

为了解决《办法》在施行过程中出现的工资折扣问题，市劳资评断委员会又通过了《上海市工资调整暂行办法实施细则》，如规定"加工工资底薪不予折扣，但各业习惯上在加工工资之外另有奖励工资者，其奖励工资部分仍加入底薪总数内，予以折扣""停工或请假，不论工资照给与否，均以该工人停工或请假期间之实得底薪计算""国定纪念日、星期例假及其他指定休假日，其工资依照规定给付，如资方欲其照常工作，该日加工工资应不予折扣"[2]。

---

① 《要求解冻生活指数 四区机制业产业工会请愿代表团发表宣言》，《文汇报》，1947年 2 月 26 日第四版。

② 其他还包括"件工工资按生活费指数计算者，其每月实得底薪应依照《上海市工资调整暂行办法》第四项之规定折扣计算发给之，但为鼓励生产起见，可以解冻前各该部门六个月内之最高生产量为标准，其超过标准部分之工资应十足发给，以示奖励"。另外，规定中所谓的"加工"即加班，指在规定工作时间外连续工作或在休息日、例假日工作的报酬。与此相关的"升工"则是指对工人在休息日、例假日之外的一定时间内不请假的奖励。参见《上海工运志》编纂委员会编：《上海工运志》，上海：上海社会科学出版社，1997 年，第 143 页。

工人生活费指数解冻后即直线上升。如 1947 年 5 月为 2.35 万倍，6 月为 2.53 万倍，7 月为 2.87 万倍，而 1948 年同期分别为 33.7 万倍、71 万倍和 138.5 万倍（7 月上半月），分别为前者的 14 倍、28 倍和 48 倍，涨幅越来越大，表明工人的生活负担越来越重。与此同时，每月发布的生活费指数又根本赶不上当月的物价指数，上海市政府有意抑低生活费指数，压缩工人应得的工资收入。如，1947 年 6 月工人生活费指数只有批发物价指数的 68.2%，1947 年 12 月和 1948 年 4 月又分别下降为 49.4% 和 51.4%。就 1945 年 8 月至 1948 年 8 月长时段观察和 1948 年上半年短期观察，生活费指数的增长也是呈下降趋势，远在物价指数之下（见表 3-2 和表 3-3）。实际上，这一时期，"广大职工的实际工资已大大降低，抗日战争前约可购一斗米的一元底薪，开始还勉强能买到五升米左右，后来只能买到一、二升米"[①]。工人的生活非常艰难。

表 3-2　上海工人生活费指数与批发物价指数比较（1945 年 8 月—1948 年 8 月）

以 1936 年为基期

时　间	批发物价指数	工人生活费指数	百分比（物价指数 = 100）
1945 年 8 月	9 740 247.70	6 648 285.00	68.3%
1946 年	519 900.00	406 476.68	78.2%
1947 年	4 025 000.00	3 015 669.48	74.9%
1947 年 6 月	3 716 700.00	2 534 226.99	68.2%
1947 年 12 月	13 810 000.00	6 816 136.65	49.4%
1948 年 4 月	51 070 000.00	26 234 719.00	51.4%
1948 年 8 月	713 100 000.00	423 684 224.00	59.4%

资料来源：《上海工人生活费指数与批发物价指数比较表》（1927—1949 年 8 月），载中国科学院上海经济研究所、上海社会科学院经济研究所编：《上海解放前后物价资料汇编（1921 年—1957 年）》（上册），上海：上海人民出版社，1959 年，第 84 页。

---

① 　中国科学院上海经济研究所、上海社会科学院经济研究所编：《上海解放前后物价资料汇编（1921 年—1957 年）》（上册），上海：上海人民出版社，1959 年，第 84 页。

表 3 - 3　1948 年上半年上海物价与工人生活费指数增长对比

月份	指数	较上月增长（%）	对1947年底增长倍数	月份	指数	较上月增长（%）	对1947年底增长倍数
1 月	物价 19.73	37	1.37	4 月	物价 52.58	11	3.64
	工人生活费 9.52	39	1.39		工人生活费 26.20	21	3.84
2 月	物价 30.35	54	2.17	5 月	物价 48.57	48	5.44
	工人生活费 15.10	58	2.21		工人生活费 33.70	24	4.94
3 月	物价 47.65	57	3.29	6 月	物价 245.30	212	16.97
	工人生活费 21.70	43	3.18		工人生活费 71.00	117	10.41

资料来源：《半年来中国经济的总结》，载《经济周报》，1948 年第 7 卷第 1、2 期，转引自刘明逵、唐玉良：《中国近代工人阶级和工人运动》（第十三册），北京：中共中央党校出版社，2000 年，第 256 页。本表系对以上资料略作改编而成。

原注：①单位：万倍；②物价指数为各该月之最后一周；③1947 年底物价指数为 14.45 万，工人生活费指数为 6.82 万。

自 1947 年初，上海涨风肆虐，黄金、美钞、大米、油和纱布等价格狂涨。7 月 9 日，国民政府颁布《动员戡乱完成宪政实施纲要》，其中规定"各业劳资双方应密切合作，如有争议并应依法调解及仲裁；凡怠工、罢工、停业、关厂及其他妨碍生产及社会秩序之行为，均应依法惩处"。11 月 6 日，针对上述《纲要》的有关条款，国民政府行政院又出台了更加详尽的《动员戡乱期间劳资纠纷处理办法》，严格规定"雇主或工人在未经劳资评断委员会评断以前，不得因任何劳资争议停业关厂或罢工怠工""劳资评断委员会之裁决，任何一方有不服从时，主管机关得强制执行，其情节重大者，并得依照《妨害国家总动员惩罚暂行条例》惩罚之"。

像往年一样，每届年关都是年赏纠纷高发的时期。1947 年 11 月，距离阳历年关还有 40 天，阴历年关则有 80 天，年赏问题再次提上议事日程。市社会局召集各业代表征询当年的营业状况，以作决策参考。各业反映今不如昔，尤其是生活费指数按月上涨，企业不堪担负，即使以一个月的薪金作为年赏也已无能为力。市社会局认为年赏仍不可免，关键在于各业保持平衡，一旦多发，少发者就会攀比，最终决定以最高数额不得超过一个月的薪金。[①]

12 月，市社会局又成立了上海市年终奖金处理委员会[②]，出台了更为详细的《上海市各厂商三十六年度年终奖励金发给办法》，包括：

（一）三十六年度年终奖励金以工资一个月为原则，前项奖励金（1）各厂商得依其营业状况与劳方协议之；（2）各厂商如因营业不振无力负担时得酌减之；（3）各厂商如因亏蚀经查明确实得予免发。（二）工厂论件计算之工人除临时雇用者外应依照前条规定办理。（三）临时工仍依去年成例办理。（四）公营公用事业之职工仍依向例由该主管机关核办。（五）凡职工服务时期不满一年者依照服务月数比例核减之，但至少不得低于十二分之一。（六）年终奖励金发给时之当月份生活指数计算，但有习惯者从其习惯。（七）各厂商或因发给奖励金发生争议时应申请社会局依法调处，如调处不成立，应迅即提请劳资评断委员会评断，经评断后劳资双方不得异议，在调处或评断期间双方不得有任何违法行为。

由于各业盈亏情况不同，即便同一行业也有差别，因此仍然争议不断。市社会局乃确立两项处理原则：一是"以全力从事重要工业纠纷的调处，务求其不致扩大，早获解决"；二是"对于若干小纠纷及小枝节，作硬性的规定，由劳资双方，尽先自行协商，寻求解决途径"。这样，持续二个月之久的年赏纠纷才告基本解决。[③]

1948 年 6 至 8 月，上海各主要产品如白米、面粉、棉纱、肥皂等上涨

---

① 何必：《今年的年赏　最高不超过月薪　多余另作福利金》，《诚报》，1947 年 11 月 23 日第二版。

② 上海市年终奖金处理委员会成立于 1947 年 12 月 18 日，由上海市劳资评断委员会高等顾问陆京士为主任委员，上海市社会局顾问赵班斧为副主任委员，沈鼎、顾祖绳、周学湘、樊振邦、李开第、凌英贞、叶定、范赐品、章永钦 9 人为委员，沈切为秘书，并调用劳资评断委员会职员朱圭林、陈英潮、王惠和、谢锡聪、朱乐天、沈寿亚，社会局调用科职员顾若峰、朱承浩、龚雨亭、周天鹏、赵麟祥、张贻孙、葛梦松、沈鹤、周味初、章名康、张鸿芬，社会福利事业委员会职员陈松英等 18 人分别担任文书和调解工作。该委员会自成立以来共收文 302件，其中实际处理年赏纠纷 163 件。该委员会于 1948 年 1 月 31 日结束。

③ 邵心石、邓紫拔：《上海市劳工年鉴（1948 年）》，上海：大公通讯社，1948 年，第 48 页。

到 10 倍左右，售价也是一日数易。大米平均每石 1 445 万元（法币），合每斤 9 万元；黄豆每斤 9 万元；豆油每斤 44 万元；菜油每斤 36 万元；猪肉每斤 35 万元；白糖每斤 23 万元；酱油每斤 13 万元；食盐每斤 7 万元；豆腐每 4 块 3 万元；白酒每斤 23 万元；黄酒每斤 13 万元；土林布匹每尺 18.5 万元；龙头细布每尺 28 万元。[①] 一群小学教员因生活艰困，投书一家杂志社，批评国民政府面对问题束手无策："请行政院各首长看看，就只从新'内阁'成立以后到现在，金价跳了多少？米价跳了多少？一般物价跳了多少？同时，更请行政院各首长想想，在这些天来百物猛涨、惴惴不安的当中，上自中央，到至地方，哪一个机关，哪一个负责人员，对于这危险的情形，有一个政策？"高呼："大人先生们开开快车吧，我们小百姓受不住了！"[②] 然而，物价仍旧剧烈波动，工人生活每况愈下。本来，工人当月的工资一般以前一个月的指数计算，而指数持续高翔，工人的收入又无形中打了折扣。月底公布的生活费指数难以适应物价上涨的趋势，造成物价与指数循环上涨的恶果。市社会局为适应事实需要，维持劳工生活，自 7 月起生活费指数每月改分两次公布，每半月一次。

三、以金圆券发放工资：1948 年 8 月至 1949 年 5 月

鉴于法币恶性膨胀，国民经济面临崩溃，1948 年 8 月 19 日，国民政府颁布《经济紧急处分令》，实施币制改革，发行金圆券，每元兑换 300 万法币，同时实施"限价政策"，所有物价保持在 8 月 19 日的水平，工人工资以法币与金圆券的折合数发给，不再按生活费指数发薪，禁止封锁工厂、罢工、怠工。为便于执行该命令，26 日，上海市劳资评断委员会根据上述相关文件订立了《上海市各业员工薪资折合金圆计算准则》，包括：①各业员工薪资，按原有折扣后之底薪，分别照八月份上期生活费指数计算为最高准则，以应得法币折合金圆，[③] 如有争议由社会局审核处理

---

① 陈明远：《那时的文化界》，太原：山西人民出版社，2011 年，第 192、193 页。
② 《物价威胁人民生活　政府应采取措施》，《中央周刊》，1948 年第 10 卷第 24、25 合期。
③ 比如，假如某报馆工场工人基薪为 57.5 元法币，依照一定比例折扣后为 56.8 元。1948 年 8 月 15 日市工人生活费指数为 3 630 000 倍，金圆券兑换法币的比率为 1：3 000 000，那么，该工人应得金圆券为 56.8 ×（3 630 000 ÷ 3 000 000）＝ 68.7 元。

之；②工人工资应以每月每日每件为标准，延长工及加工所得不得折算为工资；③各业如经协商另有津贴者，仍从其协商，惟不得折算为工资；④各业发给薪资分月中月底两次，其日期以不超过五天为限，有习惯者从其习惯。自 1948 年 8 月 19 日到 10 月底，强制执行的限价政策在上海造成了巨大的混乱和灾害。首先，工商业遭受抢购风潮袭击，存货大减，资金损失严重，已无法进行正常的生产和经营。其次，由于连基本生活用品如米、菜等都无货可买，民众的日常生活无法维持。最后，因为职工工资水平限定在 8 月 19 日，而黑市猖獗，价格暴涨，即便有金圆券也买不到商品，纷纷举行罢工。① 与此同时，金圆券发行量猛增，不断贬值，出现了以物易物的现象。

11 月 1 日，政府被迫宣布取消限价，解冻生活费指数，重新按指数发放职工工资。自此，工人生活费指数连番增长。

12 月下半月生活费指数为 1830.79，1949 年 1 月则涨为其 4.8 倍，以后依次为 35 倍、185.9 倍、1.3 万倍，5 月竟然达到了 59 万倍（见表 3 - 4）。工人刚刚领到工资，直奔商店，已经大大贬值。1948 年 11 月中旬，涨风又起，每石米价 2 000 元金圆券，合法币 60 亿元。②

1949 年 2 月，恶性通货膨胀达到顶峰，金融动荡剧烈，币值贬落加速，膨胀速度远远超过法币。物价一日数涨，一涨几倍，即使按生活费指数计发工资，也已跟不上物价的涨势。上海市劳资评断委员会订立《各业工厂发给工资标准》，规定工资在生活费指数公布后 7 天内发给，后又改为 2 天。5 月，金圆券已贬值到原价的 1‰。每石米价 1.7 亿元，比 1948 年 9 月上涨692 万倍，最高时达 3 亿元，一粒米价值 130 元。③ 一个工人一个月的工资已经越来越难以维持其个人生活，遑论维持其家庭了（见表 3 - 5）。

---

① 中国科学院上海经济研究所、上海社会科学院经济研究所编：《上海解放前后物价资料汇编（1921 年—1957 年）》（上册），上海：上海人民出版社，1959 年，第 41 页。

② 《上海劳动志》编纂委员会编：《上海劳动志》，上海：上海社会科学出版社，1998年，第 337 页。

③ 《上海劳动志》编纂委员会编：《上海劳动志》，上海：上海社会科学出版社，1998年，第 479 页。

表 3 - 4　上海市工人生活费指数（1946 年 1 月—1949 年 5 月）

1936 年 =100；1948 年 8 月 19 日 =100

年月	总指数	年月	总指数	年月	总指数
1945 年		2 月	1 281 453. 85	8 月下	484 580 236
8 月	6 648 285. 00	3 月	1 294 884. 65	9 月	176. 06
9 月	29 923. 62	4 月	1 485 196. 82	10 月	202. 66
10 月	44 142. 43	5 月	2 353 404. 46	11 月上	1 427. 63
11 月	102 190. 83	6 月	2 534 226. 99	11 月下	1 544. 84
12 月	94 506. 96	7 月	2 865 074. 93	12 月上	1 505. 04
1946 年		8 月	3 101 402. 78	12 月下	1 830. 79
1 月	106 245. 41	9 月	3 440 030. 48	1949 年	
2 月	184 572. 57	10 月	4 910 642. 32	1 月上	4 804
3 月	275 422. 16	11 月	5 132 037. 24	1 月下	8 847
4 月	269 430. 41	12 月	6 816 136. 65	2 月上	34 973
5 月	409 578. 66	1948 年		2 月下	64 326
6 月	404 065. 39	1 月	9 520 672	3 月上	133 936
7 月	449 420. 28	2 月	15 113 873	3 月下	340 267
8 月	453 674. 62	3 月	21 725 346	4 月上	1 514 029
9 月	496 739. 70	4 月	26 234 719	4 月下	23 584 613
10 月	521 855. 67	5 月	33 733 864	5 月	1085 422 300
11 月	568 464. 24	6 月	70 996 909		
12 月	647 032. 91	7 月上	138 466 358		
1947 年		7 月下	186 446 129		
1 月	794 555. 78	8 月上	362 788 212		

资料来源:《上海市工人生活指数表二（1937 年—1949 年）》，载中国科学院上海经济研究所、上海社会科学院经济研究所编:《上海解放前后物价资料汇编（1921 年—1957 年）》（下册），上海:上海人民出版社，1959 年，第 335 - 337 页。

说明:1947 年 2—4 月生活费指数已冻结为 1 月生活费指数 794 555.78，此处显示的为实际生活费指数。其中，"上"指上半月，"下"指下半月。

表 3-5　工人工资收入与家庭最低生活费用比较（1946—1949 年）

年　份	每月工资		每月工资相当于每月最低生活费用的百分比（％）			
	数额（元）	可购米（石）	单身男工	两口之家	三口之家	四口之家
1946 年 8 月	205 246.13	3.45	425.93	234.69	179.69	142.56
1948 年 12 月		1.39～1.86	171.6～229.63	94.56～126.5	72.4～96.88	57.44～76.88
1949 年 4 月		0.23～0.33	28.4～40.74	15.65～22.45	11.98～17.19	9.5～13.64

　　资料来源：《上海工运志》编纂委员会编：《上海工运志》，上海：上海社会科学出版社，1997 年，第 154 页。所谓最低生活水平是指职工及其家庭的最低生活费用的水平，是维持劳动力再生产的最低需要额。

第二节　上海报馆工友的收入和待遇
——以《申报》和《新闻报》为例

　　由于上海物价高涨，通货膨胀，报馆工友整体收入下降，生活艰难。但在不同的报馆，工友的收入水平有所不同。总体来讲，像《新闻报》《申报》《大公报》等赢利能力较强的报馆，其工友的薪津要高于其他报馆。也因为这些报馆开办时间长，相关制度比较完善，能够按章办事，所以尚有条件为工友提供基本的工资和福利保障。而其他报馆本身创办资金阙如，管理能力有限，经济效益较差，常常朝不保夕，因而出现欠薪、减薪等问题。

一、《申报》和《新闻报》工友的工作环境和工作状况

　　在报馆中，工友按工种可分为排字组、刻字组、铸字组、纸版组、铅版组、机器组、印报组、零件组、司机组、勤务组和警务组等。其中，排字组专司新闻和广告文字的排字和拼版，刻字组专司铅字和木戳的雕刻，铸字组专司铅字和铅条的铸制，纸版组、铅版组专司用于印刷的纸版的压制和铅版的浇铸，机器组专司各种机器的管理和维护，印报组专司报纸的印刷。这里，工作环境最恶劣、工作最繁重的是印刷工友，他们必须每天

忍受高温、粉尘和刺鼻的气味："在落后的中国工场里，环境卫生不好，通风设备不佳，尘埃和铅味，充满在气氛里，历久不散。你要是终日在50支光的电灯下排字，或者伏案拼版，你的呼吸器官，健康得了么？……他们（指印制钞票的工人——笔者注）不管凹版、凸版，或者网线部分，都得在高热的环境中从事工作。币型、气味和热度一并散发出来，我们只要进去逗留两三分钟，脑袋就会发昏，但他们终年在里面，甚至每天工作时间要延长到12小时。为了增产钞票，不知不觉之间，他们发现自己的胸部凹了进去，肩骨耸了起来，以后就是吐血了。报社里打纸版的工人，生活情形也和印钞票的差不了多少，'瓦斯'的高热度，在这大热天是无人受得了的，而且每块铅版，起码有50斤的重量，压在工人身上，这样日子一久，病虑就大驾光临了。"① 肺病成为印刷工友的多发病。这是一般报馆的情况。而在设备先进、实现机械化的《申报》和《新闻报》则要好得多。《申报》描写了本馆工友排字和拼版的工作情形：

将一个个的单字，拼成一段新闻，或一幅广告，这就是排字的工作。排字分新闻、广告两组，广告组于下午四时即开始工作，新闻组则须至晚上九时以后才开始。

在排字之前，先要派稿，用抽签方法分配稿件。派稿的人先将稿件分为若干股，编写号码，备有签筒，排稿工友，分别抽签，对号取稿。若稿件太长，超过了一股的行数，则将稿件分为二段，短的稿件，则两件合为一股。普通广告和新闻稿件，都分三四次发排，在广告拥挤的时候，则增加发排次数。第一次发排的新闻稿件，往往都是些零星稿件，因为这时重要的稿件尚未送到，所以数量也不多。第二次、第三次抽签，正是稿件拥挤的顶点，工作也最紧张。到工作快完的时候，稿件又少了，每股只有十行廿行，甚至抽得后一半号码的人，会轮不到工作的。

派稿的时候，遇到稿中注有西文，另外检出，交排西文的去排。标题用特号字体的，也另纸录出，交浇字部检取。"市价一览"一栏，又多是扁体数字，分派工作不便，所以另行派人专司这项工作。

---

① 《肺病油墨和印刷工友》，《中国劳工》，1948年第8卷第8、9期。

工友派得稿件后，随即从字架上检取铅字，依次排好。排好的稿件，打小样一份，送校对科核校，如有错误，或格式上不合，仍由原来排字工友改正。倘遇新闻稿件来得太迟的时候，必需立即赶排，工作是非常紧张。

排好的稿件，还要经过一番修饰工作，叫做"刨角"。例如各栏插入四边加线的小新闻，副刊中特种文章四围的花边，以及大小标题之加线加边，都是刨角工作。四边线条，必须衔接得不露痕迹。铅线须用刨刀刨平，然后可以天衣无缝。刨角的名词，就是这样来的。

最后是将许多排好的稿件，拼成报纸半面大小，称为拼版。先由广告组将广告拼好，然后送新闻组拼排新闻。自版面革新以来，标题大小，新闻长短，更须排得美观，所以由各版主编亲至排字部指挥，便利工作不少。拼成的版字，再打大样，送校对科复校，同时将拼版的时间，记入表内，藉便稽考。①

《申报》还描写了工友印报的工作情形：

关于印报工作，按照本馆组织，是印务科的事。印务科分浇字、排字、制版、印报四大组，所以印纸只是印务科工作的一部门。

活体字排成的字版，不能直接在轮转机上印刷，必须经过制版的手续。先将活字版打好纸版，然后浇成半圆形的铅版，方能付印。纸版组工友接到活字版之后，先检查版内铜牌锌版等有无与活体字高低不同之处，如有，须设法修正后，再打纸版，从凸体的铅字上，压出一张凹形的纸版来。

打成纸版，又须与大样校对一遍，方交浇版组浇成铅版。铅版作半圆形，与印刷机上的滚桶，适相配合。铅版每版浇成八块，附张先浇，提前付印。浇成的铅版，宜用铁凿修改，则印刷时不至模糊不清。

印报组接到铅版后，即装入印刷机，开机印报。现用司高脱印刷机两部，自上午一时半起，先印附张，至四时左右，附张印毕，再换铅版，赶印正张。在开印之初，由经验丰富的技工工人，分别检阅印出之报纸，是否清晰，然

---

① 《〈申报〉二十四小时　一张报纸的诞生史》，《申报馆内通讯》，1947年第1卷第2期，第13页。

后继续付印。约在上午六时左右，全部报纸均已印毕，交发行科分送。①

二、《申报》和《新闻报》的管理制度和工友收入状况

由于《申报》和《新闻报》历史悠久，积累了丰富的经营管理经验，而且在复刊之初进行改组，重新成立股份有限公司，由报界资深人士主持，两报营运平稳。此外，两报制订了较为完善的管理制度，对于员工的工作标准、请假、奖惩和薪津福利都有较为详细的规定，这样既保证了报馆的有效运转，又为员工提供了可靠的收入保障。②

1945 年 12 月，《申报》颁布了员工考勤办法：

一、职员签到时间日班以上午十时为止，夜班以晚间十时为止，逾时到馆，应向主管人员声明理由后补签。工场人员之到馆退馆时间，由人事科与印务科接洽后，就工场工作实际情形订之，以归一律。

二、签到每人规定一格，姓名之下，并需附签时刻。

三、签到一律用毛笔亲自书写，不得托人代签。

四、如有漏签，须在当日向主管人员声明后补签，隔日无效。

五、各部主管人员应负责严格管理所属员工之签到，随时加以查核。

六、每届月终，由各主管人员将签到簿交人事科造表考核勤惰，汇报总经理。

广告排字：下午四时

新闻排字：下午十一时

小印刷房零件工：上午九时

铸版房：上午四时半

---

① 《〈申报〉二十四小时 一张报纸的诞生史》，《申报馆内通讯》，1947 年第 1 卷第 2 期，第 15 页。

② 日本投降后，国民党接收官员命令《申报》和《新闻报》暂行停刊。两报于 1945 年 9 月 16 日停版，由"《申报》《新闻报》报务管理委员会"接管。通过股权收购、董事会改组和管理人员调整，两报又于同年 11 月 22 日复刊。《申报》资本 10 500 股，董事长杜月笙，社长兼总主笔、总编辑潘公展，发行人陈景韩，总经理陈训念，副总编辑王启煦、卜少夫、赵君豪，采访主任吴嘉棠。《新闻报》资本 2 万股，董事长钱永铭，社长兼总主笔钱沧波，总经理詹文浒，总编辑兼采访主任赵敏恒，副总编辑钱仲易，经理吕光。

浇版房：上午三时

机器房：上午四时半

浇字房：早班上午九时，晚班下午七时。①

1946 年 1 月，《申报》发布了员工休息日开（升）工办法：

一、各部分主管人如有特别紧要工作，必须通知某员工在休息日照常工作，并书面声叙理由经编辑或经理核准，该项工作以升工论。

二、总经理或经理如认为有特别紧要工作，经通知某部分主管人在休息日照常工作者，该项工作以升工论。

三、凡未经上项手续逢休息日自愿工作者，不作升工论。

四、员工升工应得之工资按月结算，计算方式依向章办理，无论何种情形概不预支。

五、本办法如有未尽事宜，由总编辑或经理随时裁决之。②

1947 年 8 月，《申报》规定了员工服务年期计算标准，为发放员工退职金提供依据：

一、入本馆服务后从未间断者，其服务年期前后一并计算。

二、敌伪时代离职已领退职金，胜利后重入本馆服务者，其服务年期从此次复刊后进馆日算起。

三、敌伪时代离职未领退职金，胜利后重入本馆服务者，其服务年期除去离职时间外，以前服务年数一并计算。

四、（民国）廿六年七月战事发生前退职，重入本馆服务者，不论已否领过退职金，其服务年期从最近一次入馆算起。

五、如改任设计委员等职，待遇减低者，其服务年期分两段计算：（一）改任设计委员前为一段；（二）改任设计委员后为一段。依最后一个

---

① 《颁布员工考勤办法》（1945 年 12 月），上海市档案馆，档案卷宗号：Q430 - 1 - 75。

② 《申报馆员工休息日开（升）工暂行办法》（1946 年），上海市档案馆，档案卷宗号：Q430 - 1 - 74 - 20。但依据相关文献，此档案名称应为"申报馆员工休息日升工暂行办法"。

月基薪乘告退时生活指数后一段，依最后一个月实际所得为准。

六、如在敌伪时代离职时未领退职金，胜利后未复职者，其退职金之计算根据实际服务年期及退职时待遇数目改给法币。

七、如在职不满一年告退者，不给退职金。[①]

1946 年 6 月，《新闻报》出台了员工奖惩规则：

第一条　员工功过由各该管主任记录，分别报告总经理、经理、总编辑、总主笔、稽核主任转呈社长核定，交人事课登记。

第二条　功过皆分大小两等。

第三条　记小功一次者，由人事课书面通知奖励；连记小功三次者，作为一大功。

第四条　记大功一次者，予以登记，于加薪时列入优等；记大功二次者，请社长核定发给奖金；记大功三次者，薪津升级。

第五条　记小过一次者，由人事课以书面通知该员工，促其注意；连记小过三次者，作为一大过。

第六条　记大过一次者，书面严厉警告；记大过二次者，扣本月薪津四成；记大过三次者，经社长核定，予以停职处分。

第七条　凡本馆员工犯有过失，妨害本馆信誉及业务，情节重大者，得由社长核定，予以停职处分。[②]

《新闻报》还制订了工友工作标准：

甲、广告股

一、原有人数

正工 35 人，学徒 1 人（作半人），空额 2 人。

---

① 《员工服务年期计算标准》，《申报馆各种统计表》（1946 年），上海市档案馆，档案卷宗号：Q430 - 1 - 11。

② 《〈新闻报〉员工服务规则》（1946 年 6 月 7 日），上海市档案馆，档案卷宗号：Q55 - 2 - 176。

• • • • • •

二、工作标准

（一）战前 49 人排老长行 2 400 行，每人排老长行 48.9 799 行，合现行批数 2.39 批。

（二）现在排六号字应按战前标准七折计算，每人应排 1.673 批。

（三）空额 2 人除外，35.5 人应共排 59.39 批。

（四）以出报 2 张半广告 80 批为基数计，多排 20.61 批。

（五）按每人排 1.673 批推算，应添正工 12 人半。

（六）决定添用正工 6 人，临时工 9 人（空额 2 人取消。另，根据《新闻报》原稿，临时工 9 人之支出等于正工 6 人；根据 1946 年 12 月份调查，《新闻报》一临时工基薪 50 元，不支 5/12 的奖金）。

（七）超过 80 批之额外工作津贴方法，《新闻报》原稿并未载明（按战前标准七折，折合为每 2.73 批为一工；根据 1946 年 12 月份调查所得为"每超过一批作一工，临时工 2 批作一工"）。

乙、新闻股

一、原有人数

正工 31 人，学徒 2 人（作 1 人）。

二、工作标准

（一）战前 58 人排老皮 40 皮，每人应排 0.6 893 老皮，合现行批数 1.08 批。

（二）现在间排六号字应按战前标准八折计算，每人应排 0.85 皮。

（三）23 人应共排 27.2 皮。

（四）但过去以 23 皮为标准，故 32 人总工作批数仍作 23 皮。

（五）以出报 2 张半新闻 45 批为基数，计多排 22 皮。

（六）以每一批半添用一人为原则，增雇正工 6 人，临时工 9 人。

（七）超过 45 批之额外工作每一批半作一临时工津贴。

丙、印刷房

一、现在人数

正工 56 人，临时工 3 人，空额 4 人。

二、工作标准

（一）以 3 大张为基数，每多出半张每人津贴 13.75 元（1/4，临时工无 5/12）。

（二）不满 4 张时亦作 4 张计（因 3 张半已须分 3 次印刷），即每人加 27.5 元。

（三）因销数超过 12 万份，工作时间延长 2 小时（8 小时之 1/4），每人再贴 13.75 元（工资 1/4，无 5/12）。

注：但按照 1946 年 12 月调查为"以 2 张半为基数，每加半张加基数 17.5 元，印数不满 25 万份时，加 35%"。

丁、铅版股

一、原有人数

正工 18 人，空额 1 人。

二、工作标准

（一）以浇版 128 块为基数。

（二）每 12 块作一临时工。

（三）现在每日浇版 288 块，计超出 160 块，应贴 13.3 工，再贴搬铅版临时工 3 人。

（四）按此法计算，每人可分得 54.5 元（无 5/12 之奖金）。

戊、铸字股

一、原有人数

正工 12 人。

二、工作标准

（一）以 42 包 260 根铅条为基数。

（二）工作超出基数 2 倍以内时，每倍贴临时工 3 人，不足一倍，比例比算。

（三）超出基数 2 倍以上之额外工作，每 12 包或 175 根贴临时工 3 人。

注：第三条《新闻报》原意不甚明了。按 1946 年 12 月份调查，则并无超出基数 2 倍以上额外津贴之规定。

己、纸版股

一、现有人数

正工 12 人，临时工 2 人，学徒 1 人。

二、工作标准

（一）战前有 15 人做 26 版，每人扯（平均）做 1.733 版。

（二）现在以 3 大张为基数。

（三）每加半张（即 2 版）加 2 工；若加出一张（即 4 版）加 5 工。

（四）复压纸版每 4 版为一工。

（五）报纸分 3 次印刷，增加工作时间 2 小时，每人月贴 13.75 元（无 5/12）。

（六）垫纸版贴临时工半人。

庚、勤务组

一、现有人数

42 人（按：此当系专指与印报有关之司务）。

二、工作时间

卷子 7 人，发行 6 人，打包 15 人，送车站 10 人，送邮局 4 人。

三、工作标准

（一）以出报 3 大张为基数。

（二）每多出 1 大张，另添临时工 10 名（每半张 5 名）。

注：根据《新闻报》原稿推算，正工基薪 55 元，空额薪津与正工半人相等，临时工薪津与正工 2/3 相等。技工工作时间以 8 小时为标准。[1]

《申报》和《新闻报》除了制订严格的工作纪律、工作标准和奖惩制度，还制订了较为完备的薪酬制度，涵盖工资、奖金、津贴、升工和借支等，为员工提供较其他报纸优厚的薪津待遇（见表 3-6）。

---

① 《〈新闻报〉工场各组工作标准》，《申报馆员工薪级表》（1946 年 1 月—1949 年 6 月），上海市档案馆，档案卷宗号：Q430-1-10。此"工作标准"为《申报》根据《新闻报》的《三十五年九月调整各部待遇方法》和 1946 年 12 月的调查所得，以为《申报》制订工友工作和薪津标准的参考，因此，《申报》在文中多次对《新闻报》的待遇计算方式附以注解。

表 3 - 6　申报馆现行员工待遇计算方式（1947 年制订）

项目	职员	工友	备注
生活津贴	底薪×生活指数	同左	
奖金	生活津贴之 5/12	同左	
额外工作津贴（工友为加张津贴，职员为临时津贴）	生活津贴之 20%，不支奖金	工场技工：支加张津贴（以 2 张为标准，出 2 张半应加 1/4），生活津贴之 1/4 奖金照支； 零件组及勤务、门警、司机等：照职员例，支临时津贴，生活津贴 20%，不支奖金	勤务组有 13 人及打样 2 人，支加张津贴之半数
超批津贴		新闻排字组：1946 年 11 月起，出报 2 张半，以排 52.5 批为标准，每超出 2 批作一工； 广告排字组：1947 年 4 月起，出报 2 张半，以排 104.125 批为标准，每超出 4.9 批作一工。每工均以 55 元基薪计算，津贴不支 5/12； 其他原支加张津贴之各组：1947 年 5 月起，照新闻广告两组超批津贴之平均数七折发给	勤务组有 13 人及打样 2 人，支七折之半数
考勤升工	升工 2 天，按生活津贴之 1/15 连奖金计算	同左	
不休息津贴	轮值休息日照常工作者，每天依生活津贴 1/30 计算，不支奖金	除特殊工作，如刻字、西文排字、司机及少数零件、勤务组工友外，均有休息	每星期职工应有休息 1 天（勤务 3 天），每月 4 天（或 5 天）
临时借支	总薪津额之 30%。借支 30%，1947 年 4 月份起因生活指数冻结而实行。5 月份起指数解冻，自应取消	同左	

资料来源:《本馆现行员工待遇计算方式》,载《申报馆员工薪级表》(1946 年 1 月—1949 年 6 月),上海市档案馆,档案卷宗号:Q430 - 1 - 10。

　　1947 年 2 月和 3 月,上海市政府先后冻结和解冻了生活费指数。为了

• • • ••

照顾员工的生活,《申报》参照《新闻报》的有关条款,又制订了2月和3月员工待遇计算方法:

二三月份本馆员工薪津除按照一月份生活指数外,并照政府规定加给差额金73 000元,不论职位高下,彼此同等。其计算方式如下:

(基薪×一月份生活指数)+73 000 = 薪津数

薪津数×5/12 = 奖金

薪津数×35% = 职员临时津贴(加张关系,三月份起应改为20%)

(薪津数÷30)×日数 = 不休息升工

[(薪津数 + 奖金)÷30]×日数 = 考勤升工[1]

4月,由于物价腾贵,《申报》职工援引《新闻报》之例,要求除117 000元差额金外,另发临时津贴,也得到馆方的首肯。此外,《申报》还为员工提供其他福利待遇和生活便利。比如,1947年,报馆特约西医师和中医师为员工及其家属诊疗疾病,员工不收诊费,家属诊金减收半数。[2]《申报》对本年度员工的福利待遇进行了总结。其中,员工疾病诊疗费共计83 453 350元,平均每人190 537元;此外,员工保寿合作社有社员438人,因病亡故的社员有4人(勤务组2人,新闻组和整理科各1人),共致赙金24 610 000元;同人家属保寿合作社有社员325人,保有寿险的家属有540人,亡故的家属有14人,共收保寿金140 038 840元,共付赙金136 700 000元;本年度有2人退职,4人因病亡故,1人因车祸死亡,报馆共付退职、抚恤等费用86 691 890元。[3]

1948年,物价持续高翔,为减少员工的生活成本,报馆又在四楼设理发室,每次理发仅收2万元,而市面上需10万余元,因此,员工都愿意在

---

① 《生活指数解冻后解冻前本馆员工待遇情形》,《申报馆员工薪级表》(1946年1月—1949年6月),上海市档案馆,档案卷宗号:Q430 - 1 - 10。此处的“不休息升工”指员工在规定工作时间外连续工作或在休息日、例假日工作的报酬,亦称“加工”或“加班”,相当于现在的加班费;“考勤升工”是对员工在休息日、例假日之外的一定时间内不请假、不迟到早退的奖励。

② 《特约医师》,《申报馆内通讯》,1947年第1卷第2期。

③ 《概况》,《申报馆关于人事案卷目录、统计表及名单》(1947年),上海市档案馆,档案卷宗号:Q430 - 1 - 6。

馆内理发。① 同年 8 月，报馆又调整饭菜价格为 50 万元（食堂也设在报馆四楼），较外便宜约 50%。②

《新闻报》的经济效益甚佳，因此，其员工待遇也远远超出其他报纸。作为另一家老牌报纸，《申报》不得不亦步亦趋。《申报》道出了其中的缘由和苦衷：

> "申""新"二报之员工待遇，向较他报为优；而二报间之员工待遇，又有历史的连系性。《申报》开支庞大，受《新闻报》影响之处，不一而足。前年十一月（1945 年 11 月——笔者注）二报复刊，彼此营业状况距离更远（以前《申报》营业向在《新闻报》之后，但胜利后上海报馆同业多至二十余家，《申报》颇受打击，而《新闻报》依然故我，不受影响）。顾在《新闻报》方面以收益既丰，对于员工每多顾忌，遇有要求，辄予授受。《申报》员工因亦根据惯例，继起效尤。即以技工超批津贴一项，在《申报》经半年余之争执，始允给予新闻、广告部分排字工人，本可相安无事。徒以《新闻报》对于其他工人，亦有超批津贴（以新闻、广告两部分排字工人之超批津贴对折后作七五折计算），《申报》其他部分技工遂以《新闻报》为例，继起要求。《申报》以投鼠忌器，不得不忍痛效尤（所略异者，《申报》系照新闻、广告两组超批津贴平均数之七折计算）。《申报》收支不能平衡，员工薪津之负担太重，实其主因。而推本溯源，所受《新闻报》之影响又凌驾任何因素之上。前年复刊时，因接收过于匆促，《申报》对于员工问题，未遑充分考虑，竟成今日之掣肘状态。③

总之，《申报》在制订员工的薪酬标准时，总是以《新闻报》作为参照对象（前文已有述及），尽可能不使两者产生太大的差距（见表 3-7 和表 3-8）。1947 年，因生活费用大涨，"《申报》当局对职工的待遇，又不能比《新闻报》过于低落"，因此，对于每位员工每发一个月薪水便另外再支

---

① 《馆内大事月记》，《申报馆内通讯》，1948 年第 2 卷第 4 期，第 17 页。
② 《馆内大事月记》，《申报馆内通讯》，1948 年第 2 卷第 8 期，第 20 页。
③ 《〈申报〉〈新闻报〉〈大公报〉年销数一览表及文字说明》（1947 年 8 月），上海市档案馆，档案卷宗号：Q430-1-25-77。

借半个月，等于一年作 18 个月。惟因年关旧例，工友方面授例又要求报馆发给 3 个月年终津贴，最终每位工友获领 1 200 万元，只是这笔年赏乃《申报》贷款筹措。有报纸评论："申报馆的历史，在《新闻报》之上，不过年来因为种种条件，直追《新闻报》关系，也颇有吃力不讨好之感……不过像申报馆这种作风，自然职工们要认为有保障的终身职业了。"①

表 3 - 7　《新闻报》和《申报》员工待遇比较（1947 年）

事项	《新闻报》	《申报》
职员病假	每年 14 天内不扣薪津；逾假在一个月内扣 1/4；2 个月内扣 3/4；逾 3 月全扣	不扣薪津。1946 年 8 月起病假 2 天，扣星期不休息升工一天
职员事假	每年 30 天，每月事假 6 天半以内，扣升工薪津；6 天半以外，扣每月薪津	每月请假 4 天以上者，除去星期不休息升工外，每天再扣考勤升工 1/15
职员婚丧假	本埠 7 天，外埠 4 天，不扣薪津	同左
职员生产假	女职员生产假 40 天，不扣薪津	尚无
职员旷假	一天扣薪津 2 天	无
职员迟到早退	每次在 15 分以上，以 10 分为单位，一个月满 480 分扣一天	无
技勤工请假	技勤工请假，干事派代，不扣工资	同左
技勤工婚丧假	本埠 7 天，外埠 14 天，干事派代，由馆给资	本埠 7 天，外埠 14 天。在规定假期内，由馆津贴原薪津 1/2
技勤工病假	给工贴 1/2；满 3 个月者，不给工贴	每年 3 个月为限，在规定假期内，由馆津贴薪津 1/2
升工贴	每月 2 天半	每月 2 天
婚丧借薪	借支 3 个月，分 5 个月扣清	借支 2 个月，至少须扣 1/10，惟年终须全部扣清
疾病借薪	借支一个月，分 3 个月扣清	借支一个月，扣还办法同上
其他借薪	借支半个月，月底发薪时扣清	妻室生育借支一个月，天灾借支 2 个月，扣还办法同上
丧葬费	薪津 4 个月，至少以基薪 200 元照当月生活费指数算	同左
抚恤费	照在职时实得薪工津贴给 2 个月；服务一年，加给半个月	服务每满 2 年，给最后薪津一个月（不满二年者亦作 2 年计算）
退职金	服务满 2 年，照在职时实得薪工津贴给 3 个月	薪津 4 个月，照当月生活指数计算，旅费 2 个月

① 大记者：《申报馆贷款发年赏》，《诚报》，1947 年 12 月 25 日第二版。

（续上表）

事项	《新闻报》	《申报》
劳绩金	照在职时实得薪工津贴给 2 个月；服务一年，加给半个月	服务每满 2 年，给最后薪津半个月
赠与金	服务满 5 年，给赠与金 4 个月，至少为基薪 200 元乘当月指数	无
医药诊费	在顾问医生处治病，诊费、药费由报馆负担；住公立医院治病，其费用由报馆负担	在特约医师处治病，诊费、药费由报馆负担
消费合作社	供应日常必需品	无
子女助学金	3 人为限，补助学什费以立案学校为限，2 次成绩不及格者不给	无

资料来源：《两报员工待遇比较表》，载《申报馆员工薪级表》（1946 年 1 月—1949 年 6 月），上海市档案馆，档案卷宗号：Q430 - 1 - 10。本表根据以上资料编制。

说明："技勤工"指工场技工和勤务等工种。

表 3 - 8 《申报》与《新闻报》工友薪津比较（1946 年 12 月）

单位：元

职务	《申报》	《新闻报》	百分比（%）	职务	《申报》	《新闻报》	百分比（%）
新闻组	718 000	1 063 775	67.50	印报组	718 000	903 775	79.44
广告组	718 000	1 213 775	59.15	零件组	602 080		
铸字组	718 000	1 093 775	65.64	司机组	529 830		
纸版组	718 000	1 033 775	69.45	勤务组	505 750		
铅版组	718 000	993 775	72.30	警务组	602 080		
机器组	718 000	863 775	83.12				

资料来源：《本报与〈新闻报〉职工薪津之比较》，载《申报馆员工薪级表》（1946 年 1 月—1949 年 6 月），上海市档案馆，档案卷宗号：Q430 - 1 - 10。

说明："百分比"是指《申报》工友薪津所占《新闻报》工友薪津的百分比。

据相关资料和报道，1945 年下半年，一个五口之家的最低生活费用包括：米，5 人需 9 斗，每斗 700 元，计 6 300 元；煤球，3 担，每担 600 元，计 1 800 元；油，5 斤，每斤 150 元，计 750 元；菜蔬，每日 300 元，计 9 000 元；糖、盐、酱油等调味品，1 500 元；肥皂、火柴、草纸等日用品，2 000 元；房租及水电，500 元；子女教育费，1 000 元；车费、应酬及其他杂项，2 000

元。以上合计 24 850 元，不含衣着、鞋帽和医药等支出。①

1946 年 1 月，一家母妻子三口最低生活费用包括：米，每人每月 2 斗 × 3 人 × 1 000 元，计 6 000 元；菜，每人每天 100 元 × 3 人 × 30 天，计 9 000 元；油，每人每月 1 斤 × 3 人 × 300 元，计 900 元；柴：引火，60 斤 × 20 元，计 1 200 元，煤球，2 担 × 2 500 元，计 5 000 元；酱油，3 斤 × 120 元，计 360 元；盐及其他调味品，1 000 元；洋火、草纸、肥皂及杂费，1 000 元；水电费，3 人，计 500 元；房租，1 500 元；车力，3 000 元；补充衣着，布约 3 尺，2 000 元；鞋袜等，2 000 元；子女教育费，每月 3 000 元；本人消费：1 000 元；交际送礼，1 000 元；理发沐浴，1 500 元；医药费，1 000 元。以上合计 40 960 元，每人约 1.4 万元。②

1946 年 2 月，一个五口之家最低生活费包括：米 1 石 2 斗，2 万元；煤球 4 担，2 万元；柴 1 担，3 000 元；油 10 斤，5 000 元；蔬菜和副食品每天 1 500 元，每月 4.5 万元；车力每月 3.3 万元。以上合计 12.6 万元，平均每人约 2.52 万元。

1946 年夏天，一个五口之家最低生活包括：大米，每石 4.27 万元，每斤 267 元；黄豆，每斤 200 多元；豆油，每斤 800 多元；菜油，每斤 700 多元；猪肉，每斤 1 300 多元；白糖，每斤 1 100 元；酱油，每斤 362 元；食盐，每斤 160 元；豆腐，4 块，71 元；白酒，每斤 800 元；黄酒，每斤 400 多元；士林布匹，每尺 1 100 元；龙头细布，每尺 700 多元。以上费用合计 30 万元，平均每人 6 万元。③ 随着物价上涨，生活费用也与日俱增。

1946 年 8 月前后，一个人每月至少需米 2 斗，计 1.2 万元，自来水、房租、柴、小菜、油盐、鞋袜、车钱、杂费至少需 4 万元，一个人每月最低生活需要 5.2 万元；一家老小四口，至少需要 20.8 万元。服装添补费、子女教育费、医药费、文化娱乐费以及婚丧事、亲友交际费未计算在内。对此，有人说："目前大部分职工工资，还不能维持家庭最低生活，依然落在一般生活水准之下，不能不说他们在半饥饿线上度日。"④

---

① 兰：《上海职员们的最低生活费是多少》，《经济周报》，1945 年第 1 卷第 1 期。
② 《职员薪工座谈会记录》，《人人周刊》，1946 年第 2 卷第 6、7 合期。
③ 陈明远：《那时的文化界》，太原：山西人民出版社，2011 年，第 192、193 页。
④ 齐振华：《上海的工资问题》，《中国建设》，1946 年第 2 卷第 6 期，第 33 页。

1947 年夏天,一个五口之家最低生活包括:大米,每石 36.9 万元,每斤 2 300 元;黄豆,每斤 2 300 元;豆油,每斤 9 000 多元;菜油,每斤 8 000 元;猪肉,每斤 9 500 多元;白糖,每斤 6 300 元;酱油,每斤 2 800 元;食盐,每斤 1 300 元;豆腐 6 000 元;白酒,每斤 7 900 元;黄酒,每斤 4 000 元;士林布匹,每尺 9 900 元;龙头细布,每尺 6 600 元。各种商品飞涨到前一夏季的 9~10 倍。以上费用合计 270 万~300 万元,平均每人 50 万~60 万元。①

1948 年 7 月,一个五口之家的最低生活费包括:米,一石 4 000 万元;炭,2 担,2 400 万元;油,七斤半,900 万元;菜,每天 200 万元,6 000 万元;交通费,每天 30 万元,900 万元;零用,每天 150 万,4 500 万元。以上合计 18 700 万元,还不算房租、水电、鞋袜、衣着等的开销。② 8 月,政府改发金圆券后,一个三口之家的最低生活需要 34 000~37 000 元。

据有关资料,1945 年 11 月,《申报》和《新闻报》复刊后,工友月薪一律 4 万余元;年底,两报工友怠工,报馆只得加薪,又增至 5 万余元。1946 年 2 月,在报业职业工会的争取下,两报提高工友底薪,开始按生活费指数计薪(其他报纸也是如此,只是底薪低得多)。《申报》工友当月的工资涨至 13.16 万余元(即 50 元底薪×2 月生活费指数 1 845 倍 +5 个月工作奖励金之每月平均分配额 39 430 元),比上年年底多 8 万余元。③ 11 月,《申报》工友的薪津最高为 6 097 850 元,最低为 5 138 890 元;④ 12 月,其薪津大多为 718 000 元(见表 3-8)。该年《申报》盈余 3 亿元,扫数充作员工年终奖金。⑤ 1947 年 6 月,《申报》新闻组、广告组、铸字组、纸版组、铅版组、机器组、印报组和零件组工友薪水为 1 393 810 元(不含津贴)。再以 1948 年 1—7 月为例,零件组工友 1 月薪水为 5 407 360 元,8 月为 103 015 200 元(不含津贴),增长了 1 805%(见表 3-9)。比对前文所列数字,《申报》工友的收入都远远超出最低生活费水平,养活一个五口之家没有什么问题。

---

① 陈明远:《那时的文化界》,太原:山西人民出版社,2011 年,第 192、193 页。

② 刘明逵、唐玉良:《中国近代工人阶级和工人运动》(第十三册),北京:中共中央党校出版社,2002 年,第 290 页。

③ 《沪报业工潮解决了 风潮一度冲击之后 若干报馆不堪支持》,《周播》,1946 年 3 月 15 日第 1 期。这段时间,职员没有底薪,其月薪只是按照原有比例依次递增。如总经理和总编辑为 33 万余元,普通编辑 20 余万元,较为丰厚。以后,才采用底薪乘以职员生活费指数发薪。

④ 《申报馆各种调查统计表》,上海市档案馆,档案卷宗号:Q430-1-11。

⑤ 《新闻的新闻》,《前线日报》,1946 年 12 月 29 日第六版。

表3-9　申报馆工友各等级薪金(1948年1—8月上)

单位:元

职务	薪级	原始基薪	现在基薪	折扣基薪	1948年1月 95 200	1948年2月 151 000	1948年3月 217 000	1948年4月 262 000	1948年5月 337 000	1948年6月 710 000	1948年7月上 1 385 000	1948年7月下 1 864 000	1948年8月上 3 628 000	备注
零件组	4/1/一	50	57.5	56.8	5 407 360	8 576 800	12 325 600	14 881 600	19 141 600	40 328 000	39 334 000	52 937 600	103 015 200	①零件组包括切纸工、印刷工、电匠、木匠、勤务等;②技工即第一技工场,第一类技工包括铸字组、铅版组、机器印刷组和印刷组以及拆版工人
技工	4/1/二	50	57.5	56.1	5 340 720	8 471 100	12 173 700	14 698 200	18 905 700	39 831 000	38 849 250	52 285 200	101 765 400	
技工	4/1/三	50	52.5	51.4	4 893 280	7 761 400	11 153 800	13 466 800	17 321 800	36 494 000	35 594 500	47 998 000	93 239 600	
技工	4/1/五	50	50.0	49.9	4 750 480	7 534 900	10 828 300	13 073 800	16 816 300	35 429 000	34 555 750	46 506 800	90 518 600	
门警	4/1/四	50	56.5	55.9	5 321 680	8 440 900	12 130 300	14 645 800	18 838 300	39 689 000	38 710 750	52 098 800	101 402 600	
门警	5/1/四	42	48.5	48.3	4 598 160	7 293 300	10 481 100	12 654 600	16 277 100	34 293 000	33 447 750	45 015 600	87 616 200	
司机	4/3/三	44	50.5	50.2	4 779 040	7 580 200	10 893 400	13 152 400	16 917 400	35 642 000	34 763 500	46 786 400	91 062 800	
司机	4/3/二	44	47.5	46.4	4 417 280	7 006 400	10 068 800	12 156 800	15 636 800	32 944 000	32 132 000	43 244 800	84 169 600	
勤务	5/1/一	42	48.5	47.6	4 531 520	7 187 600	10 329 200	12 471 200	16 041 200	33 796 000	32 963 000	44 363 200	86 346 400	
勤务	5/1/二	42	46.5	46.4	4 417 280	7 006 400	10 068 800	12 156 800	15 636 800	32 944 000	32 132 000	43 244 800	84 169 600	
勤务	5/1/三	42	46.5	45.7	4 350 640	5 900 700	9 916 900	11 973 400	15 400 900	32 447 000	31 647 250	42 592 400	82 899 800	
勤务	5/1/五	42	45.5	45.4	4 322 080	6 855 400	9 851 800	11 894 800	15 299 800	32 234 000	31 143 950	42 312 800	82 355 600	
勤务	5/1/八	42	44.5	44.5	4 236 400	6 719 500	9 678 750	11 659 000	14 996 500	31 595 000	30 816 250	41 474 000	80 723 000	
勤务	5/1/六	42	43.5	43.5	4 141 200	6 568 500	9 439 500	11 397 000	14 659 500	30 885 000	30 123 750	40 542 000	78 909 000	
勤务	5/1/七	42	43.5	42.8	4 074 560	6 462 800	9 287 600	11 213 600	14 423 600	30 388 000	29 639 000	39 889 600	77 639 200	
勤务	5/3/一	34	37.5	37.5	3 570 000	5 662 500	8 137 500	9 825 000	12 637 500	26 625 000	25 968 750	34 950 000	68 025 000	

(续上表)

职务	薪级	原始基薪	现在基薪	折扣基薪	1948年1月 95 200	1948年2月 151 000	1948年3月 217 000	1948年4月 262 000	1948年5月 337 000	1948年6月 710 000	1948年7月上 1 385 000	1948年7月下 1 864 000	1948年8月上 3 628 000	备注
勤务	5/3/二	34	35.5	35.5	3 379 600	5 360 500	7 703 500	9 301 000	11 963 500	25 205 000	24 583 750	33 086 000	64 397 000	
勤务	5/3/三	34	34.0	34.0	3 236 800	5 134 000	7 378 000	8 908 000	11 458 000	24 140 000	23 545 000	31 688 000	61 676 000	

资料来源:《申报馆员工薪级表(1946年1月—1949年6月)》,上海市档案馆,档案卷宗号:Q430-1-13。本表根据以上资料通过计算编制而成。

说明:① "原始基薪"即底薪,底薪加上不同的"年功加俸",即"现在基薪";"现在基薪"给予不同的折扣即"折扣后基薪"。②在"薪级"中,第一个数字表示等次,第二个数字表示级次,第三次数字表示在级次之下再分的级次。③ "上"指"上半月","下"指"下半月"。④年月下方的数字为每月工人生活费指数。指数乘以折扣后基薪所得即为工人薪水。

《新闻报》则在《申报》之上。1946 年 5 月，《新闻报》活版科、印刷科、浇铸科、机械科、承印科和勤务科工友的薪津分别为 544 879 元、402 814 元、323 214 元、321 730 元、303 000 元和 244 840 元；① 12 月，各工友的薪津都在 100 万元左右（见表 3 - 8）。比较上海从事书籍、刊物、纸币印刷的同类行业，同年 6—7 月，印刷工人每月工资仅 16 万元（不含津贴），该年月均收入约为 249 808 元，与《申报》工友最低档收入差不多。

1946 年 12 月 21 日，上海市报馆同业公会召开会员大会，讨论各报印刷工友的年赏问题。鉴于各报营业盈亏不一，决议：①结账可获盈余或略获盈余之会员报馆，其工友年赏最高不能超过一个月。计有《新闻报》、《申报》、《大公报》、《文汇报》、《中央日报》、《正言报》、《铁报》、《大美晚报》（该报并未盈利，因过去与工友有约在先，许给年赏一个月）和《字林西报》（该报非会员报馆，但愿支付一个月）。②营业平妥、亏蚀不多之会员报馆，其工友年赏不能超过半个月。计有《商报》《东南日报》《和平日报》《益世报》和《前线日报》。③营业亏蚀之会员报馆，其工友概不支给年赏。计有《新民晚报》《联合晚报》《大众夜报》《大晚报》《新夜报》《华美晚报》六家晚报和《侨声报》《立报》。② 实际上，由于《新闻报》盈利丰厚，全体员工的年赏大大高于政府不得超过一个月的规定，计社长5 000 万元，总编辑和总经理各 1 500 万元，编辑 500 万 ~ 1 000 万元，工友一律自 350 万元起。③ 如同《申报》，《新闻报》依照成例还允许员工借支，而其他报纸则无此优待。《神州日报》和《侨声报》甚至因年赏问题在年末先后停刊。④

---

① 《职工薪给平均每月所得表》（1946 年 5 月），《〈新闻报〉几个时期职工工资单》，上海市档案馆，档案卷宗号：Q430 - 1 - 265。

② 《报馆业、报业、报差业等业与上海市社会局关于复职、申请仲裁调整工资、裁减报差 19 名、年奖等纠纷来往文书》，上海市档案馆，档案卷宗号：Q6 - 8 - 282。

③ 《新闻的新闻》，《前线日报》，1946 年 12 月 29 日第六版。

④ 巍巍：《〈新闻报〉"花红"之谜》，《快活林》，1947 年 1 月 1 日第 45 期。

　　总之,《新闻报》工友的待遇比《申报》好,而《申报》则比《大公报》等报纸好。① 以《大公报》为例,"在生活待遇上,《大公报》并非优厚,在上海就远较'申''新'两报为低,但略优于一般报纸,使工作人员少后顾之忧,而努力于工作"②。1946 年职员红利为 12 月薪水的 1/4,1947年则减为 12 月薪水的 1/10。"比之他报的没有红利分派,及尚有欠薪等情形的话,已经好得不少"③,其他报纸则等而下之了。据当事人回忆,《中央日报》经常"工资不能按期发放,影响职工生活"④。《东南日报》从福建南平迁入上海,于 1946 年 1 月创刊,在沪毫无基础,"靠拉名角充实版面,讲排场,是一个赔钱的报纸"⑤,不得不仰赖杭州版每月 400 万元的接济,持续两年之久,其职工待遇可想而知。1946 年 2 月,几家晚报的印刷工友因薪水微薄举行罢工,痛陈"吾人三百六十余日中,无休息,手脑并用,出汗出力,无日不在紧张中生活,设或病假事假,必须另出高价觅取替工,既无星期例假,又无升工补工,故一年十二个月中,实际收入不足十个月,每月仅念余万薪津"⑥。因此,报业工友在争取待遇时,都要求向《申报》和《新闻报》看齐。1946 年 2 月,上海印刷工友要求提高底薪,按生活费指数计薪。在市社会局调解时,报业职业工会就要求"工资统一照'新''申'两报待遇",认为"(两报)工友供宿有,报工子弟教育、婚丧喜庆有津贴,种种地方多好,其他(报馆)是没有的"⑦。事后,英文《大美晚

　　① 一般说来,在报馆中,职员的工资总体上要超过工友,如《申报》和《新闻报》;但也有工友的工资比职员高。如 1947 年上半年,《自由论坛报》的职员就提出要与勤工同等待遇,因为勤工的工资在百余万元,而一个采访主任每月才 60 万元。参见郑一禾:《中国新闻事业轮廓画:灭顶以前的游泳》,《新闻天地》,1947 年第 26 期,第 20 页。
　　② 唐振常:《上海〈大公报〉忆旧》,周雨:《大公报人忆旧》,北京:中国文史出版社,1991 年,第 199 页。
　　③ 信之:《〈大公报〉发红利》,《东方日报》,1948 年 3 月 28 日第二版。
　　④ 蒋光佩:《我所知道的国民党上海〈中央日报〉》,上海市政协文史资料委员会:《上海文史资料存稿·科教文卫》,上海:上海古籍出版社,1991 年,第 152 页。
　　⑤ 房宇园、严芝芳:《我所知道的〈东南日报〉》,全国政协文史资料委员会:《文史资料存稿选编·文化》,北京:中国文史出版社,2002 年,第 94 页。
　　⑥ 《年赏问题陷僵局　各晚报昨仍停刊》,《申报》,1947 年 1 月 11 日第五版。
　　⑦ 《上海市报业劳工要求改善待遇继续调解纪录(民国三十五年二月十九日)》,载《〈中央日报〉等二十家报社与上海市报业职业公会增加工资纠纷争议》(1946 年),上海市档案馆,档案卷宗号:Q19-1-9。

报》就表示该馆"除年终奖金外，其余均可依照新闻报馆待遇"①。这也决定了《申报》和《新闻报》的劳资纠纷主要发生在报馆与报差或报贩之间，而其他报馆则不只是发生在报馆与报差或报贩之间，还发生在报馆与印刷工友之间，且纠纷频发。

---

① 《上海市社会局关于〈大美晚报〉工资待遇、复工、解雇等纠纷的文件》，上海市档案馆，档案卷宗号：Q6 – 8 – 3113。

第四章

上海报业的劳资冲突及各方的应对

…… ……

　　抗战胜利后，由于经济环境恶化，上海物价暴涨，生活费用激增，报馆职工屡屡向馆方提出改善待遇的要求，但往往难以得到满足。而报馆因为各项开支浩大，亏损严重，也时常减薪裁员，又引起职工的不满。资方与劳方的这种矛盾导致上海报业劳资纠纷频繁发生。总体看来，劳资纠纷更多地发生在馆方与生活状况较职员（如管理人员、编辑、记者等）更为艰困的工友之间，如印刷工友、报贩（报差）、杂役等。据统计，劳资纠纷大多由工友提出要求而引起，一旦双方协商失败，工友就会以旷工、怠工或罢工等手段抵制报馆（有时甚至违反国民政府协商、调解期间不得罢工的规定），或者呈请自己所属的工会出面交涉。在上海，不同工种的工友都加入了各自的工会组织，如印刷、杂役等工友加入上海市报业职业工会或上海市铅印业职业工会；由报馆雇用、专门向其直接订户投递报纸的报差加入上海市报差业职业工会①；向报馆批发报纸转而零售的报贩加入上海市派报业工会等。如果馆方态度强硬，工会负责人就会联络其他工友统一怠工或罢工，对馆方施压。这一方面表明工友为生活所迫不得不采取这种极端的手段，另一方面也反映工友逼馆方就范的强势地位。② 当然，报馆也组建了自己的组织，如日报（包括大报和小报）有报业公会；晚报有上海市夜报联谊会（以下简称"夜报联谊会"）。报业公会和夜报联谊会的职责之一就是就劳资纠纷问题与工会协商或者向市社会局申请调解或仲裁。总体看来，基于共同利益，大多数劳资纠纷以双方的让步而收场。而代表国民

---

　　① 上海市报差业职业工会是上海各报馆雇用的送报员组成的团体。这些送报员的主要任务是向报馆直接订报的订户递送报纸。工会成员直接受雇于各报馆，但不能和报馆工友一样享受福利待遇。该工会成立于1946年10月8日，系由服务于31家报馆的报差所组成。第一次大会推举赵耐慧、孙牲、王德才、孙阿龙、姚金銮、梁云龙、孙耀辉、陈发昌和刘生福为理事，许鑫、蒋家楚和付□吉为监事，理事长为赵耐慧，常务理事为孙牲和王德才。

　　② "关于发行的事务，在直接订户方面，报社如果有严密的组织和设计，一定可以操纵自如。但对于后者，差不多成了发行工作的一种威胁。他们固然可以省报社的许多开支和人力，但把发行的基础建立在这一种制度上，是可怕的。要是有人居间操纵，可能扼杀一个报纸。曾经有一位干营业有年的新闻工作者说过：'派报的报贩，是最难处理的，我们常常因之而束手，因为他们有工会组织，团结力很强，一旦为某些事故而罢工，这对任何一家报馆所受的损失，是难以计算的，在罢工时如报纸已印出，纸张、油墨、印刷排工、编采和营业所花的人力财力，全部都归白耗，而所有的广告必得退费，读者方面的信用及习惯，也无形遭受影响。他们与报社不是劳资关系，只是一种商业行为，所以不能应用他法解决，除非要答应他们的要求。因此，可以说报纸的生命，有一多半是握在报贩的手里。'"参见加恒、马今：《苏州派报业之调查》，《前线日报》，1948年7月26日第二版。

政府的市社会局为了维护社会稳定，总是积极介入劳资纠纷，重申劳资合作，尽量不偏不倚，百般劝和。

第一节　上海报业劳资冲突的特点

前文已述，劳资关系包括两种基本的关系，即合作和冲突。前者是劳资双方基于契约的配合关系，后者则为劳资双方由于利益、目标等不一致而出现的对立状态，就其激烈程度而言，又分为劳资纠纷和罢工停业。劳资纠纷是劳资双方以企业保持生产状态前提下发生的对立行为，罢工停业则指双方的冲突行为达到了停止生产和工作状况。[①] 战后的上海报业可谓劳资冲突不断，大多以劳资纠纷起始，如果报馆和工友通过谈判未能解决分歧，则上升为罢工停业（以罢工居多），最终通过市社会局、市工会或各公会的调解，双方或一方妥协（以前者居多）继而恢复合作关系，周而复始。总之，报馆和工友在合作中发生冲突，在冲突中诉求并扩大各自的利益。综括而言，上海报业劳资冲突具有发生密度大、涉及面广、分布不均的特点。

首先，发生密度大。

战后，由于经济困窘，劳资冲突几乎每年每月都有发生，而且愈到年关，冲突愈加频繁。这是因为年关是工友劳作一年之后团圆休假、走亲访友的时期，消费欲望相对旺盛，因此工友大多向报馆提出年赏或借支要求。根据档案资料和新闻报道统计，1946 年发生劳资冲突 24 次，1947 年 18 次，1948 年 8 次。事实上，"沪市若干报馆，已发生工潮，但因家丑不可外扬，故未见诸报端"[②]。因此，这些统计的数字比实际情况要少得多，许多未造成重大影响和解决及时的冲突未能计入。我们可以从 1946 年的劳资冲突中窥其概貌：

1 月 21 日至 31 日，《大美晚报》工友因待遇、年赏和借支问题发生纠

---

① 陈光：《冲突到稳定：上海劳资关系研究（1925—1931）》，华东师范大学博士学位论文，2007 年。

② 《新闻的新闻》，《前线日报》，1948 年 11 月 29 日第四版。

纷。其中，1 月 28 日至 30 日工友因怠工遭馆方驱逐。

2 月 5 日，《新闻报》《申报》和《大公报》派报工友因三报未能满足其降低报纸批价的要求而罢工。

2 月 18 日至 3 月 2 日，《中央日报》等二十家因排印工友要求提高底薪而呈请市社会局调解，后交上海市劳资争议仲裁委员会仲裁，其间发生工友怠工和游行事件。

3 月 4 日，《文汇报》《民国日报》《时事新报》《前线日报》《市民日报》和《中美日报》六家报馆的印刷工友因底薪问题而罢工。

3 月 4 日至 5 日，《世界晨报》排印工人因待遇问题而罢工。

3 月 6 日至 5 月 3 日，《大美晚报》排印工友因解雇金问题发生纠纷。

3 月 31 日至 5 月 1 日，《正言报》、《大公报》、《大美晚报》（中文版）、《大陆报》、《大晚报》、《文汇报》、《时代日报》、《和平日报》和《世界晨报》九家报纸因报差要求增加底薪而发生纠纷。

4 月 11 日至 12 日，《前线日报》报差因要求增加待遇发生纠纷。

4 月 12 日，《大美晚报》工友因解雇金问题发生纠纷。

4 月 17 日，《大美晚报》报差因工资问题发生纠纷。

4 月 18 日至 22 日，《中央日报》因报差罢工发生解雇纠纷。

4 月 20 日，《世界晨报》报差因待遇问题而罢工。

4 月 22 日，《文汇报》《和平日报》《中央日报》《世界晨报》四报报差因底薪问题而罢工。

4 月 30 日，各报排印工友因要求提高工资而罢工。

6 月 3 日至 25 日，《正言报》因解雇部分工作不力的报差发生纠纷。

6 月 9 日至 11 日，《商报》工友因工资问题发生纠纷。

6 月 20 日至 8 月 14 日，派报业职业工会因批价折扣问题与各报发生纠纷。

8 月 8 日至 9 月 14 日，《侨声报》因报差工作不力解雇报差发生纠纷。

11 月 3 日，《世界晨报》因工人要求加薪，社方无力负担，自该日起暂行停刊。

12 月 2 日至次年 2 月，报差业职业工会向各报提出改善生活和工作条件发生纠纷。

12月6日，《时代日报》因解雇报差发生纠纷。

12月15日，《神州日报》因印刷工友以待遇过低，拒绝排印而停版。

12月27日至次年1月14日，《中华时报》工友因年赏问题而怠工。

12月28日至次年1月10日，《大众夜报》《联合晚报》《大晚报》《华美晚报》《新民晚报》《新夜报》六家晚报因排印工友要求年终奖金发生纠纷。其中，1月9日至11日，各报因工友罢工而停刊。

由以上所列可知，上海报业不仅劳资冲突出现的频率高，而且罢工怠工时有发生，有的冲突甚至迁延一月有余尚未解决。这对必须每日出版的报纸来说不能不造成重要影响。

其次，涉及面广。

在上海，无论是党派报纸还是民营报纸都进行了公司化改造，实行企业化经营。赢利成为这些报馆生存从而发挥其他功能的根本。报馆不仅要通过赢利应付日常的种种开销，还要为报馆老板和大小股东创造利益，为将来的发展积累资金。在赢利的压力下，馆方必须进行成本核算，尽力压缩各种开支，比如削减薪水、降低待遇、解雇人员；特别是当经济环境恶化时，这种愿望更加强烈。在这种情况下，首当其冲的就是在报馆处于边缘地位但权益意识觉醒的工友，如排字、印刷、报贩等工种。劳方与馆方的冲突由此产生，像民营报纸如《大公报》《益世报》《新民晚报》，国民党的报纸如《中央日报》，国民党背景的报纸如《东南日报》《申报》《新闻报》《正言报》《时事新报》，国民党军报如《和平日报》，青年党的报纸如《中华时报》，皆未能幸免。

最后，分布不均。

上海报业的劳资冲突很少涉及劳动纪律、劳动保护、奖罚等问题，绝大多数是由于工资待遇这一经济因素而引起。实际上，经济效益尚好的报馆劳资关系较为融洽，劳资冲突要少得多，比如《新闻报》《申报》和《大公报》；而举步维艰的报馆劳资关系紧张，劳资冲突时有发生。每至年末，当一些报馆在为年赏、借支等戈戈之数与工友唇枪舌剑时，获利丰厚的《新闻报》则在为年赏金额满腹愁肠，它既不能发得太多，违反国民政府规定（年赏只能相当于一个月的工资），引起市社会局的干预和其他报馆工友的骚动，又不能发得太少，亏待自己。有人羡慕进入《申报》就相当于

"有保障的终身职业"①,《新闻报》就更不用说了。所以,《新闻报》《申报》和《大公报》的劳资冲突主要发生在报馆和与之不存在人事关系的报贩之间,很少发生在报馆与隶属报馆的印刷、杂役等工友之间。

相比之下,其他报馆则既必须应付报馆工友,又要应对报贩,层出不穷的冲突使之焦头烂额。这些报馆本来经济基础薄弱,劳资冲突对其而言无疑是雪上加霜。

第二节　上海报业劳资冲突的起因和各方的应对

上海报业的劳资冲突主要因经济因素而引起,冲突的过程其实是劳资双方争取各自利益最大化的过程。虽然双方时常剑拔弩张,但似乎都达成"默契",适时妥协,很少"鱼死网破",双方都明白其后果的严重性。也正因为此,一些报馆的职工主动要求减薪或欠薪,以维持劳资双方的生存,不致失去最后的依靠。而每当冲突发生时,市社会局总是扮演消防员的角色,暂时解决眼前的问题(受社会经济环境的限制,它也只能如此);待新的冲突出现时,接着从中斡旋。择其要者,上海报业的劳资冲突主要由底薪、生活津贴、工资折扣、年赏、借薪、欠薪、休假、报纸批价、解雇、解雇金等因素而引发。

一、底薪

抗战胜利后,物价飞涨,工人为了保障生活,要求资方按照基本工资乘以生活费指数发放工资。这个基本工资即底薪或称工资基数。

1946 年 2 月 13 日,上海二十多家报馆接到报业职业工会的来函,要求

---

① 大记者:《申报馆贷款发年赏》,《诚报》,1947 年 12 月 25 日第二版。另有新闻报道《申报》对工友的退让:"《新闻报》排字及印刷工友本年度(即1947 年)之年赏,已议定每人二千六百万元。申报馆仅答应工友每人一千万元,乃引起争议,排印部一度发生故障。日前出报时间延迟,火车亦告脱班。后经数度商谈,照《新闻报》比例,对半发给,约在一千三百余万,故昨日之《申报》,得照常顺利发行。"参见《年赏在即　几家欢乐几家悉　"申""新"两报　职工今年好过冬》,《东方日报》,1947 年 12 月 8 日第一版。

"自二月份起，工友薪津应依据当局发表工人生活指数为升降为标准，其基数以二十六年（1937 年——笔者注）平均每一工人五十五元结算"。16 日，报业职业工会陆续收到各报的答复，认为这些回复"虽见同情，实则不着边际，空泛不决，实难餍我工友之望"，于是声请市社会局予以调解。

18 日和 19 日两天下午，市社会局召集劳方代表 6 人和资方代表 18 人①开会。资方认为，工资之增加及依工人生活费指数为升降之原则可以赞同，但工资基数若按照 1937 年各报实际情形，其平均数与劳方所提出之数相差太巨，且工资例有工作技术与职别等级之区分，而各报社之营业状况及负担能力亦非可一概而论；各报社更有委托代印、代排者，与工友不生直接雇佣关系。劳方则答称，按照近来物价之涨度及生活状况而论，所提基薪不为过高。若论工作效率，则《新闻报》和《申报》采取不分职别与等级之工资后，其效率并不改低，且劳工间均能通力合作，并无间言。至各报社之营业状况，虽各有不同，但工资之给付仍应依工人之生活程度为标准，以顾全工友之实际生活，然后可以安定工作。至各报社之委托代印、代排者，其情形虽微有不同，但此项工作因我劳工之贡献劳力，则其工资之增加在原则上自应一律办理。国民党中宣部代表冯有真竭力劝导双方心平气和，"以互让精神来合理之解决"。由于双方分歧较大，调解失败。劳方代表声称：如果晚上 12 时前得不到满意答复，不能担保工人照常工作。各报又临时在市社会局相互协商。

19 日晚上 8 时，《中央日报》工友首先罢工，并封锁报馆大门。9 时，《新闻报》《申报》和《立报》等报工人也开始罢工。11 时，各报工人开会，以在调解时期罢工于工友不利，且知悉各报决定发行《上海各报联合版》，乃临时改变办法，从 11 时半起先后恢复工作，但密令各报工人于 20 日上午 11 时之前不得出报。各报于是照常排版印刷。而"联合版"印妥后，因未解决张贴问题，并未发行。

20 日上午 11 时，派报工友又临时向《大公报》《新闻报》和《申报》

①　这 18 人代表《大公报》、《时事新报》、《和平日报》、《大英夜报》、《神州日报》、《正言报》、《新闻报》、《申报》、《大美晚报》（英文版）、《文汇报》、《大晚报》、《民国日报》、《华美晚报》、《前线日报》、《立报》、《中美日报》、《中央日报》、《辛报》、《世界晨报》和《市民日报》共 20 家报纸。

三报提出减低批价，即由六六折减为四八折。三报以开支激增，纸价昂贵，批报折扣早已列入预算，予以拒绝，宁不发行。迄午，仅有《中央日报》《前线日报》和《正言报》等少数报纸叫卖，外埠报纸均未发出。午后，除《大公报》《新闻报》和《申报》外，其他各报都有报贩叫售，但全市报摊始终未售一张。当日，市社会局仍在就工资基数等问题与工友代表进行磋商。

21 日，各报恢复发报。午后，各报获悉市社会局裁定 45 元为工资基数，但仅有三家报纸觉得可以勉强承受，其他报纸均认为不克负荷，商议声请仲裁。下午 6 时，市社会局将《上海市社会局劳资争议事件调解决定书》（劳字第四号）送达劳资双方，决定书主要包括：

（1）资方应自二月份起增加工资，其增加之方法如下：

甲、按照劳方所提之基薪额折衷，规定为一律法币四十五元再乘当月之工人生活费总指数计算。

乙、以后每月工资概依各该月之工人生活费总指数为升降。

（2）资方有委托代印、代排者得比照上间方法办理之。

资方则认为，工人每人月薪 45 元的基数并非战前各报平均工资，与事实不符，且各报社营业状况及负担能力亦有差别，实难从同；加以工人能力与效率，亦显有高下，而所得酬报，不分轩轾，实未合理。各报集商之后，议定不服裁定。有人就此评论说："现在事实上问题不在工资多少，而为多数报纸能否延续生命。如问题不得合理解决，匪特多数报纸即将停闭，各报多数工人亦将失业，主政人员亦将蒙羞，三方均属不利。"有数家报馆已开始讨论闭馆善后的办法。

22 日，各报向上海市政府声请仲裁，提出：

（1）反对统一工资：

甲、报与报间经济能力不同，工人不能统一，应分三级，按照营业状况分别认定各别支付；

乙、各报内部工人技能与工作性质不同，不能统一，各工人工资应在各级基数与最低额之间分别订定。

（2）各报工资不能一律，应分三级：

甲、自四十元至四十五元；

乙、自三十五元至四十元；

丙、自三十元至三十五元。

（3）凡委托印刷所代排、代印之报纸理难并案办理，应请分别裁定。

上海市政府就此展开讨论，认为统一工资标准情理两乖，"此例一开，各业工人相继效尤，多数公私事业难以延续，影响所及，社会秩序益难维持，问题不仅关系数报馆而已"。上海市政府决定迅速仲裁本案，当即组设上海市劳资争议仲裁委员会①，通知劳资双方于 27 日（后延为 28 日）参加仲裁会议。

25 日，各报又向上海市劳资争议仲裁委员会追加声请仲裁的理由：

窃查上海市报业职业工会要求"自二月份起，工友薪津依当局公布之工人生活指数为升降标准，其基数以二十六年平均每一工人五十五元计算"，揆其意义，一为稳定收入之要求，一为均一待遇之建议。

夫依生活指数为升降以稳定工友收入，在工友方面，洵可免除物价腾涨之威胁，各报社虽自身经济，极感困难，为同情工友，故对此原则，业已表示接受。惟其起算之点，既主张依二十六年之所得，则所谓月薪基数，自不能超越二十六年之数额，此为事实问题，非可以空言推想为衡也。

溯考二十六年各报社所发工友薪额，非特与工会所称平均每人月薪五十五元，相距甚远，即与社会局决定之四十五元，亦属不能吻合。此声请人所应声明者一。

报社之设立非自今始，亦非同创于二十六年。各报社各有其历史，各有自身之经济状况。历史久而资力厚者，其待遇自较优裕。若谓凡属报社俱应同一负担，则销数不能从同，广告无从强致，资浅力微，均难立足，新事创设，更不可期，其结果将使一部分工友濒于失业，而劳动者之出路，

---

① 上海市劳资争议仲裁委员会由上海地方法院徐福基、上海市商会金润庠、上海总工会叶翔皋、上海市政府戴时熙和孙芹池组成，孙芹池为主任委员。

为之堵塞，削足适履，事所难能。此声请人所应声明者二。

工作之报酬，因技术经验，职分之不同而不能无异，此自然之理也。如果强使划一，则技术何须深造？服务何必恒心？立此为例，岂独报社之解体可虞？国家之建设，民族之进化亦将因而止步。工会均一待遇之请，似为低薪者谋其增益，而艺高见抑，实非人情之常，且使优逊无别，拔擢无阶，窒奖进之途，陷衰退之境，事之有弊无利，诚无有逾于此者。此声请人所应声明者三。

……至委托排印各报，在报社并未雇佣工人，其契约之当事人，一方为报社，一方为印刷业者，该印刷业者所雇之工人与委托代印之报社毫无契约关系，今亦夹入于自办印刷各报工友之内，迳向委托代印各报发生要求，在法律上不能谓非错误。此种声请调解，先于当事人资格未能适合，社会局未加辨别，一并受理，似不可不有所纠正。

各报希望上海市政府根据国民政府颁布的《劳资争议处理法》和《上海市劳资争议标准》之"劳资争议应依照工人技术之等差及资方实际情形办理"的规定依法予以裁定。

27日，报业职业工会向上海市劳资争议仲裁委员会提出维持市社会局调解决定书，声称该决定书与工会原有请求相差甚巨，但为了遵从市社会局决定，尊重其威信，全部勉为接受，然而，资方竟不仅不顾一切抹杀事实，更妄欲推翻市社会局决定，申请仲裁。为此，工会提出答辩理由：

（1）报与报间经济能力虽有不同，而工人工作并无不同，既为同一工作自应享受同一待遇，况社会部于上年十月份（指1945年10月——笔者注）公布之《收复区工资调整办法》内第六条曾有明文规定"同工同酬"，是职会以此请求社会局依此决定不特符于事实，且切合法令。盖薪给为一种工作报酬，与分红不同，与营业状况并无相联，关系根本，不能藉口营业状况而压低工作报酬。资方以此为藉口妄图推翻，实无理由。至各报工人技能本无差异，性质亦绝无不统一之处，"新""申"两报早已施行此制。社会局于调解决定时亦曾多方考虑，多方权衡，始有此决定。况此四十五元底薪在目前物价状况下已属极度低微，假令资方认工人中确有工作特殊优良者，尽可特予提高，职会并无异议。若因此妄思再事低下，使工人最低生活尚不能维持，实无以得事理之平。

（2）工资必须统一，在前节已陈明理由。资方所提三级办法根本无从成立，亦根本无法接受。

（3）委托代排、代印亦属同一工作，有何不能并案办理之处？况委托代办印刷，资方仅可向委托人要约，由委托人负给付之责，利害全于资方无涉，根本与资方不生利害，以此请求分别仲裁更无理由。

在此期间，为了制造声势，引起社会注意，报业职业工会还印制传单，到处散发，如"我们遵守社会局决定书""四十五元底薪并不高""请仲裁委员会秉公仲裁""各报馆工友工资必须统一""反对工资分级制""同工必须同酬""不达目的决不罢休""宁为玉碎，毋为瓦全""请各界一致同情""各报馆工友一致团结起来"等。

28 日上午，为了维持市社会局的决定，敦请上海市政府秉公仲裁，上海中西报馆共 2 000 余名工友在报业职业工会的领导下从山东路出发向市政府请愿。受市长委派的参事江竹一、仲裁委员会主任委员孙芹池、市总工会代主席委员周学湘接见了工友代表，语多慰勉，允予秉公办理。代表即兴辞出，再领队至四川中路，向南京路转西藏路至金陵路，游行结束。游行时，虽值风雨泥泞，工友仍然精神振奋。当日下午，上海市劳资争议仲裁委员会召开会议，就工资分级和委托排印问题进行评议并达成共识。

3 月 2 日，上海市劳资争议仲裁委员会公布并向劳资双方送达《上海市劳资争议仲裁委员会仲裁书》（卅五年度仲字第一号），裁定：

资方应自本年二月份起增加工资，其增加之方法如下：

甲、资方应根据劳方各人之工作技能、服务经验及各报馆过去惯例、营业状况与劳方在最低法币三十元、最高五十元之间个别商定，工资基数再乘以当月之工人生活费总指数计算；

乙、以后每月工资概依各该月之工人生活费总指数升降。

仲裁书还指出所谓"同工同酬"系指从事同等工作者应予同等酬报，

并非谓凡属工人即应得同一酬报,因此,不支持劳方统一工资的主张。至于委托印刷所代排或代印的报纸在法律上为定作人,印刷所为承揽人,各印刷所工人则为印刷所的雇佣人,各报馆与这些工人并不发生直接的劳资关系,而各印刷所及其工人均非本案争议当事人,不在仲裁范围之内,毋庸置疑。

各报于是根据仲裁决定各自与工人谈判。《新闻报》和《申报》确定以50元为工资基数,不分等级。《中央日报》和《和平日报》则分为25元、40元和43元三级。《大公报》前由《光华日报》印刷部代印,不受仲裁书约束,已经迁入自设的印刷工场。3日,代排印刷工人在南京路《大公报》营业部举行示威,高呼"李子宽拿出良心来",营业部房屋四壁及李子宽所乘的汽车均被贴满惊人怵目的标语。《大公报》最后议定50元基数。《正言报》《中美日报》和《民国日报》等报工人坚持45元,不分等级,馆方仅允以35元至40元,双方未能达成一致。4日晨,《中美日报》《民国日报》《时事新报》《前线日报》《文汇报》《市民日报》六家报纸因此未能出版;最终,《中美日报》确定基数为45元,但以5元作为储蓄金,暂不支付,其他各报亦陆续与工人达成协议。7日,《立报》因基数问题与工友争持不下,宣布休刊。①

---

① 此事件经过由以下新闻报道和档案综合而成:《报业工友待遇案静候社会局评定》,《申报》,1946年2月20日第四版;《上海各报工潮 社会局调解未获结果 各报不允工人同工同资要求 昨晚"申""新"等数报工人已罢工》,天津《大公报》,1946年2月20日第三版;《根绝工潮办法 报工纠纷继续调处》,上海《大公报》,1946年2月22日第三版;《报业劳资纠纷 社局以劳资决定书 通知劳资双方遵照》,《民国日报》,1946年2月22日第三版;《报业劳资纠纷申请市政府仲裁》,《民国日报》,1946年2月22日第三版;《要求改善待遇 电讯职工昨罢工》,《申报》,1946年2月22日第三版;《上海工潮 各报工潮调解无结果》,天津《大公报》,1946年2月22日第二版;《上海工潮益烈 报工要求加资 问题解决困难》,天津《大公报》,1946年2月23日第三版;报童:《情形复杂 协商无效 上海各大报罢工秘闻 报贩要求提高折扣 "联合版"将成纪念品》,《七日谈》,1946年2月27日第11期;一军:《各日报酝酿怠工的前夜》,《七日谈》,1946年第11期;《报业工友请愿游行》,《民国日报》,1946年3月1日三版;《报业劳资纠纷仲裁决定》,上海《大公报》,1946年3月4日第三版;《报业劳资纠纷 当局分送仲裁书》,《申报》,1946年3月4日第五版;《上海报业工潮 申新两报接受工人要求 文汇等报昨日未能出版》,天津《大公报》,1946年3月5日第三版;《沪报业工潮解决了 风潮一度冲击之后 若干报馆不堪支持》,《周播》,1946年3月15日第1期;索然:《报工二次风潮中之各大报态度》,《快活林》,1946年3月16日第7期;《〈中央日报〉等二十家报社与上海市报业职业工会增加工资劳资纠纷争议》(1946年),上海市档案馆,档案卷宗号:Q19-1-9。

二、生活津贴

1947 年 1 月初，《时代日报》工友根据铅印业劳资双方自动商议增加生活津贴的提议，向馆方提出增加生活津贴的要求，铅印业工人代表团也数度调解，但馆方置若罔闻。20 日，排字工友罢工，虽经馆方劝告，坚不复工。在此情况下，《时代日报》被迫停刊，决定自 25 日起解雇排字工友（20 名），并通知各工友，同时在市社会局备案。25 日，所有工友复工。①

也几乎在同时，上海市铅印业同业公会与印刷业职业工会于 1 月底自行协议增发工人家属生活津贴 13.5 元。市社会局以该办法变相增加底薪，不能签订笔录，由双方议定协议书呈送市社会局备查。3 月，《时代日报》工友根据前订协议要求馆方提供工人家属生活津贴，《时代日报》以未加入铅印业同业公会为由，拒绝履行协议。市社会局认为该协议有违《经济紧急措施方案》有关"各指定地职工之薪工，按生活指数计算者，应以本年一月份之生活指数为最高指数，亦不得以任何方式增加底薪"②，饬令双方自行协商。

三、工资折扣

1945 年 12 月 1 日，《华美晚报》复刊。由于报馆经济较为困难，劳资双方协议"薪给以原来底薪打七七折计算发给，试办三个月为原则；如经济情形好转，当即开放（调整）折扣"。据工友称，"期满之后，迄今年余，报纸由数千而至数万，营业收入日益可观，社长本人除自置洋房于笔山路外，即报馆最主要之白报纸存量，社长亦自认甲于全上海各晚报，其经济近况显已富裕"。工友数度要求馆方取消工资折扣，馆方始终不予回应。

1948 年"八一九"币制改革后，物价高涨。由于工人生活费指数已经冻结，工友收入日见减少。11 月初，工友再次请求馆方救济，馆方只答应调整原有折扣，但工友认为些许薪金不过是杯水车薪，不日即可罄尽，又

---

① 《上海市社会局关于〈时代日报〉津贴、开除纠纷的文件》（1947 年 1 月—1948 年 2 月），上海市档案馆，档案卷宗号：Q6 – 8 – 3494。

② 《经济紧急措施方案》，《证券市场》，1946 年第 1 卷第 8 期，第 26 页。

与馆方磋商,馆方最终承诺参照国民政府规定的借薪办法借支一个月。8 日和 10 日,各工友借得金圆券 40 元,馆方允诺不日补发尚差之数。

16 日,馆方发薪时不仅没有补发所借差额,反而扣除了已借的 40 元,同时恢复七七折发薪。工友乃与馆方交涉,而馆方只是指派一名中层干部出面接待,社长避而不见。工友于是开始怠工,延至下午 3 时半才开始印报;17 日继续怠工。18 日,工友开始罢工。19 日,43 名工友(活版部 28 人,纸型部 8 人,机印部 7 人)联合致函市社会局,诉说"同人等汗血半月,净得只一百余元,际此高物价下,同人等上有父母,下有妻女,区区之数,实难维持",请求予以调处,要求馆方十足发放当月薪金,补足所借差额,同时自当日起免费提供每人每日午膳一次。经市社会局介入,工友当晚复工。

20 日,市社会局再次派员调解,告诫工友严守法纪,不得再有越轨行动,同时令馆方将原已扣除的借薪仍予借支,并劝导双方在工作恢复三日后,自行洽商解决办法,如无结果,再由社会局处理。当日,报馆补发了所扣借薪。23 日,报馆与工方代表谈判,除申述经济困难外,表示愿意酌量提高底薪,以示诚意,共渡难关。尽管双方意见并未完全接近,但现场气氛较融洽。24 日,工友又开始怠工,并派人监视各房,规定下午 4 时半始克付印。时至 26 日,报馆致函市社会局,申言"属报系属晚刊,出版时间必须在三时以前,今工方如此行动,无异迫属报于绝境。凡此越轨行动,迭经报告钧局。刻因工潮仍未解决,前途风波方兴未艾。当此经济极度困难之际,何堪再受摧残",请求市社会局准许报馆解散全部工友,并追究首要分子的责任,赔偿报馆损失。

27 日,经市社会局调处,双方达成协议:①自 11 月下半月起,工人工资由七七折提高至九五折发给;②今后如国民政府规定开放所有折扣,则上项办法无效。鉴于工友在调解期间擅自罢工,市社会局饬令报业职业工会转饬工友嗣后不得再有同样事情发生,以肃工纪。报业职业工会表示遵照执行。

四、年赏

年赏是指工厂主在年末提取一部分利润发给工人的奖金,被报馆所沿袭。但这只是一种传统，并无硬性的法律规定。战后，由于经济困难，工友每至年关必定向报馆索要年赏，不管报馆是否赢利。市社会局也不得不承认年赏的存在，对此作出相关规定。

1946 年 1 月 21 日，英文《大美晚报》工友以所得酬报实难维持最低生活，且农历年关已近，向馆方提出三项请求：①增加工资 100%；②发给年赏一月；③预支工资一月。经双方数度折冲，馆方承诺给予工友满意答复。26 日，工友只领得增加 30% 的工资和 1/3 月薪的年赏。工友以"区区此数"实难渡过年关，28 日重申先前的要求。馆方不予理会，并将工友驱逐出工场，也不发遣散费。31 日，市社会局召集劳资双方开会，商妥解决办法：①工资从 2 月份起调整；②年赏每人加给工资半个月；③资方酌予支借。双方都有让步。31 日，工友复工。①

1946 年 12 月底，《大众夜报》《联合晚报》《大晚报》《华美晚报》《新民晚报》和《新夜报》六家晚报的印刷工友和承印工友以难以维持生活为由，纷纷向各报提出一个月年赏的要求，并且发生了怠工或懒工现象。各晚报临时组织了上海市夜报联谊会以应对眼前的危局。夜报联谊会致函市社会局，表示"此项要求殊不合理，各报在亏累状态之下，支撑已艰，何堪再增重负"，请求迅予调解。之后，为了缓冲与工友的紧张关系，《新民晚报》先借予每个工友 20 万元，《新夜报》则借予每个工友半月工资，其余报纸均表示无能为力。

1947 年 1 月 8 日，各报老板宴请印刷工友，联合宣布只能发给半个月的年赏，推翻了以前年终双薪的允诺。9 日早晨，各报工友一致行动，开始罢工。各报工会干事传令工友相互监督，"未获美满解决，暂缓拆排"。当日，夜报联谊会再次致函市社会局，报告工友罢工事件，说"似此情形，非但各夜报受损甚巨，抑且影响整个工商事业"，希望市社会局体察各报"亏蚀甚巨"的境况，迅速召集各夜报工友干事会进行调解，俾得各报早日复刊，因罢工导致各报停刊的责任应由工方负完全责任。中午，各报负责人又与各工会干事举行调解会议，争论至为激烈，顿成僵局。下午，各报资方代表赶至上海市政府请求市长协助解决，市长则委派市社会局出面调

---

① 《上海市社会局关于〈大美晚报〉工资待遇、复工、解雇等纠纷的文件》，上海市档案馆，档案卷宗号：Q6 - 8 - 3113。

解,迄晚犹未有结果。

10 日,市社会局饬令报业职业工会命工友先行复工,静候调处,但皆无效果。工友负责人道出了工友执意要求年赏的缘由:"吾人三百六十余日中,无休息,手脑并用,出汗出力,无日不在紧张中生活,设或病假事假,必须另出高价觅取替工,既无星期例假,又无升工补工,故一年十二个月中,实际收入不足十个月,每月仅念余万薪津,故我人此次要求一个月,实属天公地道,合情合理。至于资方困难至是实情,惟办者什九皆告亏损,我人决不能因噎废食也。"同日,夜报联谊会发出了《致各夜报工友书》,称"这次六家晚报诸位工友提出来的关于年赏问题,我们认为是应该寄予同情的,我们在原则上全部接受,问题是在于整个上海工商凋敝的情况中,我们的努力已经用尽,而且已经超过了我们的能力,所以我们后来不认为工友的要求应该弃置不顾,而且希望相互谅解实际困难","我们极端愿意我们之间的问题,能够赶快解决"。最终,劳资双方达成协议,工友于 12 日复工。①

五、借薪

借薪亦称借支,指工友因生活困难或其他原因向馆方预支的一部分薪资,这笔薪资必须在一定期限内在工资中逐月扣除。有些报馆因财力不足不予借支,由此发生纠纷。

1947 年 1 月 10 日,《文汇报》依照《本市各厂商发给年终奖励金办法》发给每名工友年赏一个月;为了顾全工友生活,又于 15 日将当月上半月的薪资提早借支。17 日,排字房部分工友又向报馆提出每人再借支 30 万元,并以罢工相要挟。《文汇报》因经济困难拒绝了工友的要求,工友于是开始

① 此事件经过以下报道和档案综合而成:《六家晚报罢工　都是为了年赏》,《大公报》,1947 年 1 月 10 日第五版;王渤、茜茜:《工友联合战线　互相监视行动　各夜报昨集体停版》,《诚报》,1947 年 1 月 10 日第二版;《晚报工潮　社局调解》,上海《大公报》,1947 年 1 月 11 日第五版;《年赏问题陷僵局　各晚报昨仍停刊》,《申报》,1947 年 1 月 11 日第五版;《上海报界动态》(1947—1949),上海市档案馆,档案卷宗号:Q430 - 1 - 13;《报馆业、报业、报差业等业与上海市社会局关于复职、申请仲裁调整工资、裁减报差 19 名、年奖等纠纷来往文书》,上海市档案馆,档案卷宗号:Q6 - 8 - 282。

怠工。18 日，《文汇报》被迫停刊。后由报业职业工会所属《文汇报》职工干事会出任调解，并竭力向排字房工友解释时值废历年终馆方确无如此经济力量。众工友于是撤回原来所提要求。①

六、欠薪

所谓欠薪是指拖延发放工资。《时事新报》为孔祥熙所有（另有《大晚报》《大陆报》和申时电讯社，合称"四社出版部"）。尽管孔祥熙财力雄厚，但他对自己的文化事业并不重视，再加以经营不善，《时事新报》常常欠薪。1946 年，职员 5 月份的薪金在职员的再三请求下延至 6 月初才发放，且只有 2/3。②"记者支薪有如讨债，'今天取二万，后天取三万'，从无痛痛快快发薪水的一日，零碎所得仅只够吞白开水、吃白面包而已。"③ 9 月 1 日，编辑部人员因此全部辞职。④

由于收不抵支，1947 年 3 月 1 日，《时事新报》改出晚刊。⑤ 增资之后，《时事新报》久欠不清的薪津当月全部结清，而且编辑部各职员加薪六成。然而，未过多久，4 月份的薪津又拖欠不发，工友遂拟停止工作，经资方协议，始罢。据报道，"《时事新报》并非没有钞票，实因增资款项悉数存于孔系的山西裕华银行，放着高利贷，一方面又囤进货物，企图不蚀老本，

① 《上海市社会局关于文汇报社借薪问题文件》（1947 年 1 月—2 月），上海市档案馆，档案卷宗号：Q6 - 8 - 2530。
② 奉吉：《孔祥熙与〈时事新报〉》，《铁报》，1946 年 7 月 8 日第二版。
③ 摩订：《报人杂记》，《辛报》，1946 年 7 月 9 日第二版。
④ 《新闻的新闻》，《前线日报》，1946 年 9 月 13 日第十一版。
⑤ 《时事新报》事实上"在本埠发行晚报，在外埠发行早报"，一报两刊。《时事新报》自改出晚刊以后，销数在一万份以上，但不久，外埠分销处纷纷来函退报，"大有不出早报不能承销之概"。《时事新报》拟将当天的晚报改为次日的日期，翻印后寄到外埠，充作早报，因编辑部同人认为有损报格而中止。1947 年 3 月 17 日，《时事新报》又出版了一份早报，形式和晚刊差不多，内容方面除副刊"新上海""家族""六艺"原封不动外，添加一些下午的电讯、消息、本埠新闻，标为次日的日期，规定下午 10 时送到火车站，次日清早 7 时到达南京。"新瓶装旧酒，一样消息两版用。上海早报，清晨能在南京出现，比航空还来得迅速，外埠的读者，莫不为之瞒过。"（参见讷言：《下午二时出晚报　下午十时出早报　时事新报的又一创举》，《铁报》，1947 年 4 月 14 日第二版）。据《铁报》报道，"《时事新报》本埠晚刊，外埠日报，每日以卷筒纸机印纸 2 千份，实销仅 556 份，望平街销数尝创 47 份纪录。"参见《新闻的新闻》，《前线日报》，1947 年 9 月 22 日第五版。

所以对于工资的发给，故意迁延，这就是孔系的犹太作风了"。30 日，由于百物腾贵，生活艰难，工友遂与经理交涉发薪的事情，经理因孔祥熙的支票尚未签出，只得避而不见。工友于是开始罢工。[①]

七、休假

工友都有法定的假期，但馆方常常不按假期放假或缩短假期却不加倍支付报酬，由此引发劳资冲突。1947 年 1 月 16 日，又届年关，工友向《大美晚报》提出要求：①自下星期一起新年放假一周；②放假期内，如照常工作，应以双工发薪；③每人借支 30 万元。[②] 总主笔高尔德（Randall Gould）书面答复工友，称"市政当局曾通知本报，旧历新年期间，并无正式假期，故本报决定仅于旧历元旦放假一日。关于年赏问题，本报已发给双薪一月，不能再发其他任何特别津贴或借款。至对此次之罢工事件，本报拟即申请市政当局予以严峻处置，准备于必要时，商得市政当局同意，将工场关闭，重行改组"。工人曾两度停止工作，但旋即复工，当获悉资方毫无让步之意时，即开始罢工。该报经理部当即将此事报告市政府，准备如果不能迅速达成协议，即申请调解。[③] 铅印业同业公会也着手调查此事。

17 日早晨，经铅印业同业公会和市府调解，工友恢复工作。《大美晚报》发布布告称："馆方认为此次罢工为不合法之举动，故工人不能得市政当局及铅印业同业公会之支持，且以后停工一日，该日之工资即全部扣除，如有怠工情形，亦作罢工论。至于现在虽已复工，但馆方并不认为事件已经解决，一切尚须观察复工之诚意而作决定，故馆方得保留自由行动之权。"[④]

---

① 讷言：《〈时事新报〉又闹工潮》，《铁报》，1947 年 5 月 4 日第二版。
② 《〈大美晚报〉昨日复刊》，上海《大公报》，1947 年 1 月 18 日第四版。
③ 《要求工人停工一周　〈大美晚报〉工人罢工》，上海《大公报》，1947 年 1 月 17 日第四版。
④ 《〈大美晚报〉昨日复刊》，上海《大公报》，1947 年 1 月 18 日第四版；《新闻的新闻》，《前线日报》，1947 年 1 月 19 日第八版。

八、报纸批价

报贩为了获利，往往要求压低报纸批价，从而与报馆发生冲突。《新闻报》是一家历史悠久的老牌报纸，在销量上素居各报之首。1946 年 6 月 21 日早晨，报贩要求报馆考虑他们的生计，将报纸批价折扣由六六折（每份 99 元）减为六折（每份 90 元），并说其他各报的折扣也较大，《新闻报》回绝了报贩的要求。报贩立即拒绝投送报纸，20 余万份报纸堆在发行部不能发出，发行部职员无计可施。报贩还在新闻报馆斜对面的墙壁上贴满了"我们报贩有苦无处诉，请新闻界主持正义"等标语。读者和广告商也纷纷来电责问报馆。直到下午 3 时半，《新闻报》被迫退让，部分地答应了报贩的要求，即打六三折，每份报纸 95 元（原价 150 元），报贩这才同意发售报纸。有人批评："对于报贩的批发折扣问题，在每家报馆看来，的确有其苦衷，报贩每每不顾到报馆的开支成本等经济条件。"[①]

《新闻报》一直想复刊《新闻夜报》，因遭到各晚报的反对而作罢。1947 年 4 月 13 日，《新闻报》另起炉灶，创刊《新闻周报》，由程沧波任发行人，赵敏恒任编辑，每期 8 页，相当于对开报纸 2 大张，每份 50 元，每逢星期日出版。5 月初，因纸价高涨，《新闻报》拟将《新闻周报》涨为每份 150 元。报贩因售价太高，订户不愿购阅，不易推销，建议任意批销，不规定份数，报馆则坚持必须随《新闻报》一起批售。

10 日，派报业职业工会指派代表与《新闻报》交涉。总经理詹文浒不肯变更销售办法，同时指责派报工友摧残文化事业，必须承担由此造成的损失。各工友闻讯，决定次日拒派《新闻报》以为对抗，并提出：①改变《新闻周报》派报方法；②詹文浒侮辱工友代表，应该公开道歉。《新闻报》置之不理。

11 日（星期日）早晨，报贩工友张贴标语，上街游行，并发布《上海市派报同人向各界呼吁书》，称"新闻报馆发行的《新闻周报》是受当局限制发行张数的变相报纸，同时是应付拥挤不堪的广告措施。发行的事，先

---

① 叶风：《望平街上的小风波　报贩拒售〈新闻报〉　为了折扣问题压到下午才发行》，《铁报》，1946 年 6 月 22 日第一版。

以最低代价利诱派报同人推销。查该周报读者稀少，销路不畅，实际上大都是由派报同人承购自认的。不料本期周报突然将批价提高，抑且卖不出不能退还，压迫实行。查买卖原属自由，为顾全双方情感起见，派报工会推派负责人趋见新闻报馆经理詹文浒，陈诉隐情，实难以接受，要求变通办法，业报贩者经不起赔累。不料彼詹文浒者声势厉害，一味横蛮，摆足官僚架子，势在必行，摒绝商谈，并侮辱派报同人各负责代表人会员，蔑视工会组织。我们为维护合法权益起见，尊重自己立场，今后不和官僚派的新闻棍子詹文浒合作，非打倒此辈恃势凌人轻视劳动阶级者不可。除呈报上级机关公断，恳请各界人士予以同情并援助。"

中午，《申报》总经理陈训悆、《大公报》发行人李子宽、《新闻报》总编辑赵敏恒和上海市新闻处处长朱虚白从中斡旋，才平息这场纠纷。双方最终商定，《新闻周报》自第6期起停刊，《新闻报》另以一日全部报费捐助工会作为工人福利金和修建会所。《新闻报》因此次纠纷除停刊《新闻周报》，《新闻报》和《新闻周报》皆未售出外，损失达一亿元之多。12日，李子宽和陈训悆登报声明此事误会，报贩于是开始照常派报。[①] 其间，新闻报馆为防止报贩因《新闻周报》事件阻挠《新闻报》发行，曾经请求警察局予以保护。[②] 1948年11月，类似的事件再度发生，《新闻报》只得又

---

① 此事件经过由以下新闻报道和档案综合而成：《"申""新"两报斗法 为了老大老二之争》，《大风报》，1947年5月12日第一版；《浮生散记》，《诚报》，1947年5月15日第二版；《新闻的新闻》，《前线日报》，1947年5月19日第五版；乃心：《〈新闻周报〉引起的纠纷》，《快活林》，1947年第61期；《上海市派报同人向各界呼吁书》，上海市档案馆，档案卷宗号：Q430－1－25－129；《上海报界动态》（1947—1949），上海市档案馆，档案卷宗号：Q430－1－13。

② 原文云："敝馆顷以新闻周报发行问题，各报贩无理要求，磋商终日，犹未解决，深恐报贩方面，明晨或有阻搁本馆发行等情，蒙贵局司法股乔组长治面允派警保护，至为感荷。惟本报寄送外埠，在晨间三时左右即行开始，闻报贩亦拟加以阻止，用特再恳贵局提早，于明晨三时即派员警六名来馆，俾免报贩滋生事端，影响治安，新闻报导，亦不至停滞。"参见上海市档案馆，档案卷宗号：Q430－1－188－00071，转引自王敏：《上海报人社会生活（1872—1949）》，上海：上海辞书出版社，2008年，第229页。

求助于警方。①

《申报》也发生了报纸批价纠纷。1947 年 6 月 10 日，《申报》照老价收受直接订户报费 46 000 元，这些订户都享受了订阅三个月的报价优惠。这样，报贩只能按老价的批发折扣收取送力费。11 日，《申报》即提高报价。报贩以涨价后开始送报，影响生计为由，于 7 月 19 日群集申报馆，提出：①取消直接订户；②门批报纸照老价发售三个月（即对折计算）。经理王显廷出面接待，报贩出示《申报》6 月 10 日开具的订报收据作为证据，并称《大公报》也有同样情形，当前去交涉。王显廷一再进行解释，报贩仍然坚持所提要求；僵持至下午 2 时，仍无解决的迹象。王显廷遂报告报业公会，请求调解。理事长李子宽则嘱咐《申报》先自行接洽。下午 4 时，王显廷鉴于报贩情绪激动，形势愈加恶化，若再无适当的解决办法，次日报纸出版必受阻挠，报馆损失极大，经请示总经理，决定让步，改为买 10 份送 3 份，并签字表示接受，同时口头声明虽然报馆已经接受该条件，仍须报告报业公会，如报业公会不予认可，签字则无效。报贩表示同意。

当夜，李子宽召集各报在申报馆召开紧急会议，议决"批价由公会决议不得更改，接受直接订户也不受任何方面干涉，如报贩停送直接订户或拒绝批发该报时，全会员报一律于次日停刊，直至报贩撤回"，要求各会员报如有同样事件亦适用是项议决案。会议当场通过由《申报》通知报贩取消前议，如报贩拒批《申报》，则上海所有中文报纸次日一律停刊，直至报贩撤回要求为止。然而，在《申报》看来，照此决议，虽然公会维护了自己的利益，但《申报》当天的报纸次日不能发出，发行和广告均受损失。这是其所不愿接受的。

20 日，《申报》采取种种办法促使各报贩照常取报，但并未履行买十送三的约定。各报贩因此将应付报费七折付账。《申报》于是将报贩少缴报费

---

① 1948 年 11 月 12 日，新闻报馆致函上海市警察局局长："敝馆顷因报贩阻发报，致今天晨出版报纸不克发售递送。查际此实际总体战时期，新闻报导极关重要，而迩来市间谣诼繁生，报纸犹应迅速发行，藉正视听。惟是项报贩纠纷，今日恐难解决，明（13 日）晨，敝报发行或将仍受阻挠。敝报于困难之中，为求报务社会起见，拟明晨五时起，派遣职员，携带当日出版报纸，分别在贵局各分局附近零售，俾读者得就近购买。至届时敝报运送报纸至发售地点时，亦恳惠派警士随同保护，以免发生纠纷，用特函恳惠允协助，并转达贵局分局知照，至为感谢。"参见上海市档案馆，档案卷宗号：Q430 - 1 - 189 - 00028，转引自王敏：《上海报人社会生活（1872—1949）》，上海：上海辞书出版社，2008 年，第 229 页。

的情形具函报告报业公会，请求代为追还欠款，防止再次发生同类事件，否则执行前议决议。是日下午，报业公会再次假申报馆召开第二次紧急会议，议决通知派报业职业工会限于 21 日下午 5 时前将欠款缴付《申报》，否则，自 22 日起上海所有中文报纸一律停刊，以为《申报》声援。《申报》表示拥护报业公会的决议。获悉报业公会的决议后，上海市政府市长吴国桢和上海市社会局局长吴开先深表关切，都力劝各报不可贸然停刊。吴开先嘱告报业公会静候市社会局处理，同时知会派报业职业工会。《立报》总经理严服周会后表示，报纸停止出版，社会影响极大，如果必须执行决议，《立报》愿意退出公会。鉴于各报休刊势难实行，《申报》于是多方与报贩商议，劝其放弃所提要求。22 日，各报贩鉴于形势严重，又经《申报》反复劝导，撤回前议，同时陆续偿清欠款。[①]

报贩因报价折扣与报馆产生纠纷时，又为缴交报费发生龃龉。自 1948 年 11 月 6 日起，各报涨价 4 倍多，报贩以资金短绌，要求延迟缴付现批报费。各报因市况失常，现金周转困难，回绝了报贩的要求。报贩以如果《新闻报》能答应延迟缴费，则其他报纸皆可仿行，但《新闻报》规定当日必须收齐报费。12 日清晨，报贩于是拒批《新闻报》，《新闻报》当日出版 1 大张，直至上午 11 时报贩才将报纸发出。[②]

九、解雇

为了服务读者，《正言报》于 1945 年 9 月设立了一个订报股，接收读者直接订报，同时雇佣报差依照读者所住地段，每日上午 7 时起分区递送报纸，"实行以来，读者称便"。为了既能够方便读者又不使发生额外支出，《正言报》规定直接订报的报费与报纸批价的差额足以支付报差每月的薪给，以使订报股能够自给自足；纵有赔累，也不超过一定的限度。在《正言报》看来，这些报差胥属兼职性质，其待遇肯定不能与每日工作十多个

---

① 《申报馆关于报贩要求买十送三事件的报告》（1946 年），上海市档案馆，档案卷宗号：Q430 - 1 - 69 - 107；《上海报界动态》（1947—1949），上海市档案馆，档案卷宗号：Q430 - 1 - 13。

② 《上海报界动态》（1947—1949），上海市档案馆，档案卷宗号：Q430 - 1 - 13。

小时的正式职工相比。

时至 1946 年 4 月，上海各报馆报差采取联合行动，提出底薪 20 元以当月生活费指数计薪的要求。尽管经济拮据，《正言报》还是跟从其他报馆，接受了报差的要求。不过，报差加薪打乱了《正言报》预定的订报股自给自足的计划。《正言报》以 4 月份报差送力费和报纸成本算了一笔账：《正言报》每份每月订费为 2 700 元，长期订户享受优惠，仅 2 300 元，而纸张成本每份每月约 2 000 元。如果报差的底薪为 20 元，以 4 月份生活费指数 2 694 倍计算，则每人每月的薪给约为 54 000 元。每名报差平均每日送报 70 份，每月每份报纸送力费约合 772 元，占订费的 1/3。这样，每份报纸实际上亏损约 70 元或 400 余元。自 5 月起，米价陡涨数倍，生活费指数高达 4 000 倍以上；假如以此计算，《正言报》更加不堪赔累。"报馆为文化事业机关，非一般生产机构可比，报纸发行价格既未能随一般物价提高。此项巨额工资，奚能担负？"

鉴于此，《正言报》在提高报差待遇时，提高工作标准，规定每人每日送报数须达到 90 至 100 份，同时于 5 月底从 76 名报差中解雇 10 人，又将前因推广业务，临时雇来赠送报纸的 9 名报差以"业务紧缩无工可做"，也一并解雇。《正言报》认为"此项举动，并无不合"。19 名被解雇的报差于是以"上海报差联谊会"的名义要求《正言报》撤回成命，并于 6 月 3 日致函市社会局，陈说"当此生活程度继续上涨之际，我工人所得已感不敷维持，再遭此失业痛苦，其狼狈情形不堪设想。工人等以市长下车伊始，一再声明安定社会民生，不许怠工、罢工，此等举措将逼工人于走投无路之境况。报馆整个收入并不短绌，更不应藉端单独停歇送报工人而故示歧视之意"，请求予以调解。《正言报》认为报差系属临时雇工，报馆视营业需要，自有随时增损任免之权，也向市社会局报告事实经过和报馆面临的困难。

6 月 4 日，留任的 66 名报差突然罢工，虽经劝解，亦无效。《正言报》决定视为"自愿弃职"，并登报另招新工。次日，在市社会局的干预下，《正言报》社长吴绍澍准许报差复职（报差 7 日复工，罢工共计 3 天），但坚决解雇前述 19 名报差，允发工资（"服务未满三个月者，五天工资；三个月以上者，十天工资"）。对方则要求复职，否则发放 3 个月的工资作为解职金。12 日，《正言报》致函国民政府社会部，重申"是项报差，在法理上固属一种临时雇工，毫无疑义。即事实上，本报对之亦向不视为正式职工，不得享受同人待遇"，又说"即使是项报差，得以认为正式雇工，依照《工厂法》二十七条之规定，凡服务满三个月以上，不足一年者，得给相当于工资十天之解职金。兹按本报此次解职报差十九人，现已复职者四人；其余服务不满三个月者，占七人；满三个月者，仅八人。此八人之中，有兼送其他报纸，屡经给予警告，仍不悛改，应予撤职者三人；有未备自由车，不合本报雇佣条件者一人。其能援引法例，请求解职金十天者，至多不过四人"。因此，报馆不会答应报差发放解职金的要求，"本报对于各报差之解雇，纯为经济上不胜负担，不得已之措施。各报差如有合理要求，自当依法圆满解决，乃各报差不明本报立场，于解雇以后，遽行鼓动其他报差，发生罢工，使本报在业务上遭受莫大之损失，深为遗憾"。至于所招新工并没有按生活费指数计薪，月薪仅 6 万元（如果按 6 月的指数发薪，应为 20×4 040＝80 800 元），此为一个人最低的生活费用。

在此期间，市社会局多次派员进行调解。6 月底，《正言报》允许 19 名报差中 12 人复工，解雇 7 人，依照《劳资评断委员会之发给解雇办法》，每人发薪一个月（6 万元）作为解职金。劳方经市社会局劝告，表示接受。双方互有让步，一场长达近一个月的纠纷至此结束。①

十、解雇金

解雇金又称遣散费，是报馆因停业而遣散工友或解雇工友所支付的费用，但一些报馆因财力不足时常克扣或少发，由此引起冲突。

1947 年 2 月 1 日，《民国日报》因营业不佳、经费竭蹶而停刊。这时，排字、铸版和机器工友已在报馆工作一年半左右。按照劳资评断委员会的规定，工厂停厂应该发给工人遣散费。由于《民国日报》欠债已达 2 亿元，一时无法支付这笔费用，因而不能及时解雇工友，这样又发生了维持工友生活费用的问题。按照有关规定，"工厂暂时停工，其责任在资方者，停工

---

① 《报馆业、报业、报差业等业与上海市社会局关于复职、申请仲裁调整工资、裁减报差 19 名、年奖等纠纷来往文书》，上海市档案馆，档案卷宗号：Q6‑8‑282。

十天以内，维持费照原有工资发给，十天以上不足一月者，维持费照原来工资折半发给"。也就是说，《民国日报》还需支付每位工友每月一半的月薪作为维持费。

4 月 15 日，《民国日报》终于领到董事会筹集的资金，遵照劳资评断委员会第二次会议决定的《解雇无定期契约劳工办法》，发给工友解雇金，[①]同时发给工友在停工期间每月一半工资的维持费，截至 4 月 15 日。工友称"我们因实际生活困难，故希望馆方于依法发给解雇费之外，在人情上多给我们一些，藉以经持失业后之生活"，而馆方已经无力负担，双方发生争执。尽管市社会局一再劝导，但调解无从成立。市社会局认为劳方要求多发解雇金于法无据，裁决：①关于职工解雇费，资方应即依照本市劳资评断委员会规定之解雇办法如数发给之；②所有职工停工期内之维持费，资方应发给至解雇之日为止。一场纠纷至此结束。[②]

1947 年 5 月，《时事新报》以经济周转不灵，报差薪给暂以八折支付。报差本着劳资合作精神，勉从其意。9 月 14 日，经理室以工作不力通知报差自 16 日起全部解职，既不补发欠薪，也不发放解雇金。报差派代表与报馆交涉，不得要领。10 月下旬，经市社会局调解，以报馆先发给报差解雇金半月工资而了结。[③]

---

① 由于相关资料阙如，无法确实掌握解雇金发放的数额，但根据其后 1947 年 10 月 21 日上海市劳资评断委员会第十次委员会会议修正通过的《工厂解雇无定期契约劳工发给解雇金办法》的规定，可知"在厂工作满一年，未达二年者，发给遣散费一个半月"。参见邵心石、邓紫拔：《上海市劳工年鉴》，上海：大公通讯社，1948 年，第 240 页。

② 《上海市社会局关于〈民国日报〉遣散纠纷的文件》（1947 年 2 月—4 月），上海市档案馆，档案卷宗号：Q6－8－3564。

③ 《上海市社会局关于〈时事新报〉解雇纠纷的文件》（1947 年 9 月—10 月），上海市档案馆，档案卷宗号：Q6－8－3499。

结　语
····· ·····

······

展读战后上海的报纸，满眼尽是杌陧不安的国内局势、风云变幻的国际形势以及林林总总针对不同读者的专刊或专版；报馆自身的境况如何，如果不是特别留意那些零散记录报纸纠纷的新闻，是很容易被我们忽略的。事实上，出于对自身形象的维护，报纸不太愿意报道业内的负面新闻。因此，我们对于报纸的真实状况知之不多。由那些新闻而查阅相关档案，可以看到报馆生存的另一面，如果谓之"水深火热"，并不为过。

经济动荡的影响是普遍而深刻的，每一家报馆及其每一个工友都被殃及。当经济危机袭来时，财力微薄、不善经营或人事管理混乱的报馆很快陷于困境，其自救方式就是降低成本，直指工友的工资待遇；与此同时，工友则为达到基本生活水准而痛苦挣扎，在社会保障体系匮乏的社会，他们只能求诸任职的报馆。以上无论哪一种情形，都不可避免地引发了旷日持久、此起彼伏的劳资冲突。

首先，劳资冲突在一定程度上改变了上海的报业结构。这主要表现在一些报纸频繁停刊或休刊，而另外一些报纸则由大型报改为小型报，或由日报变为夜报。当然，其根本原因还在于报馆财务困乏，但劳资冲突确实起到了重要的催化作用。

《立报》停刊就是一个非常典型的例子。1946年初，报业职业工会与各报社就增加工友底薪发生纠纷，上海市劳资争议仲裁委员会最终裁定劳资双方在法币30元和50元之间各自商定数额。其他各报均先后达成协议，唯独《立报》悬而未决。工友要求底薪最少为45元，报馆允予42元，争持不下。此时《立报》尚在照常出版。3月6日，社长成舍我自北平抵沪，工友代表便与之商谈。成舍我仅愿支付30元的底薪，双方话不投机，顿陷僵局。成舍我表示"即使不出报纸亦无所谓的"，工友以成舍我态度如此强硬，也不勉强，劳资不欢而散。次日，《立报》停刊。[①] 事实上，《立报》自复刊以来亏累不赀，难以为继，劳资冲突终给予《立报》致命一击。

《中美日报》《神州日报》和《市民日报》也与此相似。《中美日报》因为亏折过巨，无法继续出版，再加以印刷部工友怠工，乘机于1946年3

---

① 劳燕：《〈立报〉停版经过　与工人谈判决裂寿终正寝》，《周播》，1946年4月19日第6期。据报道，3月23日，馆方分别发给每位排字工人和职员3.5万元和10余万元遣散费。

月停刊。[①] 同年底，《神州日报》印刷工友以待遇过低，拒绝排印，《神州日报》乃决定停版。

此外，一些大型报纷纷缩减篇幅，改为小型报。"大"改"小"，不仅大大减少了报馆昂贵的纸张支出，同时也削减了油墨、运输和人工等费用。1947年初，《时代日报》即由大型缩为小型。该报自创刊以来就屡受劳资冲突困扰。1945年10月，《时代日报》将报价涨为10元，报差以"送报工资按照报面定价三分之一计算"的约定，要求每送一份报纸的工资涨到3.33元，《时代周报》拒绝涨薪，因此发生劳资纠纷。1946年2月，《时代日报》及其他报纸为印刷工友底薪问题呈请市社会局进行调解，后又提交上海市劳资争议仲裁委员会进行仲裁。1947年1月，印刷工友向《时代日报》提出增加生活津贴未果而罢工。同年3月，报馆工友又要求《时代日报》发放工人家属生活津贴，最后诉至市社会局。所有这些冲突都直接或间接地促使《时代日报》压缩成本，减轻负担。

同时，日报改为晚报也成为一种趋向。1947年3月1日，《时事新报》首先改出晚刊，究其原因，不外乎日报市场竞争激烈、读者购买力下降、纸张来源紧张、报馆支出浩大等因素。[②] 但不能不说也有劳资冲突加重报馆负担的影响。《和平日报》《东南日报》等报纸也有改出晚刊之议。1949年上半年，日报频频改出晚报。1月8日，《前线日报》改名《前线日报晚刊》；5月22日，《中华时报》改名《中华时报晚刊》（另有英文《自由论坛报》于3月7日创刊中文《自由论坛晚刊》）。

其次，劳资冲突影响了报纸新闻报道功能的发挥。这表现在，印刷工友和报贩的怠工或罢工导致报纸无法及时面市，阻滞了新闻的流通，影响了新闻的时效性，一定程度上使社会处于蒙蔽状态。1946年底，《大众夜报》《联合晚报》《大晚报》《华美晚报》《新民晚报》和《新夜报》六报印刷工友向馆方提出年赏要求，由于六报经济窘促，不能满足工友的要求，

————————

①　小将：《新闻中的新闻》，《海晶》，1946年4月11日第8期。

②　上海市夜报联谊会试图阻止《时事新报晚刊》涉足晚报市场，致函市社会局，认为"本市新近改出晚刊之《时事新报》既未获内政部及中宣部核准登记，贸然出版，似与政府管制新闻事业条例不符"，最终未能成功。参见《上海市社会局为办理〈时事新报〉改出晚刊同内政部、上海市政府和市夜联谊会等的来往文书》（1947年3月—6月），上海市档案馆，档案卷宗号：Q6 - 12 - 92 - 43。

各工友于是从 1947 年 1 月 9 日开始罢工，"各报的采访部和编辑部虽照常办公发稿，可是排字房全体工友因为资方不能体谅劳方，都一概袖手旁观"①。10 日，夜报联谊会发表《致各夜报工友书》，呼吁"寻求一个合于双方实情的解决方式，希望在诸位的体谅下，早日恢复我们报人对社会应尽的天职"②。晚报的功能是报道当日发生的新闻，与日报形成补充。上海仅有的 6 家晚报全部停刊，已达 2 天之久，对社会的影响可想而知。事实上，各工友直到 12 日才复工。

1946 年 2 月初，报业职业工会向《中央日报》等 20 家报纸提出增加印刷工友底薪的要求。继 18 日下午商谈之后，19 日下午，双方又在市社会局的主持下继续谈判。会议持续到晚上 7 时，仍未获结果。当晚，各报工友开始怠工，议定次日上午 11 时之前不得出报。鉴于此，为了不致中断新闻报道，20 日凌晨 4 时半，各报主持人决定出版《上海各报联合版》，权作替代。"这'联合版'不登广告，亦完全站在报导新闻的岗位上"（其头条新闻为"军事复员会议昨闭幕　主席亲临致训　率全体谒陵"）。早上 7 时，"联合版"印刷完毕，共计 4 万份。由于未能解决如何张贴的问题，"联合版"一直"按报不动"。11 时，派报工友又向《大公报》《新闻报》《申报》3 家报纸提出减低报价折扣，未获允允，派报工友于是拒绝送报。"各报印就的报纸，原是清晨发出的，这一天到中午还堆积着，成为新闻圈内的一桩大新闻"③。各报发行部电话铃声不断，读者纷纷来电责问。当日，《大公报》《新闻报》《申报》三报未能发行，其他报纸至午后才陆续上市，外埠报纸均未发出。

最后，劳资冲突在一定程度上推动报馆在处理劳资关系时向比较文明和合理的方向发展。可以说，上海的大多数报馆都缺少维护职工权益的现代意识。报馆一旦遭遇经营困境，不是在各个经营环节上开源节流，而是下意识地向职工转嫁危机，而地位较低的工友阶层往往首当其冲。在"劳心者治人，劳力者治于人"的思想的影响下，报馆常常居高临下，粗暴蛮

---

① 王渤、茜茜：《工友联合战线　互相监视行动　各夜报昨集体停版》，《诚报》，1947年 1 月 10 日第二版。

② 《年赏问题陷僵局　各晚报昨仍停刊》，《申报》，1947 年 1 月 11 日第五版。

③ 报童：《情形复杂　协商无效　上海各大报罢工秘闻　报贩要求提高折扣　"联合版"将成纪念品》，《七日谈》，1946 年 2 月 27 日第 11 期。

结　语

• • • • •

横地对待工友，如斥责、避而不见、驱逐、随意遣散、通知警察弹压、漠视政府保护劳工的规定等。有同业就批评《新闻报》总经理詹文浒在处理"《新闻周报》事件"时"官腔十足"，导致事态扩大。[①] 工友也指责詹文浒"一味横蛮，摆足官架子"[②]。在报馆呈递市社会局的信函中也能看到咒骂工友"恶毒""株求无餍"的字词。我们很难想象一个传播知识和文明的文化机构会有如此的行为表现。

与此相对照，夜报联谊会在《致各夜报工友书》中能够平等对待工友，对罢工工友的艰难处境表示同情，希望相互体谅，共渡难关。有人撰文对夜报联谊会的这种态度大加赞赏。在所有报纸中，历史悠久的《申报》可谓各报对待劳资关系的楷模。20 世纪 30 年代，《申报》的劳资关系就十分融洽，对员工的合理要求都能予以满足。[③] 抗战胜利后，《申报》前期时有盈余，后期只能勉强达到收支平衡，但也能够顺应工友的要求，在工资待遇上与《新闻报》接近。1947 年底，《申报》甚至贷款为工友发年赏。这是一般报馆难以企及的。而有口皆碑的《大公报》能够在工潮中相安无事也是其来有自。一方吵吵嚷嚷，一方波澜不惊，两相对照，不能不令一些报馆在处理劳资关系上有所反省和深思。职员和工友恰如报馆的两翼，任何一翼的损伤，报馆将无法高翔。

---

① 李浮生：《浮生散记》，《诚报》，1947 年 5 月 15 日第二版。

② 《上海市派报同人向各界呼吁书》（1947 年），上海市档案馆，档案卷宗号：Q430 -1 - 25 - 129。

③ 李时新：《也谈 1934 年"六报联合特刊"的新闻史学意义》，《国际新闻界》，2011 年第 9 期，第 123 - 128 页。

参考文献

·····

一、报纸

1.《大公报》（上海）

2.《大公报》（天津）

3.《民国日报》

4.《前线日报》

5.《申报》

6.《文汇报》

7.《中央日报》（南京）

8.《报报》

9.《诚报》

10.《东方日报》

11.《大风报》

12.《风报》

13.《活报》

14.《铁报》

15.《辛报》

16.《东南风》

17.《海晶》

18.《快活林》

19.《七日谈》

20.《上海特写》

21.《周播》

二、档案

1.《报馆业、报业、报差业等业与上海市社会局关于复职、申请仲裁调整工资、裁减报差 19 名、年奖等纠纷来往文书》，上海市档案馆，档案卷宗号：Q6－8－282。

2. 《上海市社会局关于〈时事新报〉解雇纠纷的文件》（1947 年 9 月— 10 月），上海市档案馆，档案卷宗号：Q6－8－3499。

3. 《上海市社会局关于〈民国日报〉遣散纠纷的文件》（1947 年 2 月— 4 月），上海市档案馆，档案卷宗号：Q6－8－3564。

4. 《〈中央日报〉等二十家报社与上海市报业职业工会增加工资劳资纠纷争议》，上海市档案馆，档案卷宗号：Q19－1－9。

5. 《上海市社会局关于商报社、报差业与本局有关报差工资问题纠纷经调解复工、开除会员请调解等来往文书》（1946 年 1 月—1948 年 9 月），上海市档案馆，档案卷宗号：Q6－8－285。

6. 《上海市社会局关于〈大美晚报〉工资待遇、复工、解雇等纠纷的文件》，上海市档案馆，档案卷宗号：Q6－8－3113。

7. 《〈中央日报〉概况调查》，上海市档案馆，档案卷宗号：Q78－2－15727。

8. 《上海市社会局为办理〈时事新报〉改出晚刊同内政部、上海市政府和市夜联谊会等的来往文书》（1947 年 3 月— 6 月），上海市档案馆，档案卷宗号：Q6－12－92－43。

9. 《〈申报〉职工薪津销量比较统计》，上海市档案馆，档案卷宗号：Q430－1－11－43。

10. 《上海市派报同人向各界呼吁书》（1947 年），上海市档案馆，档案卷宗号：Q430－1－25－129。

11. 《〈华美晚报〉与上海市社会局关于工资纠纷来往文书》（1948 年 11 月—1949 年 1 月），上海市档案馆，档案卷宗号：Q6－8－283。

12. 《上海市社会局关于文汇报社借薪问题文件》（1947 年 1 月—2 月），上海市档案馆，档案卷宗号：Q6－8－2530。

13. 《上海市社会局关于〈侨声报〉之解雇之纠纷文件》（1946 年 8 月），上海市档案馆，档案卷宗号：Q6－8－2801。

14. 《上海市社会局关于〈中华时报〉年奖纠纷的文件》（1947 年 1 月），上海市档案馆，档案卷宗号：Q6－8－3343。

15. 《上海市社会局关于中央日报欠薪纠纷的文件》（1948 年 12 月），上海市档案馆，档案卷宗号：Q6－8－3348。

16.《上海市社会局关于〈时代日报〉津贴、开除纠纷的文件》（1947年1月—1948年2月），上海市档案馆，档案卷宗号：Q6-8-3494。

17.《上海市社会局关于〈粮食日报〉开除纠纷的文件》（1948年8月），上海市档案馆，档案卷宗号：Q6-8-3685。

18.《上海市社会局关于〈自由论坛报〉停刊纠纷的文件》（1949年4月—5月），上海市档案馆，档案卷宗号：Q6-8-3780。

19.《上海市劳资评断委员会关于报差工资纠纷与〈商报〉工会的来往文书》，上海市档案馆，档案卷宗号：Q20-1-140-1。

20.《上海市劳资评断委员会关于工资问题与〈新闻报〉、上海〈自由论坛报〉的来往文书》，上海市档案馆，档案卷宗号：Q20-1-142。

21.《〈新闻报〉员工服务规则》（1946年6月7日），上海市档案馆，档案卷宗号：Q55-2-176。

22.《〈华美晚报〉概况调查》，上海市档案馆，档案卷宗号：Q78-2-15753。

23.《〈大晚报〉概况调查》，上海市档案馆，档案卷宗号：Q78-2-15740。

24.《申报馆关于人事案卷目录、统计表及名单》（1947年），上海市档案馆，档案卷宗号：Q430-1-6。

25.《申报馆员工薪级表》（1946年1月—1949年6月），上海市档案馆，档案卷宗号：Q430-1-10。

26.《申报馆各种统计表》（1946年），上海市档案馆，档案卷宗号：Q430-1-11。

27.《上海报界动态》（1947—1949），上海市档案馆，档案卷宗号：Q430-1-13。

28.《上海市派报同人向各界呼吁书》，上海市档案馆，档案卷宗号：Q430-1-25-129。

29.《申报馆关于报贩要求买十送三事件的报告》（1946年），上海市档案馆，档案卷宗号：Q430-1-69-107。

30.《全国各大埠"申""新""大公"销数表》（1946年9月4日），上海市档案馆，档案卷宗号：Q430-1-69-136。

31. 《上海市报馆商业同业公会关于调整报价致申报馆函》（1947 年 10 月 17 日），上海市档案馆，档案卷宗号：Q430 – 1 – 25 – 62。

32. 《〈申报〉〈新闻报〉〈大公报〉年销数一览表及文字说明》（1947 年 8 月），上海市档案馆，档案卷宗号：Q430 – 1 – 25 – 77。

33. 《申报馆员工休息日开（升）工暂行办法》（1946 年），上海市档案馆，档案卷宗号：Q430 – 1 – 74 – 20。

34 《颁布员工考勤办法》（1945 年 12 月），上海市档案馆，档案卷宗号：Q430 – 1 – 75。

35. 《〈新闻报〉几个时期职工工资单》，上海市档案馆，档案卷宗号：Q430 – 1 – 265。

36. 《上海市军事管制委员会文化教育管理委员会工作计划草案（新闻出版）》，上海市档案馆，档案卷宗号：Q431 – 1 – 1。

三、资料

1. 《上海工运志》编纂委员会编：《上海工运志》，上海：上海社会科学出版社，1997 年。

2. 《上海劳动志》编纂委员会编：《上海劳动志》，上海：上海社会科学院出版社，1998 年。

3. 《上海新闻志》编纂委员会编：《上海新闻志》，上海：上海社会科学院出版社，2000 年。

4. 邵心石、邓紫拔：《上海市劳工年鉴（1948 年）》，上海：大公通讯社，1948 年。

5. 中国第二历史档案馆：《中华民国史档案资料汇编》（第五辑　第三编　财政经济　七），南京：江苏古籍出版社，1999 年。

6. 上海市政协文史资料委员会：《上海文史资料存稿汇编·教科文卫》，上海：上海古籍出版社，1991 年。

7. 全国政协文史资料委员会：《文史资料存稿选编·文化》，北京：中国文史出版社，2002 年。

8. 中国科学院上海经济研究所、上海社会科学院经济研究所编：《上海解放前后物价资料汇编（1921 年—1957 年）》（上下册），上海：上海人民出版社，1959 年。

9.《最近之五十年》，上海：申报馆，1922 年。

四、专著

1. 陈明远：《那时的文化界》，太原：山西人民出版社，2011 年。

2. 陈明远：《文化人的经济生活》，上海：文汇出版社，2005 年。

3. 程延园：《劳动关系》，北京：中国人民大学出版社，2002 年。

4. 董天策：《中国报业的产业化运作》，成都：四川人民出版社，2003 年。

5. 高郁雅：《国民党的新闻宣传与战后中国政局变动》，台北：台湾大学出版委员会，2005 年。

6. 黄天鹏：《中国新闻事业》，上海：上海联合书店，1930 年。

7. 胡太春：《中国报业经营管理史》，太原：山西教育出版社，1999 年。

8. 刘明逵、唐玉良：《中国近代工人阶级和工人运动》（第十三册），北京：中共中央党校出版社，2002 年。

9. 马光仁：《上海新闻史（1850—1949）》，上海：复旦大学出版社，1996 年。

10. 潘君祥、王仰清：《上海通史（第 8 卷）·民国经济》，上海：上海人民出版社，1999 年。

11. 宋钻友、张秀莉、张生：《上海工人生活研究（1843—1949）》，上海：上海辞书出版社，2011 年。

12. 王敏：《上海报人社会生活（1872—1949）》，上海：上海辞书出版社，2008 年。

13. 上海社会科学院经济研究所：《中国近代造纸工业史》，上海：上海社会科学院出版社，1989 年。

14. 徐新吾、黄汉民：《上海近代工业史》，上海：上海社会科学院出版社，1998 年。

15. 徐铸成：《报海旧闻》，上海：上海人民出版社，1981 年。

16. 俞克明：《现代上海研究论丛》（5），上海：上海书店出版社，2008 年。

17. 张仲礼：《近代上海城市研究》，上海：上海人民出版社，1990 年。

18. 周雨：《大公报人忆旧》，北京：中国文史出版社，1991 年。

五、论文

1. 白华山：《旧上海民族资本企业工资形态述略》，《历史教学问题》，1998 年第 5 期。

2. 《职员薪工座谈会记录》，《人人周刊》，1946 年第 2 卷第 6、7 合期。

3. 陈达：《上海的劳资争议与罢工（1937—1947 年）》，《教学与研究》，1957 年第 6 期。

4. 陈光：《1926—1931 年：上海缫丝业劳资关系述评》，《探索与争鸣》，2003 年第 12 期。

5. 陈光：《冲突到稳定：上海劳资关系研究（1925—1931）》，华东师范大学博士学位论文，2007 年。

6. 储安平：《白报纸!》，《观察》，1947 年第 3 卷第 9 期。

7. 《肺病油墨和印刷工友》，《中国劳工》，1948 年第 8 卷第 8、9 期。

8. 《馆内大事月记》，《申报馆内通讯》，1948 年第 2 卷第 4 期。

9. 冀文彦：《上海市政府对工人失业问题的解决（1945—1947 年）》，华东师范大学硕士学位论文，2008 年。

10. 何扬鸣：《论〈东南日报〉的企业化经营》，《新闻大学》，1997 年第 2 期。

11. 黄汉民：《试析 1927—1936 年上海工人工资水平变动趋势及其原因》，《学术月刊》，1987 年 8 期。

12. 兰：《上海职员们的最低生活费是多少》，《经济周报》，1945 年第 1 卷第 1 期。

13. 李联社：《1931 年上海出版业劳资纠纷述略》，《河南大学学报》（社会科学版），2000 年第 2 期。

14. 李时新：《1946 年上海〈立报〉改组探因——澄清〈立报〉晚期的

一段史实》,《新闻知识》,2011 年第 12 期。

15. 李时新:《也谈 1934 年"六报联合特刊"的新闻史学意义》,《国际新闻界》,2011 年第 9 期。

16. 李时新:《1945—1949 上海报业的生存困境及其影响》,《新闻春秋》,2015 年第 1 期。

17. 李时新:《1946—1949 上海报业劳资冲突及其影响》,《新闻春秋》,2017 年第 2 期。

18. 李彦军:《南京国民政府初期工人的维权意识探析——以 1928 年初上海三大公司劳资纠纷为例》,《周口师范学院学报》,2009 年第 6 期。

19. 《联合大赠送 中国报纸创举 同业纷起效尤》,《申报馆内通讯》,1947 年第 1 卷第 1 期。

20. 《民营报纸怎样过年关》,《上海文化》,1947 年第 12 期。

21. 穆逸群:《〈东南日报〉的变迁》,《新闻研究资料》,1985 年第 33 辑。

22. 齐振华:《上海的工资问题》,《中国建设》,1946 年第 2 卷第 6 期。

23. 《上海报纸与美联路透纠纷》,《报学杂志》,1948 年试刊号。

24. 沈切:《三十六年度年赏问题》,《社会月刊》,1948 年第 3 卷第 1 期。

25. 沈松华:《民国报业的公司化进程研究》,《杭州师范大学学报》(社会科学版),2009 年第 7 期。

26. 《〈申报〉二十四小时 一张报纸的诞生史》,《申报馆内通讯》,1947 年第 1 卷第 2 期。

27. 《特约医师》,《申报馆内通讯》,1947 年第 1 卷第 2 期。

28. 煌:《联合大赠送 中国报纸创举 同业纷起效尤》,《申报馆内通讯》,1947 年第 1 卷第 1 期。

29. 田彤:《南京国民政府时期(1927—1937)劳资争议总体概述》,《近代史学刊》,2006 年第 3 期。

30. 王大庆、焦建国:《劳动关系的理论与西方发达国家的实践》,《经济研究参考》,2003 年第 51 期。

31. 王明贵:《近代上海劳资争议治理对策初探(1927—1937)》,《黑龙江史志》,2009 年第 9 期。

32. 王奇生：《工人、资本家与国民党——20 世纪 30 年代一例劳资纠纷的个案分析》，《历史研究》，2001 年第 5 期。

33. 王善宝：《上海市工人生活费指数之编制方法》，《社会月刊》，1946 年第 1 卷第 1 期。

34. 《物价威胁人民生活　政府应采取措施》，《中央周刊》，1948 年第 10 卷第 24、25 合期。

35. 徐思彦：《20 世纪 20 年代劳资纠纷问题初探》，《历史研究》，1992 年第 5 期。

36. 邵雍：《1935 年上海法租界人力车夫罢工初探》，《社会科学》，2009 年第 1 期。

37. 魏文享：《雇主团体与劳资关系——近代工商同业公会与劳资纠纷的处理》，《安徽史学》，2005 年第 5 期。

38. 姚福申：《解放前〈新闻报〉经营策略研究》，《新闻大学》，1994 年第 1 期。

39. 袁义勤：《上海〈民国日报〉简介》，《新闻研究资料》，1989 年第 1 辑。

40. 袁义勤：《胡健中与〈东南日报〉》，《新闻大学》，1993 年第 1 期。

41. 袁义勤：《〈中美日报〉始末》，《新闻研究资料》，1989 年第 47 辑。

42. 张昆：《新闻传播史体系的三维空间》，《新闻大学》，2007 年第 2 期。

43. 郑一禾：《报业总崩溃》，《新闻天地》，1947 年第 21 期。

44. 郑一禾：《中国新闻事业轮廓画：灭顶以前的游泳》，《新闻天地》，1947 年第 26 期。

45. 周卫平：《南京国民政府时期劳资争议处理制度研究——以上海为主要视角》，华东政法大学博士学位论文，2008 年。

46. 周仲海：《建国前后上海工人工薪与生活状况之考察》，《社会科学》，2006 年第 5 期。

47. 宗亦耘：《20 世纪二三十年代上海报业的运营机制与规律》，《上海大学学报》（社会科学版），2006 年第 2 期。

关于上海报业劳资关系的
相关档案资料

…………

一、上海市报业工会要求改善待遇调解会议纪录（1946 年 2 月 18 日）

时间：民国三十五年二月十八日下午二时

地点：社会局

出席者：劳方代表六人

　　　　资方代表十八人

主席：张振远

纪录：孙维瀚

报告事项：

主席：（略谓）今天是召集报业劳资调解会议，本局对于劳资双方希望互相谅解，竭诚合作，根据劳方请求增加工资应先提出关于请求之理由，即请劳方代表声述。

劳方　孙镜湖：现在生活高昂，以前待遇不足维持生活，所以要求改善，增加工资，今后工资须一律平等，根据廿六年新闻报职工待遇平均计数，最低底薪五十五元乘现时生活指数为加薪标准，各报待遇虽有不同但必须统一规定，方称公允。新闻报、申报薪水最大，有双薪、有津贴等其他，一年照十二个月计算。

主席：劳方要求增加工资业经说明理由，请资方发表意见。

大公报　李子宽：本报印刷全部工程由上海印刷所代排、代印，所以工友与本报不发生工作上关系。

辛报：由良华印刷所代印。

大晚报：由正言报代印、时事新报代排。

和平日报：委托联合日报代排、代印。

神州日报：由利国印刷所代印。

大英夜报：中央日报代印、代排。

华美晚报：正言报代排、代印。

时事新报：自排，委正言报代印。

中美日报：自排，民国日报代印。

主席：根据各报说明代印是相当包工制，此点请劳方注意。

讨论事项：

劳方：劳方所提五十五元底薪乘当时生活指数，系最低标准，如"新""申"两报薪水更大更有例外，奖金约可五个月，即现在新闻报每月特支一万元，申报每月九千元。

主席：昨晤申报当局潘公展先生，谈及此事，嘱注意工资只能每年以十二个月计算，不能十二个月以外。在廿六年平均工资有无五十五元之标准，请各报将廿六年度薪水各自列表提出参考。

辛报：本报由良华印刷所代印，其间工作不同，职务服务年数均有出入，照普通工资概况：

印机：二〇〇—二八〇

排字：一四〇—一八〇

领班：二八〇—三〇〇

铸版：二四〇

助手：一四〇—二〇〇

拼版：二〇〇—二六〇

助手：一六〇—二〇〇

大公报：本席意当时工资最高三十元之数提起参考。

中宣部　冯有真：上海报各有大小不同，劳方代表要求改善不能一概而论，本人站在中宣部立场说，新闻界不应发生怠工情形的，改善待遇一定要大家商量合理解决，□各业的模样，切须安定不发生工潮，劳方顾念资方之困难，双方大家体谅，至工资一律是否妥善或相差一点，俾资鼓励改善待遇原则，合理的惟低薪加以研究，照生活指数发给，请工方研究。

劳方　董仁贵：关于口头上说，前已听到，口惠而实不至，战后工资已一律待遇，工资必须统一，支给以五十五元为最低底薪。提起要求，原为简易手续，求迅速解决起见，否则条件之提有十二项之多。

主席：双方遵照冯先生意思互相研究得到合理的解决，但工友确有技术上、年数上之不同，亦应注意，根据各报所举工资，最高为三十元，双方研究求得一合理解决。

文汇报：本报为战后创办，所以当局对于工友待遇改善极赞同，惟各报各有不同。

新闻报　詹文浒：廿六年工资最低十七元、最高八十八元，一百〇三元者一人，平均工资为五十二元五角内，须除饭资四元，实际工资四十八元五角。至以前是有多给五个月，现在每月每人暂借一万元，但只限期到四月为止，此在生活指数未定前临时措施。

申报：廿六年工资三十元，最低二十元，现在每月暂借九千元，以前年加薪二元、加三元。卅一年加五元、七元。

民国日报　管际安：想到廿六年最高廿八元，最低十八元。

主席：现在据劳方所提五十五元乘生活指数确甚直捷，但顾各报实际情形，解决极感费事，现须应双方意见如何解决办法较为迅速，但最为紧要者，如何可使工人生活。工方不要认为物价涨无止境，昨听市长示关于物价已经奉令可予断然之处置，相信从此物价决不再会狂涨且能回低，姑暂以工薪三万元计算，□听取各位表示劳方合理要求，不妨尽量发表意见作本局之参考。

劳方　华国铮：研究所得，新闻报提五十二元五角是否合符，即以此工资照现时生活以及各物价继续涨价是否能生活，坦直地说，工人所提者为最低限度，绝对无让步，绝对不应研究。

主席：报业与他业一般图利者不同，如照劳方所表示期期以为不可，要加以研究，工资照一般情形而论，一定要分别技术职务等标准讨论工人最低生活薪水计数。

新闻报：声明本报所提五十二元五角除四元饭费实际四十八元五角。

主席：工方能不能即以四十八元五角来研究。

劳方：照五十五元并不大。

主席：请求劳方代表相信我劝导的话，我主张来换一个方式商议，在没有得到解决，如今日不能解决时，不得认为解决决裂，在报馆工人方面各有重大关系，请劳方代表接受。我请资方代表在另一观点自由讨论，交换意见，请劳方代表同样在另一□交换意见，今天谈话如不得结果时，不能认为决裂，请双方代表接受。

劳方：表示接受。

资方：表示接受。

休息十五分。

主席：劳资双方个别谈话听取意见后当报告局长定夺，议定十九日下午二时继续会议。

散会。

民国三十五年二月十八日

为报业工会要求改善待遇纠纷召集调解会议纪录出席者：

劳方代表：

董仁贵　陈邦达　孙镜湖　胡芝文　陈熙林　华国铮

报方代表：

中宣部代表	冯有真
大公报代表	李子宽
时事新报	庄芝亮（周曾祚代）
和平日报	陈保生　叶性吾
大英夜报	来岚声
神州日报	程硕夫（张祥生代）
正言报	徐亚倩
新闻报	詹文浒
申报	王尧钦
英文大美晚报	吴嘉棠
文汇报代表	储玉坤　任茹□
大晚报代表	王乐山
民国日报	管际安
华美晚报	张志韩
前线日报	邢颂文
立报	田丹佛代表周素人
中美日报	高明强
中央日报	沈公谦

二、上海市报业工会要求改善待遇继续调解会议纪录（1946年2月19日）

时间：民国三十五年二月十九日下午二时

出席者：

劳方代表：董仁贵　陈邦达　孙镜湖　胡芝文　陈熙林　华国铮

报方代表：

中宣部代表	冯有真
申报馆	陈①
大公报代表	李子宽
立报	田丹佛
中美日报	高明强
辛报	宓季方
正言报	徐亚倩
前线日报	邢颂文
中央日报	沈公谦
文汇报代表	严宝礼
时事新报	周曾祚
华美晚报	李日九
新闻报	詹文浒
神州日报	程硕夫（张祥生代）
大英夜报	来岚声
大晚报馆	王乐山
民国日报	管际安
和平日报	叶性吾　陈保生

主席：张振远

纪录：孙维瀚

---

① 原文不全，疑为申报馆总经理兼总编辑陈训念。

报告事项：

主席：（略述）昨天休息之后，双方各自集团讨论，本人听到工方意见，底薪由五十五元退让到五十二元五角，馆方认为有讨论余地者，可重新研究。昨天本人已经将一切情形报告局长，承局长指示，希望工方不要坚持原则，须两面顾到，不得有任何越轨行为，同时希望馆方不要有成见，将一个原则平心研究。假定没有一定意见，本局可提出主张供大家研究，以期合理地解决。现在可否请馆方对于工资底薪原则发表确切意见。

讨论事项：

大公报　李子宽：提议工资廿六年新闻报四十八元五角，其他各报还低。馆方希望工友与馆方合作，任何一方各执成见，是不能解决纠纷，须工方减低，报方增高，方得解决。感觉工资必须要分等次，报馆经济各不相同，不能接受同一条件，应将各报亦分列三类。工资标准分等权，并非报馆自定，须请社会局决定。同一报馆工资还是要分高低，应以工作技能为标准。馆方意思，应先定工作标准，再定最高工资，设以六号字新闻排三千字，广告排四千字，有最高技术得最高工资，工资照生活指数升降，附带声明代印者不应认为资方。

主席：上项各条件可以商量。

劳方：方才馆方意见已听到，工方自无反对之理，但有点小意见说说。向来报业劳资纠纷并不经外界或任何机关来调处，总是融洽解决，此次到社会局调解是不得已的事。昨天千余工人听到不得解决已有行动之状，经代表劝阻，如定最好协议，不必多争，大家可以五十二元五角为标准接近谈谈。

主席：一个问题应予研究，既已研究不妨多研究，李先生所提各项希望工方诚意研究。

劳方：关于各报经济情形之不同是大家知晓的，工资必须统一不能分等，反对由社会局来分级。关于米贴四元，系馆方含糊。五十二元五角连米贴实际即是薪水，照五十二元五角并不多。依生活指数升降是合理的。再各报工作分次其实相差无几，何以以前工资有大小之分呢？此是资方故意造成。随意指派各报设备之不同，稿底字认识之易难，对于排字效率大有关系，所以三千、四千甚之一千三百是不能确定的，又有精神上高兴与不高兴。

主席：听得工方说明米贴四元实际即是薪水，究竟如何，请新闻报代表说明。

新闻报　王松涛：照账记载，五十二元五角内米贴四元是照账的，对于工方所说工作高兴多做，不高兴少做是无理由的，工作一定要有标准是合理的。

管际安：五十二元五角乘生活指数双方没有问题，可定一法币基本百分数。

主席：双方意见已听到，管际安先生所说五十二元五角照一月指数计算作为百分数以后照市价升降。

劳方：主张五十五元照生活指数，否则根据电力公司调解办法办理。

主席：电力公司与报业情形不同，不能以他人的来作标准。照五十二元五角计，法币五万八千四百元，假定约数要求从二月份起，现照一月份指数，如二月份指数，有上下照升降。

新闻报：五十二元五角乘一千〇六十二，仅得法币五万五千七百五十五元。

主席：就以五万五千七百五十五元作中心标准，二月份起指数应照升降。

劳方：无异言。

馆方：建议为使容易解决事态，可否工资分级。

主席："新""申"两报工作成绩，工方昨已说过，劝勉馆方能不能接受我的提议来加以研究。

孙镜湖：补充工方意见，分级不必，工资统一照"新""申"两报待遇，工友供宿有，报工子弟教育、婚丧喜庆有津贴，种种地方多好，其他是没有的。

冯有真：昨天参加会议因有别事离去，今天知道继续会议故来参加。听到工友提出的理由非常赞同，但是馆方困难亦当顾及，希望双方以互让精神来合理之解决。分级不必谈，各报应否分级作另一问题，即照五十二元五角基薪，馆方确实负担不了，宜平心静气加以讨论，希望双方不必坚持成见。各工友代表要使馆方能负担得了的加薪数字，再来考虑，要使工人得到合理的提高，大家心平气和研究一下。

孙镜湖：方才冯先生的话在理论方面接受的，不过希望不要坚持一点，请原谅，并不是说要坚持没有讨价还价，假使说要还价讨价，条件有十二条，现在并不提出，工人方面要声明是平心的。

主席：本人在调解人立场在不变原则之下，即是五十二元五角、四十八元五角加四元是米贴，确认无讹，四元虽小能加考虑，希望在十分诚意中双方加以考虑比较接近点谈谈，本人在调解地位劝双方接近一点，决定之权操之双方。

劳方：调解一天由五十五元让到五十二元五角，让去二元五角，假使多日调解，工人可不吃饭，今天如果不能得到结果，可退席。

主席宣布休息片刻。

继续会议。

主席：在休息时间馆方有一小会议，局长在劝导，因时间不早，局长另有要公，不能到来，特请主任秘书潘先生来代表劝说。

主任秘书：……方才馆方有一会议，未得结果，所以兄弟来与各位说明，敝局长意思，各位的意见，敝局长表示非常关切，不过在出版方面断断不能有不良现象，今天时间不早，不能得到结果，要与各位再三声明，能今天解决最好，倘如不能得到结果，明天决定，对于双方有极公允的条件决定。此项决定，或有一方不满足，本局希望无论如何要在法律规定内求解决，如万一有不满足，可申请仲裁，在仲裁期间双方不得有任何行动，关于一点，须郑重说明，即务须照常出版，郑重声明今天包括在内，总之，希望在法律范围内求合理之解决。

馆方声明馆方完全接受意见。

劳方：方才主任秘书潘先生代表局长意见，照常例来说代表是应当接受的，但工人千余代表在实际是否能做到不能说，定应尽力做去，惟不能担保，倘做不到要声明不能见责。

主任秘书：好在明天就可决定，请各代表维持一夜，希望多负点责任。

劳方：本代表等是代表中推出之代表，他们都在听消息，昨天说今天可解决，但是又不得解决，使我们失信于工友，所以不能再负责。

主任秘书：不能负责，抱憾之至。

劳方：千余工人六代表那里可负责，既不得解决全体退席。

主席：请诸位少坐片刻，听我说几句话，我们局长已决定明天将本件决定，现在因有纱厂会议不免不克抽暇到来与诸位见面，决定书明天下午五时准可送达，决定书一定不使工方吃亏，今天一夜无论如何请工方接受，局长意旨主任秘书劝导，相信工友他们能够遵守，各位能够做到。

散会。

三、上海市劳资争议仲裁委员会会议纪录（1946 年 2 月 28 日）

事由：评议上海中央日报等二十报社与上海市报业职业工会增加工资劳资争议仲裁案

时间：民国三十五年二月廿八日下午三时

地点：市府大厦一楼一七三号室

出席委员：孙主任委员芹池　　上海市政府

　　　　　戴委员时熙　　　　上海市政府

　　　　　徐委员福基　　　　上海地方法院

　　　　　金委员润庠　　　　上海市商会

　　　　　叶委员翔皋　　　　上海总工会

主席：孙主任委员芹池

纪录：赵颐年

开会如仪：

主席致词略述本案经过，并请各委员先行决定评议议程，就各该范围内尽量发表意见以备公决。

各委员决定评议本案议程两项：

（一）工资分级问题。

（二）委托排印问题。

主席：现在先讨论第一个议程，即工资分级问题，应分级还是不应分级，附带着就是工资数额问题。

徐委员：本席是主张工资应分级的，工人中技术与资历不尽相同，如一律待遇，不独因各人担任工作繁简不同，难易不同，欠缺公允，抑且阻止技术上的进步与鼓励工作的不竞争。

金委员：本席完全同意徐委员的意见，看报业工会的答辩书上所用"同工同酬"一段，他们是错误了，原法规立法本意，解释是说：同样的工作应有同样的报酬。就本案而言，铸字工人与排字工人，再有印刷工人各自的工作，大不一样。

主席："同工同酬"这一名词，本席已与社会部问过，劳方在他们呈文上是曲解的。

戴委员：本席也赞同分级制，不分级就不有进步，譬如说甲排字工人每小时可排一千字，乙排二千字，如果每人是一律工资，乙也不必卖力排到二千字，甲也不必努力竞争，排过一千字，大家对于进步都淡泊了。再说工资没有等级，努力是白费，因为努力了也没有进级加薪的指望。

叶委员：分级制也有可考虑地方，即以戴委员所举的例，甲乙两工人，甲工资高过于乙，而事实上两人担任同样的排字工作，乙心里想，我们两人工作既然一样的忙，他工资比我大，这不是不公平的么，我又何必再卖力气呢，因为在事实上并不是一家技术优即工资高的。

金委员：照叶委员所说情形，工人一不求工作上的竞争，那是他没出息。

徐委员：一个学徒与一个领班，这其间有若干岁月的距离，由学徒做到领班，至少十多年，这是不应一律待遇之一，再说做到一个领班，总有相当年纪，须担负家庭生活，不比一般学徒未成婚，个人生活自己管自由，这是不应一律待遇。

主席：据各位委员高见，赞成分级的占多数，本席也是主张分级的。现有一点理由补充，本案劳方既坚持工资须以底薪乘当月的工人生活指数，一方又不承认二十六年时的底薪制，要求统一工资，这似乎说不过去，现在我们决定了工资分级，各位有异议没有。

各委员无异议。

主席：意见一致，现在再讨论分级制下面的薪额问题，请各位发表意见。

叶委员：本案资方提出的三级制，最低三十六元，最高四十五元，都觉太低，拟均予提升。

金委员：工资最低三十元，依一月份工人生活费总指数乘一千〇六十二倍为三万一千八百六十元，本月该指数又上升，大约是一千八百倍，则为五万四千元，此数决不为少。

戴委员：要注意最低工资如果定得太大了，资力薄弱的报馆负担不起只得停业，工人就吃亏了。

金委员：即使不致停业，裁员减政或不收或停收学徒，都是劳方吃亏的。

叶委员：学徒一节倒不必过虑，因为学徒在习惯上是不算工人的，学徒也不能加入工会的。

徐委员：最低工资三十元并不为少，似不相宜再予提高，过分提高会间接刺激物价上涨，本案是本会受理的第一案，要注意它的领导性。

主席：最低三十元现经多数决定了，那应最高呢？

金委员：最高额不妨加高，它的影响小。

徐委员：最高额的加高是可行的，它对于目前已支高薪的工人如申报、新闻报并无妨碍，因为支高薪的工人究占少数，只要资方因感情或资力原因，愿意多给，也无碍于限度的。

金委员：资方呈文上最高额是四十五元，似可提升至五十元，这五十元之数是资方事实上所付的最高数五十二元五角与四十六元五角的折衷。

徐委员：资方愿出的四十五元最高额似嫌不足，提升到五十元恰到好处，资方在卅元与五十元范围内得自由伸缩，与劳方参照工人的工作技能、服务经验暨资方本身过去惯例、营业状况，个中商定工资基数。

戴委员、叶委员附议。

金委员：工资最低卅元、最高五十元，劳资两方如因特殊情形在该两极基数以外，两愿约定工资基数，自亦不受限制。

各委员均赞同。

主席：工资分级暨数额的问题现已议决，关于委托排印问题，请各位发表高见。

徐委员：委托印刷所代排、代印之报纸，其契约当事人报馆是定作人亦即委托人，印刷所是承揽人。在此情形之下，报馆与工人并不发生直接劳资关系，印刷所工人是这一承揽契约外第三人，自不在本案争议之内，可不必详议。

戴委员：徐委员意见高明之至。

金委员、叶委员附议。

主席：别位有无意见。

众无异议。

主席：那就这么决定了，现在评议完毕，依法制作仲裁书，后天（星期六）仍是下午三时请各位再到此，宣读仲裁书，合意后签署结案。

主席宣告散会。

中华民国三十五年二月廿八日

主席　孙芹池

纪录　赵颐年

上海市劳资争议仲裁委员会三十五年二月二十八日会议 签名单

上海地方法院　徐福基　　　　上海市商会　　金润庠

上海总工会　　叶翔皋　　　　上海市政府　　戴时熙　孙芹池

（以上均摘自《〈中央日报〉等二十家报社与上海市报业职业工会增加工资劳资纠纷争议》，上海市档案馆，档案卷宗号：Q19 - 1 - 9）

四、上海市报业同业公会章程草案

第一章　总则

第一条　本章程论据工业同业公会法、工业同业公会法施行细则订定之。

第二条　本会定名为上海市报业同业公会。

第三条　本会以谋报业之改良发展，及矫正同业之弊害为宗旨。

第四条　本会之区域，以上海市为范围。

第五条　本会事务所暂设于北河南路民国日报社。

第二章　任务

第六条　本会之任务如左（下）：

（一）关系会员事业经营上必要之协调。

（二）关系会员日报之共同发售，原料材料之共同购入，或处理仓库运输之设备，及其他会员专业有关之共同设施。

（三）关于会员业务之指导、研究、调查及统计。

（四）办理合于第三条所揭宗旨之其他事项。

第三章　会员及会员代表

第七条　凡在本区域内有机械动力之设备，或平时雇佣工人三十人以上之报馆不论公营或民营，均应为本会会员。前项会员，推派代表，出席本会，称为会员代表。报馆加入本会为会员时，就填送会员详细状况表，以备查考。

第八条　本会会员代表，以报馆之经理人、主体人或重要职员充任之，其人数依左（下）列之规定：

（一）资本不足五百万元者一人。

（二）五百万以上不满一千万元者二人。

（三）一千万元以上，不满三千万者三人。

（四）三千万元以上者四人。

报馆资本已登记者，依其登记额，未登记者，依其实收额，各自报告于本会。

第九条　本会会员代表，以有中华民国国籍，年在二十岁以上者为限。

第十条　有左（下）列情事之一者，不得为会员代表：

（一）背叛国民政府者，经判决确定，或在通缉中。

（二）曾服公务而有贪污行为，经判决确定，或在通缉中者。

（三）褫夺公权者。

（四）受破产之宣告，尚未复权者。

（五）无行为能力者。

（六）吸食鸦片，或其代用品者。

第十一条　会员代表丧失国籍，或发现前条各款情事之一时，原推派之会员，应撤换之。

第十二条　会员代表有不正当行为，致妨害本会名誉信用者，得以会员大会以议决，通知推派会员，撤换之。

第十三条　会员推派代表时，应给以委托书，并另填具履历，以书面通知本会，经审查合格后，方得出席会议，改派时亦同。

第十四条　会员之表决权，选举权，比例于其缴纳会费单位额，由其所派之代表共同行使之，每一单位为一权，会员代表因事不能出席会员大会时，得以书面委托他会会员代表代理之。

第十五条　会员非迁移其他区域、自动废弃或受永久停业之处分者，不得退会。

第十六条　报馆不依法加入本会，或不缴纳会费，或违反章程及决议者，得经理事会之决议，予以警告，警告无效时，得按其情节轻重，依工业公会法第二十七条规定之程序，为左（下）列之处分：

（一）一千万以下之违约金。

（二）有期间之停业。

（三）永久之停业。

前项第二款第三款之处分，非呈经主管部核准，不得为之。

第四章　组织及职权

第十七条　本会设理事十一人至十五人，组织理事会，监事五人至七人，组织监事会，均由会员大会就代表中用记名选举法选任之。选举前项理事监事时，应另选候补理事三人至五人，候补监事一人至三人，但不得逾会员名额之半，遇有缺额，依次递补，以补足前任任期为限，未递补前不得列席会议。

第十八条　当选理监事及候补理监事之名次，依得票多寡为序，票数相同时，以抽签定之。

第十九条　理事会设常务理事三人至五人，由理事会就理事中用无记名选举法互选之,以得票最多数者,为当选,但不逾理事额三分之一。常务理事有缺额时,由理事会推选之,其任期以补足前任任期为限。

第二十条 理事就当选之常务委员中,用无记名单记法选任理事长一人,以得票满投票人半数者为当选,若一次不能选出时,应就得票数最多之二人决选之。

第二十一条 理事会之职权如左(下):

(一)执行会员大会决议案。

(二)召集会员大会。

(三)执行法令及本会章程所规定之任务。

第二十二条 常务理事的职权如左(下):

(一)执行理事会议决案。

(二)处理日常事务。

第二十三条 监事之职权如左(下):

(一)监察理事会执行会员大会之决议。

(二)审查理事会处理之会务。

(三)稽核理事会之账政出入。

第二十四条 理事及监事任期,均为四年,每二年改选半数,得连任一次。前项每一次之改选,以抽签定之,但人数为奇数时,留任者之人数,得较改选者多一人。

第二十五条 理监事有左(下)列情事之一者,应即解任。

(一)会员代表资格丧失者。

(二)因不得已事故,经会员大会议决,准其辞职者。

(三)依工会同业公会法四十二条解职者。

第二十六条 本会理监事,均为名誉职。

第五章 会议

第二十七条 本会员大会,分定期会议及临时会议两种,均由理事会召集之。定期会议,每年开会二次,临时会议,于理事会认为必要,或经会员代表表决权数十分之四以上之请求,或监事会函请召集时,召集之。

第二十八条 召集会员大会,应于十五日前通知之,但有工业同业公会法第二十六、第二十七条之情形，或因紧急事项，召集临时会议时，不在此限。

第二十九条　本会会员大会开会时，由常务理事组织主席团，轮流主席。

第三十条　本会会员大会之决议，以会员代表表决权数过半数之出席，出席权数过半数之同意行之。出席权数不满过半数者，处行假决议，在三日内将其结果通告各代表，于一星期后二星期内，重行召集会员大会，以出席权数过半数之同意，对假决议行使决议。

第三十一条　左（下）列各款事项之决议，以会员代表表决权数三分二以上之出席，出席权数三分二以上同意行之，出席权数不满三分二者，得以出席权数三分以上之同意，行假决议，在三日内，将其结果通告各代表，于一星期后二星期内，重行召集会员大会，以出席权数三分二以上之同意，对假决议行使其决议。

第三十二条　本会理事会，每两月至少开会一次，监事会，每三月至少开会一次。

第三十三条　理事会开会时，须有理事过半数之出席，出席理事过半数之同意，方能决议，可否同（意）数取决于主席。

第三十四条　监事开会时，须有监事过半数之出席，临时互推一人为主席，以出席委员过半数之同意，决议一切事项。

第三十五条　理事监事开会时，不得委托代表出席。

第六章　经费

第三十六条　本会经费，分会员及事业费两种。

第三十七条　会员会费，比例于其资本额缴纳之，资本不满五百万元者，所缴纳会费为一单位，五百万元以上，不满一千万元者，为二单位，一千万元至三千万为三单位，三千万以上为四单位，每单位定为一万元。

第三十八条　会员迁移其他区域，或自动废业，或受永久停业之处分时，会费概不退还。

第三十九条　本会会费预算决算，于每年年度终了一个月以内，编制报告书，提出会员大会，通过刊布，并呈报主管机关备案。

第四十条　会计年度，每年一月一日始，至同年十二月三十一日止。

第四十一条　事业费之分担，每会员至少一股，至多不得过五十股，但因必要时，得经会员大会之决议，变更最多之限制。事业费总额，及每股数额，由会员大会决议，呈主管机关核准。

第四十二条　前条之事业费，会员非于迁移其他区域，或自动废业，或受永久停刊之处分时，不得请求退还，退还事业费，须于年度终了时为之。请求退还事业费之会员，与本会之结算，应以退股时本会财产之状况为准。请求退还事业费，会员之出资，不问其种类，均得以金钱抵还，退还事业费时，关于本会所兴办事业内之事务，有未了结者，于了结后，计算并分派其盈亏。

第四十三条　本会会员，对于本会兴办事业之责任，得依兴办之决议，于担任股额外，另负定额之保证责任。迁移其他区域，自动废业，或受永久停业处分之会员，对于前项之保证责任，于退还事业费后，经过二年，始得解除责任。

第四十四条　本会事业费之预算决算，依本章程第三十九条之程序办理。

第四十五条　本会事业费总额及每股金额之变更，保证责任之规定，或本会事业之停止，均应于依法决议后，呈请主管机关备案。事业费停止后，凡属所营事业之财产，应依法清算，清算人由会员大会推定之。

第七章　附则

第四十六条　本章程未规定事项，悉依工业同业公会法施行细则办理之。

第四十七条　本章程如有未尽事宜，经会员大会议决，呈准主管机关修改之。

第四十八条　本章程经会员大会议决，呈准主管机关，备案施行。

（摘自《上海市报业同业公会章程草案》，上海市档案馆，档案卷宗号：G21-1-9）

五、上海市派报业职业工会简章（1948年10月制订）

第一章　总则

第一条　本章程依据工会法及工会法施行细则订定之。

第二条　本会定名为上海市派报业职业工会。

第三条　本会以增进会员智识技能，宣扬文化事业为宗旨。

第四条　本会以上海市行政区域为组织区域。

第五条　本会会址设于上海汉口路画锦里七号。

第二章　任务

第六条　本会之职务如下：

（一）团体协约之缔结、修改或废止。

（二）会员之职业介绍及职业介绍所之设置。

（三）会员储蓄、劳工保险、医院诊治所及托儿。

（四）生产、消费、购置、信用、住宅等各种合作社。

（五）职业教育及其他劳工教育之举办。

（六）图书馆及书报社之设置。

（七）出版物之刊行。

（八）会员恳亲会俱乐部及其他各项娱乐之设备。

（九）工会或会员间纠纷事件之调处。

（十）冬令施济寒衣及施材之举办。

（十一）关于劳动法规之规定、修正、废止事项，得陈述意见于行政机关及立法机关并答复行政机关及立法机关之咨询。

（十二）调查工人家庭生计经济状况及其就业失业，并编制劳工统计。

（十三）各项有关改良工作状况，增进会员利益及卫生安全事业之举办。

（十四）其他有关法令实施之协助事项。

第三章　会员

第七条　凡在本会组织区域内从事本业而已满十二岁之男女均应加入本会为会员。

第八条　凡被雇人员除代表雇主行使管理权之业务主管人员及从事管理人员外，均有本会会员资格。

第九条　具有本会会员资格之工人入会时，须经会员二人以上之介绍，填具志愿书，理事会审查合格并缴纳入会费后，方为本会会员。

第十条　会员于离去本业半年内仍得保有会员资格，但已就他业者不在此限。

第十一条　会员非因废业或迁出本会组织区域或受除名处分者，不得退会；退会时，须交退会情形报告，理事会核定之。

第十二条　会员有发言、表决、选举、被选举权及其他依法应享之权利。

第十三条　会员须遵守本会章程，服从命令及决议案，并按时缴纳各种会费。

第十四条　会员违反本会章程及决议或其他不法情事，致妨碍本会名誉、信用，由监事会□业者，得按其情节轻重，分别予以警告、停权、罚款、除名等处分，惟除名处分应以会员大会三分之二以上之决议行之。会员被除名后，须缴还一切会员凭证，如有欠费，须一律缴清。

第四章　组织及职权

第十五条　本会设理事十五人，候补理事七人，监事五人，候补监事二人，均由大会选任之，但有左（下）列情形之会员，不得当选：

（一）无中华民国国籍。

（二）褫夺公民权者。

（三）受破产宣告，尚未复权者。

（四）年龄未满十二岁者。

（五）非在业在者。

依照前项规定年龄，未能选出足额之理事监事时，得选二十岁以上之会员为理事监事。

第十六条　本会理事组织理事会，互选常务理事十人，组织常务理事会，并得由常务理事中互选理事长一人，处理日常会务。

第十七条　理事会分设下列三股，设主人一人，由理事互推之，分别掌该股事务。

（一）第一股掌理本会一切文件收发、会计庶务报告及其他不属于各股之事项。

（二）第二股掌理本会组织、训练、教育、出版、登记及调查、统计等事项。

（三）第三股掌理本会合作、储蓄、调解、卫生、娱乐、职业介绍及工人福利等事项，各股得设办事员一人助理会务，由理事会任用之。

第十八条　本会监事组织监事会互选常务监事一人，处理日常会务，并酌设办事员一人，助理会务，由监事会任用之。

第十九条　理事会之职权如左（下）：

（一）处理本会会务。

（二）对外代表本会。

（三）召集会员大会或代表大会并执行决议案。

（四）接纳及采行会员之建议。

第二十条　常务理事会之职权如左（下）：

（一）召集理事会并执行其决议案。

（二）督导各股处理日常事务。

第二十一条　监事会之职权如左（下）：

（一）稽核本会经费之出入。

（二）审核各种事宜之进行状况。

（三）考核本会职员之工作勤惰及会员之言论行动。

第二十二条　理事监事任期二年，连选得连任，惟连选人数不得超过三分之二，如理事监事因故中途出缺，由各该候补人依次递补之，以补足原任之任期为限。

第二十三条　理事会监事会办事细则另订之。

第二十四条　本会依法设立支部并划分小组支部，设干事或干事会，设组长,均由各支部各组会员选举之,任期一年,连选得连任。

第五章 会议

第二十五条 本会会员代表大会每半年开会一次,如有会员三分之一以上连署请求或理事会认为必要时,得召开临时大会。

第二十六条 理事会每星期开会一次,常务理事会一星期开会一次,监事会每一月开会一次,如有理事监事三分之一以上之请求或常务理事常务监事认为必要时,均得召开临时会议。

(摘自《上海市派报业职业工会简章》(1948 年 10 月),上海市档案馆,档案卷宗号:Q6 – 6 – 813)

上海报纸关于纸张进口和配给、报纸售价等的相关报道

····· ·····

放宽报纸进口限额

许孝炎等提议参政会已通过
每年请增至二千四百万美元

许孝炎参政员等以目前书报业用纸进口外汇限额太严格，将使全国快报业日渐衰落，渠等于此次大会中为全国快报业呼吁，提请政府从速放宽书业及报业用纸进口外汇限额，以维文化事业，经大会通过。提案如下：

"我国战时文化事业突飞猛晋，胜利以后，报业尤为发达，多数报社为适应时代需要，均已设置卷筒印报机器，所需卷筒用纸以非国产所可供应，不得不仰给国外。我政府为节约外汇，实行管制外货进口，书报用纸进口限制额比照以往输入统计，更加核减。仅按我国海关统计，战前报纸每年输入十五万吨左右，每月平均为一万二千吨，去年一至四月份因胜利不久尚有接收及黑市纸可以供应，故进口极少；五月至十二月卷筒纸进口外汇纸计一千一百余万元，每月平均一百四十万美元。现政府对于书报业用纸进口外汇限额每期（三个月）为一百七十五万美元，仅强于去年一个月所需之外汇，若以每吨一百八十美元计算，不足一万吨，每月平均不过三千余吨，约合战前每月输入额四分之一，尚不敷上海一地书报之需（据调查仅上海各报每月需用三千吨），遑论全国。惟全国书报业均能遵从政府措施，自动缩减篇幅，尽量节约虚耗，但仍不敷至巨，市面虽有极少数之黑市纸张，既不足供应书报业之需求，亦非书报业经济力量所能负荷。若政府再不酌予放宽进口限额，致令书报业日渐衰落，而至于削减，非特书报业所堪，实亦国家社会之不幸，为此拟请政府对于书报业用纸每年进口外汇限额放宽为二千四百万美元。"

（原载天津《大公报》1947 年 6 月 4 日第二版）

白报纸狂涨的原因

啼　红

文化界当前遭受极大威胁，即白报纸之价格，直线上升、突飞猛进。

自十四日行政院政务会议通过处理自备外汇货物办法之消息发布，每令市价吨自八十万左右涨至一百四十余万，几及一倍，实空前之奇迹。出版界经此严重打击，殆已濒于绝境，文化事业，厄运临头，行见一蹶不振，堕入黑暗时代，可慨也。据纸业中人谈，胜利以还，纸商纷纷向国外定货，倘能如期陆续运到，源源不绝，纸市当不致如此猛涨。此次自备外汇所购之货品中，已运到而被扣无法提取者，白报纸之数量，约在万吨以上，而现在市面上所存白报纸，数亦称是。今进口定货既被政府收购，货款须分六期于三年付清，纸商乃为"失之东隅，收之桑榆"之计，损失于不得到手之定货者，将从手中现握有之存货中取偿之，即以此次被政府收购之货价加诸市售现货之上，不啻以一售二，此纸价之所以猛涨近一倍。总之，商人惟利是图，居奇垄断，无所不用其极，而以"纸老虎"为尤甚。货稀或缺，求过于供，固当贵，但事实上白报纸存底尚丰，足供出版之求而有余，今乃贵于"纸老虎"之居奇耳。虽然，文化为人类文明之原素，文化事业为强种建国之基础，不能坐视其摧残没落，政府应急起抢救垂危之文化事业，使用有效方法立予攫夺暴利之"纸老虎"以严厉之裁制。

（原载《铁报》1947 年 10 月 18 日）

为减削两西报纸张配给　报业公会发表声明

上海市报馆商业同会公会理事长李子宽，为会员《字林西报》暨《大美晚报》不满第四期限额分配，词讦公会，因于昨日代表公会声明，摘要如下：

自本月十八日本公全体会员决议通过本年第四季纸张限额分配案后，会员报《字林西报》，暨英文版《大美晚报》两家，因限额减少，在各该报大事宣传肆意攻讦；其十九、二十两日所刊文字，除表示其不平外，兼载传闻猜测之词，更加渲染，不仅作非善意的评骘诋诬本会，措词且涉及我国政府暨本会其他会员。此种态度，本会不欲有所批评，本会所堪自信之立场，以为处理此案完全遵照正当会议手续，未尝有所偏曲阿私，是非曲直愿付诸公论。按本会分配限额，系由输管会限额分配处授权办理；而分配草案通过后，仍由限额分配处审查决定，是最后权限操诸该处。假使本会议定分配方案果有失当，是最后补救仍有余地，而该两西报于补救并未绝望之时，即行公开攻击本会，兼及其他方面，气焰之嚣张，实堪诧异。查本会所以减少两报限额，其原因全由各该报超过加张，未能遵守规定，并无他种作用。至政府规定，不能加张办法，应为国内中外各报一致恪遵。如果是项办法仅适用于国人自办报纸，而不适用于外商报纸，则非特政府无以自解，抑且限制形等具文。本会对于中外会员，向无歧视，即如该两西报之配额第三期较第二期增多，实为明证。

如该两西报在十一月份不加张，何至其他会员对之发生纸张嫌多之印象？在会员方面，应知时至今日，任何国籍，不应仍具特殊优越感，以相陵轹。此风一启，则其他各业公会之外籍会员，或恐效尤踵行，仍用十年前对待中国人方法，不循正常途径，使事态严重之后，出以特别解决方式，恐一切公共业务，无从办理，而其责任亦殊分明。诚恐各界不明真相，特写声明事实经过。

（原载上海《大公报》1947 年 12 月 21 日第四版）

两西报著文攻击

《大陆报》发行人庄芝亮昨天声明：上海报业公会对任何报纸均一视同仁，其所以减少《字林西报》和《大美晚报》的报纸配额，是公会的内部问题。

《字林西报》的篇幅超过公会限制，由原来的八页加成十页，公会通知减成八页，《字林西报》尚有照办，公会因此暂时减低其配额百分之九十。《大美晚报》也因为有时增加篇幅，便减低其配额百分之五十。庄氏说：《大陆报》对于公会绝对服从，但主张各报应该保持节约令颁布前的篇幅。

被减少配额的《字林西报》，昨天登载长篇新闻，抗议报业公会的处置。他们说：报业公会这种行动，使他们报纸不可能继续出版，除非政府立刻改变报业公会的决定，否则他们报纸只好停刊。他们又说：全市的英文报纸中，只有《字林西报》和《大美晚报》是外商经营，如今他们被减少纸张配额，而《大陆报》和《自由论坛报》则并未减少。《字林西报》

说：报业公会这种举动，也是令人不满意的。

被减少配额的另一西报《大美晚报》，前天以头条消息登载这件事，标题为"报业公会向西报宣战"。它说报业公会事先没有警告，也没有让他们有申诉的机会，就减了他们的纸张配额。他们已经提出申诉给司徒雷登大使和美国国务部。

（原载上海《大公报》1947 年 12 月 21 日第四版）

沪两西报配纸之争　董显光昨有所表示

行政院新闻局长董显光于廿四日记者招待会席中谈称：上海两家西报与报业公会间关于纸张限额分配之争论，业已引起国内外人士之注意。国外若干评论家不明了中纸张分配之情形，遽作违反事实之断语颇为遗憾。此种评论全由误解，其意似谓政府正以限制报纸之方法压抑新闻自由，余可断言绝非事实。盖纸张分配之争论起因于上海报业公会之一项决议，中国政府暨新闻自由之问题固与上项争议无关联。按现行制度，政府核定各大城市之纸张限额，然后由各地报业公会议定各报配额。各会员报社如对公会决议发生争执，则可申请输出入管理委员会限额分配处作最后决定。此次上海发生争议，乃纸张分配制度实施以来之首宗事件。政府于获知是项争论以后，即由输管会张主委张嘉璈确告两家西报，即饬该会限额分配处进行调查，以谋事件之公平解决。事件之发生决非政府压制新闻自由之结果，此点《大美晚报》当知之最谂。本人兹特援引该报昨日社评《草率论断》一文，以资佐证。该报称："吾人与报业公会争论之时，对于香港报界支持吾人立场之善意表示殊深感奋。同时吾人必须指出，香港报界认为中国政府居心不善一点，实属错误。吾人尝对中国政府施行抨击，然吾人必须同时注意中国政府颇有接受批评之雅量，而无箝制吾人言论之意图。"《大美晚报》对此事争论，在海外所造成之错误观念勇于纠正，本人对此点颇感欣慰。

（原载上海《大公报》1947 年 12 月 25 日第四版）

文化界的一大危机

政府为了节省外汇支出，适应民间需要，对于白报纸的输入和制造，迭经有所规划；其最具体的事实是去年十二月十八日全国经济委员会通过了造纸工业会议的意见书，决定自今年起把纸类输入额和国内纸张生产量重新调整。去年度纸类输入百分之九十是制成品，百分之一十是纸浆，今年度则将制成品的输入减为百分之二十五，而将原料的输入增至百分之七十五。同时决定自今年起增加国内纸张生产量百分之八十五，并定增产部分中百分之五十应为白报纸。为了适应纸张增产计划，除将促使台湾、中原、宜宾各纸浆应增加产量外，更将鼓励民营各造纸厂联合集资，在闽、浙、湘三省设立纸浆厂，期间适合目前造纸工业的要求，并求纸浆的需要在三年以内可以自给，而洋纸的输入届时也可完全绝迹。

另外我们调查，政府计划今年度供应全国书报业暨民间一般需要的白报纸共为五万吨，其中由资源委员会各纸厂生产者一万吨，由民营各纸生产者二万五千吨，由平津各厂二千吨，鲁、青各厂三千吨，江、浙及上海各厂一万二千吨，华南及西南各厂各一千五百吨，四川中国造纸厂五千吨。此外更输入白报纸一万五千吨，殆为五万吨之数。

政府的增产计划书如果能够不折不扣地实现的话，自然可以节省外汇支出，适应民间需要。然而事实怎么样呢？现在许多造纸专家和白报纸主要用户周知的事实是：（一）去年度资委会各纸厂预期的各种纸张总产量是四万二千吨，实际却是一万二千吨，只占预期数的七分之二。（二）今年度资委会各纸厂预期的各种纸张总产量是三万吨，并预期台湾厂产二万吨，锦州、天津厂各产五千吨。在这三万吨中规定白报纸的产量应为一万吨。去年度资委会各纸厂的总产量既占预期数的七分之二，谁敢保证今年度的总产量必能达到预期数的百分之百？何况该会的各厂中还包括早已毁灭了的锦州厂。（三）民营各纸厂今年度应产白报纸二万五千吨，也显然不能达到目的，例如中国造纸厂的预期生产量五千吨，一般富有经验的造纸专家便都认为绝对没有可能。（四）政府准备今年度输入的造纸原料，大半是制造卷烟纸和道林纸等高级纸张的化学木浆，而制造白报纸的机制木浆仅占极小部分，试问期待中的三万五千吨白报纸又将怎样生产？（五）政府要促使民营各纸浆厂增加生产，并鼓励民营各造纸厂联合集资，设立纸浆厂，我们姑且不谈时局，在目前的经济情势和金融政策之下，其实现的可能性又有几何？所以我们对于政府的计划不能不有所顾虑；不，我们非但有所顾虑，而且为文化界焦忧。要是政府不能正视现实，深切研究，凭着虚拟的生产数字，限制洋纸输入，结果必致国产纸张供不应求，酿成极严重的纸荒，届时虽欲再令洋纸输入，也将缓不济急，而使全国书报业陷于无可维持的境地。这是文化界的一大危机！我们欢迎政府对于报纸的供应有所规划，我们更乐用国产纸张，但危机当前，不能不提醒政府特加注意，迅速再作更周密的考虑。

上面系就政府的计划和目前国内造纸工业的实情略略述评。试再进一步检讨。谁都知道：需要钢铁愈多，则国家愈强盛，需要纸张愈多，则文化愈发达。我们全国人民中不识字的占多少？需要教育怎样迫切？我们今年开始行宪，需要提高一般的知识水准又怎样迫切？无论是教育不识字的人民，或是提高一般知识水准，白报纸总是必需的。而教育不识字的人民和提高一般知识水平，又是有开立百年大计的当务之急，怎么可以限制全国书报业和民间一般需要的白报纸为五万吨？五万吨——读者试思，是怎样一个数字？莫说现在美国一家最大的报馆每年就要用纸四五万吨，便是战前日本的《每日新闻》和《朝日新闻》，每年也各用纸两三万吨呢！假使说，在目前的财政经济情况之下，节省外汇支出是第一义，其他一切都不暇顾及，那么除了限制洋纸的输入以外，是不是根本没有节省外汇支出的办法？这又是危机当前，我们不能不吁请政府特加注意的。

简单说：我们赞成政府节省外汇支出，我们乐用国产纸张，更不主张长期输入洋纸，但我们不能不要求政府对全国书报业暨民间一般用纸予以充分的保证。如果一面限制洋纸的输入，一面国产的纸张又不能适应全国的需要，那将是文化界的大不幸。我们需要教育不识字的人民！需要提高一般知识水准！我们需要纸张！对这文化界的一大危机，切盼政府注意！切盼全国书报业注意！切盼关心立国大计的人们注意！

（原载天津《大公报》1948 年 1 月 12 日第二版）

报馆同业公会吁请迅定配纸额　　推七代表昨晚乘车晋京

本市报馆业同业公会，以该会各会员报第五、第六期应分配之输入白报纸限额，迄尚未奉核定，日前召开理事会时，特决定推李子宽、陈训念、吕光、刘子润、孙道胜、陈道夷、毛子佩等七人，于昨晚晋京，向行政院张院长请愿。兹探得该会请愿呈文如后：

"溯自去年岁初政府管理外汇以还，本业仰荷鸿施，配有白报纸输入限额，次第核准者，计有四期。惟限额既不敷本业各报馆实际需要，且限额递有抑减，于是不得不向黑市购求，以资补充，其价格之差额奚啻倍蓰，悉索敝赋，正苦思忖。每期核准报纸限额发表之时日，亦必拖沓延迟，本业向纸商订购合同，送呈输管会后，请领进口许可证，又费相当时日。当此公文承办迂缓之间，外汇比率则屡有调整，遂使会员各报馆蒙受一种在意料所及而事实不予避免之沉重负担，影响成本，关系报价，此项艰困已难言喻。今至第五期购纸限额时间几过去三分之二（卅七年二月至四月份）而报业分配限额，犹杳无音讯。本业在望觅之余，多方叩询，知输入限额分配处，以全国经济委员会主张多进纸浆，须承意旨，碍难即办，而全经会已草具方案，且送呈钧院审核。

谨按报纸之自给自足，确属振兴工业之一道，本业属尊国策，宣扬文化，对此措施，绝无异议。但本业认为目前供求现况必须顾及，决不能腹以待秋收，更不能画饼而图充饥，忽视实际。查多购纸浆造纸，原议本有一定进枵，果能如期成功，产量犹虑不足；顾至今筹议多时，实施计划，依然渺茫，国外购浆，既非咄嗟可到，且纵使纸浆即到，交厂制造，亦有种种困难，须待一较长时间，乃获解决，但各报存纸垂罄，无法株守。吾人未忘二月七日全国经济委员会在沪公训同学会俱乐部，谢宴造纸业及工商转导处等负责人与长官会谈席次，有某造纸专家曾表示用一吨纸浆尚难以制造一吨白报纸，此说当有根据，且纸浆之价，未必低于成纸，须还节省外汇之初衷。如果自行造纸，加以其他原料、工资厂费等项，恐国产纸一吨之值，势必超过舶来品一吨之值甚多，如此代价，更非国内报业所克负荷。至于成纸输入，在订约后尚须历二三月始可抵埠。第五期配额，原供各报本年二、三、四月份应用，现在二、三两月已过，限额尚未得分配，各报无从定购，纵令限额立即分配就绪，已非三个月后不克到货，届时各报将何以延续刊行，不致中辍？此更为本业惴惴不安之严重问题，深引惶悚。爰推代表李子宽、陈训念、吕光、刘子润、孙道胜、陈道夷、毛子佩等七人，漏夜晋京，谨向钧长呼吁，务恳秉持正义，瞻徇事实，迅予督饬各主管单位，促将第五、六期输入白报纸限额，克日核定，本会应分配得之数额，仍维第四期原数，勿予核减，本会为维持业务前途之绝续，□叙苦衷，仰祈俯察，一切未尽，当由该代表面陈端委，不胜屏待。"

（原载《申报》1948 年 3 月 27 日第四版）

报业配纸问题之严重

泪　史

年来纸价狂涨，出版事业感受重大之威胁，而以报馆业为尤甚。盖书籍尚可核计成本，无限增价，报纸为大众读物，定价未便过高，发行广告，虽一再调整，总难配合黑市纸价与照按生活指数计算之排印工也。于是不得不仰赖配给纸以资挹注，营业较差之报，几非此不克苟延残喘。当局既未能施釜底抽薪之策，戢报虎猖獗之凶焰，惟思用一杯之水，救舆薪之火，虽具见体恤文化界之至意，奈收效极微。况此一杯之水犹不能依时而至，救各报燃眉之急，宜报业之张皇失措也。

今各地报业均因配纸之量微到迟，惶急万状，篇幅既缩至无可再缩，一部分且势将被迫合并或停刊。广州市四大报（"中山""和平""岭南""广州"）已决定四合为《广东日报》。黄花岗纪念日起先改出联合版，五一劳动节正式易名，中央社电虽美其名曰"粤省党政言论机关集中宣传力量之新措施"，实则纸荒威胁造成之文化悲剧也。诚恐不久之将来，他埠报业亦难逃此一悲惨之恶运，停刊或合并之事，将前后相继也。

本市报馆业已推李子宽、毛子佩等七代表晋京请愿，呼吁配纸，就请愿呈文之内容观，知目前此一问题之严重，报业惶悚不安已极，前途岌岌可危。惟内地报业，则更有惨于沪市者。当沪七代表晋京之日，正常州报业代表范拜竹、叶莘荷等一行来沪请领配纸之时，所领尚为去夏五月份所应得者，全邑六报总额仅三吨，迁延愈十月，各代表连日迭向冯有真接洽，迄无着落。常州各报早由对开缩成四开，而每报每月亏蚀之数，咸须一亿以上。内地报纸开源极难，广告本稀，自经涨价乃更稀。裁员节流，亦至限度，一线希望，端在配纸。而配纸偏又极少而久不至，势将无以为继。其他各县情形略同。月前江苏全省报业联合会在常熟开会时，曾讨论及此，有人主张如配纸不达目的，惟有全省报纸同时一致宣告停刊，以消极抵制代请命。故此次向冯领纸无着时，曾有人愤而提及此议，而冯则力劝慎重出之。然巧妇难为无米之炊，今重心在配纸之有无，纸不能继，则实逼处此，欲不停而不能。试问，谁又甘坐视其辛苦培植，心血灌溉之报花无疾萎谢耶？

（原载《铁报》1948 年 3 月 30 日）

报价涨得最合理？

鱼 享

读者有否一个关于物价上涨的特别感觉，即物价上涨，样样都不合理，都受过舆论界斥责，惟有提倡文化的精神食粮之一的"报"涨价，是从来没有挨过骂的，这是极显明的。若报上要骂，便是骂自己，所以不会骂。还有，即使报馆的主笔要骂报纸涨价为不合理，那就成了反对报馆当局的主张，对于本身饭碗是有问题的，所以也不能骂。

来一个比较吧，胜利以后的大报似乎是二百元一份，小报有五十元或一百元一份的。初则一涨是五十元，继则由五百元涨到一千元，继则由一千元涨到二千元或三千元，继则一涨便是五千元，继则由五千元涨到一万元，继则由一万涨到一万五千元，继则由一万五千元涨到二万元，继则由二万元涨到三万元。今则晚报已涨到三万元一份，小报已涨到二万一份，日报已涨到三万五千元一份了。时间未满三年，所涨的倍数则有二百倍或二百多倍者。

每一次报价上涨，只要登出启事"兹因各物飞涨，开支激增，经报联会决议自×日起调整售价，每份改售若干元，事非得已，诸希谅鉴"便算了，也不呈请政府核示，并不顾及读者负担，说涨便涨，理直气壮，大有

"我们舆论界是主持公道的，涨价当然也很公道"之势。

　　说是公道，在这儿有一个极好的证明，无论报价如何上涨，而报馆总是蚀本的多，赚钱的很少，所以说报价涨得最合理，所以敢于斥责别物之涨价，而不斥责报纸的涨价。然而也有报馆不以营业关系而赚钱的，那是"文化流氓"的勾当，恕不屑在此多说。

　　但，有一点可以提出异议的，似乎稿价（即稿费）虽然上涨，总不如报价上涨的比例；报馆员工的薪水上涨，总不如报价上涨的比例，这是要报馆当局加以注意调整的。作家们不能用"作协"名义登出启事来说，"自某日起稿费调整，为每千字若干元"，这是作家的悲哀，换句话说，物价涨得最合理的还是稿费而不是报价，读者以为何如？

　　　　　　　　　　　　　　　（原载《活报》1948年6月4日第一版）

物价与报价——一部十五月来的报价上涨史（上）

穆加恒

　　记得在去年旧历年节逼近的时候，上海文化月刊社曾举办一个"民营报纸怎样过年关"的座谈会，谈到许多关于经济上困难的具体事实。其中有一位报社的负责人说："报纸并不只是这一个旧历年关，实际上是天天在过年。"这一句话，不知道出一张报纸多少的辛酸来。然而时隔一年有余，那次座谈会所提到许多问题，一直到今日还是沉重地拦在我们面前。"经济问题"，没有一个报社不为它焦虑，许多报纸因为它而停闭；幸存的报社，它们的社长和经理们，大多数整日在外跑银行钱庄，提头寸，借高利贷。有人很感慨地说："现在哪里是在办报纸，简直是办报馆嘛！"真的，很少有报纸不是在斤斤于赚一点钱来苟延残喘地维持下去，至于如何将报纸办得好，能真正教育启导民众，倒成了其次的问题，甚或不能顾及了。报社为了要拖下去，于是只有尽量地设法扩大广告版增加广告费，另一方面则是增加售价。但后者往往是迫不得已的举动。

　　这一年多以来，物价突飞猛进，经济情况空前紊乱，物价指数在（民国）三十六年1月份不过一万倍，到今年3月中旬已是四十九万六千多倍了，报社受到物价的影响，真是苦不堪言，报社工员的薪资得按生活指数发给，报社每天的发行是需要白报纸的，然而在最近十五个月以来，白报纸的售价，由三万六千元一令涨到五百五十万一令了。再加上人事的开支，印刷费用，这笔款项，真是大得可怕。十五个月以来物价既上涨达四十多倍，报纸发行的价格就跟着调整了八次，在（民国）三十六年1月份时，每份报纸不过一百五十元，二百元的，到今日即（以元为单位）卖到每份一万元，一万五千元了，恰好比十五月以前高七十倍到七十五倍，这样下去，在一般购买力非常薄弱的时候，谁还有余钱订阅报纸。现在还在发行的淡月，加上这次三月份的报价陡增一倍，发行当然更会惨淡。此次物价上涨所经时期极久，涨幅很大，假若按照过去的情形推测起来，报纸发行价是否又得调整，是可预知的了，像如此发展下去。我们真要为报业前途担忧！

关于报纸的售价，早期《申报》第二次的调整，由十文加到十二文，不过加了两文钱，而那一次调整的时间，距离第一次的调整，足足有二十六年之久。当然那时的物价平稳也是一绝大因素，而在民国已有三十六个年头的今天。十五个月以内，报纸调整发行价格竟达八次之多。相隔的时间最长中有三个月另十天，最短只有半个月，与以往的日子比，真是不可以道里计，笔者已将最近一年多来，上海报纸调整价格的情形，作了一个简单的调查，并就每次加价前后的经济情况加以说明。

第一次调整

三十六年一月上旬的白报纸价，每令不过三万六千元，下旬涨到五万一令，这时白粳七万六千元一担，生活指数只有七千余倍，物价指数亦不过一万余倍。可是到了月终这一周，金钞风潮掀起了物价的巨波，加上旧历年关的逼近，其奔腾上升的涨势，震人心弦。食米由八万四千元一担跳到十五万元一担，报纸竟以"白色的恐怖"作了米价上腾的标题，另外如大连豆上涨一倍到八万五千元一担，青岛生油由十九万五千元一担涨到二十七万，开平煤每吨由六十五万涨到九十二万。这样直到二月中旬，各物上涨百分之七十。但领头的金钞，涨势更是骇人，在二月五日时，每两仅售四百八十万元，但在十二日那天早晨开盘不过六百七十五万，到了十时突然涨到七百万，中午又突破八百万大关，可是下午又提至九百万，半小时后竟到九百五十万元，像这样的情形一直到政府颁布紧急措施方案后，物价涨势才稍平息。

关于这次物价上涨的另一原因，是政局未定，人心不稳，平津渝的金价都较上海为高，而且市间风传五千元大钞行将出笼，所以物价受激，如火燎原。

这次物价的飞涨，影响报纸是不待言的，于是白报纸迎风而上，二月一日由五万二千元而六万五，七万二而十二万元一令了。到十二日竟高达十六万元，因此上海各报不能不调整售价，以维成本，在二月十六日各报加价，这一次调整数约加百分之七十五到百分之百。

第二次调整

因为第一次的调整并非在涨风已停之时，所以历时仅有半月，物价已涨至饱和而趋于平稳时，三月一日有了第二次报纸的加价。同时这一次调整价格的主要原因，是二月十六日外汇由三千三百五十元提高到一万二千元，不久公营事业又行加价，跟着又是政府公布输入纸货的限制总额。二十五日五千元大钞问世，于是在三月一日报纸不得不加价百分之七十到百分之百。

第三次调整

二月涨风平稳以后，物价平顿约有七周，所以三月一日调整第二次报价以后，也就维持了三个月的局面，到六月一日才有第三次调整。

这三个月中，第一个月因三月份物价高涨已达饱和点，持货者见有利可图，都急于脱货求现，而一般人购买力非常薄弱，物价甚至有小回模样，同时国军在三月十九进入延安，也不能不说是一大原因，至于三月份白报纸的价格，也只在十万元左右。

可是到了四月初，物价又如脱缰之马，节节上涨，食米由十万三千元一担跳到十五万元，青岛生油由二十七万跳到四十万一担，大连豆由七万九千元涨到十万五千元。细察其原因，全国各地皆然，故上海亦受波及。到了四月八日，白粳上十二万，甚至绝市。跟着台糖、棉纱、棉布、食油、面粉、生丝等均一致上涨。到二十二日万元大钞发行，白粳随跳到至十九万一担。五月上海金钞禁止买卖，游资窜向证券和商品市场，于是物货暴涨甚厉，总指数较四月底增加百分之七十七，较上月高出三倍了。本月第三周的物价指数已达三万三千万倍，食米由二十万到十九日涨至三十一万，二十四日破四十万，这是全国皆在不安中，京沪一带发生抢米事件，学生运动也如火如荼。直到五月下旬涨风方稍缓和,计算起来涨了五周,以后停涨约五周。

在这次四五月的涨风中,白报纸的价格,由三月的十万左右扶摇直上,先是十四万、十七万、十八万五千,到五月则更为疾厉,一度至二十四万高价,所以平稳了三个月的报价不得不再以调整,较上次增加百分之百。

第四次调整

物价稍事休息以后,六月骤呈波动,先是月初上海的八大公共事业相继涨价一倍,接着各地车船加价百分之五十到九十,上旬的上海物价指数到三万五千多倍,生油、食油、食米上涨最厉,二十二日白粳入四十二万,这正是端午节前,涨风一日紧过一日,白粳竟在二十四入五十,他如生丝、棉纱、石油皆相继上涨。我们细察这次上涨的原因,固然为了节期的来临,另外由于北方局势的不安,资金南趋向金钞,我们所见到的唯一信号,是申汇一度缩到十元以下,港汇转紧,于是物价暴涨,到了每日飞升的局面,月底的物价已是四万一千二百倍,较五月高出百分之十五。

(原载《前线日报》1948年4月26日第三版)

物价与报价——一部十五月来的报价上涨史（下）

穆加恒

七月的开始,邮政、电讯涨价,但并未刺激物价的上涨,商品批发价格反有下跌模样,因为本月为商场淡月,加之月底魏德迈来华,商场以为政局将有新的发展,所以物价甚稳。可是一般物价虽稳,新闻用纸的价格却不如此,在八月十八日,外汇市价由六月间每令二十一万元涨到三十三万元,马上又提至四十万元一令。此时航空运费加价百分之八十,生活指数已为三万余倍,物价指数为四万九千余倍。这一次《新闻报》和《大公报》以用纸关系,先行加价了。

第五次调整

这一次的加价,是在九十月大涨风之中,为本年涨风最烈次。当魏德迈的离华文告一发表,物价纷纷疾升。九月上旬的物价指数为五万五千倍,到中旬已是六万一千九百余倍,食米近六十万,食油随而上涨。又由于这次外传美国将不以巨款援华，加上物价静极思动，通货膨胀的周期刺激，到了十月中旬，两路局运费加价百分之八十，食米破七十万关，各物亦上涨，物价指数在十一月中旬到八万八千七百余倍。

至于白报纸的市价，波动尤大。九月初到十月中旬，由四十万一令而至九十万，一百四十万。先是九月初，政府准备实施纸张节约办法。消息灵通的人就将报纸价格上抬，到了十四日政府公布自备外汇登记到货的处置办法，这对洋纸的冲激极大，售价比以前高出四倍。二十一日《大公报》载："此次上海纸市却现空前混乱的局面，报载每令八十五万，实际并非公开行市……这与政府收购自备外汇货物有关，因为在此批货物之中，就有一亿吨的白报纸，这些报纸的被关，使得纸商不敢抛空，加以投机者兴浪，纸市风潮就起了。"这实在是报纸上涨的原因，于是在上海报社经过此次震荡，在十月十六日作第五次的调整。每份上涨一倍。

第六次调整

这次的加价，是在中秋节前，此时又是外传五万元大钞即将发行，物价继续上升，到十一月二十日时，各物与几周前相比，都是以倍数增加的，纱市纸张，外汇黑市等几项，差不多成了一般人日常谈话的资料。不久物价稍稳，但不到半月物价周期性的波动开始，物价总指数已近十万五千倍，白粳到七十万一担，不久石门易手，美援希望变幻，市场波动渐厉，物价转入新的高潮。北方的资金又向南流，经过上海去香港，港汇紧缩，多久未动的美汇基准价又提五千元。此时食米卖到八十一万一担。食油、煤、人造丝又腾升，白报纸的限价被冲破，由九十万而九十五万到一百另五万一令了。于是十二月一日各报又联合加价，每份上涨约有一千元。

第七次调整

第六次加价后，物价仍是继续上升。十二月初，物价又入紧张状态，银根不紧，黑市狂跳，金钞各地报涨，虽然政府又颁经济战乱措置，物价并没有大的回跌。到了十二月三日白报纸高到一百三十五万元一令。不久平地一声雷，二万、四万、十万大钞发行，跟着邮费加价四倍，电讯加价二倍，于是米价随提至八十万，物价如疯如狂，虽然政府一再压制，并无多大成效。月中食米已再挂九十六万，物价总指数是十三万二千多倍。到二十日，美汇基准价又提高一万，成八万三千元，食米则破一百一十万关。

月底的物价指数到十四万四千五百倍，这时政府决心收缩银根，可是过年以后，收缩银根政策并未见效，加之各地因大钞发行而上涨，上海甚受影响。如米一项，该产地上涨，上海自然高抬，而现在一般物价都具有相当的神经性，一有动静，马上骚动。所以无锡米市在月十日停市后，上海米市紧张，次日竟入一百四十多万一担，而人造丝某日曾上升一千万元，引起台糖、棉纱、小麦、粉面皆升。正在此时外汇市价又行调整，美汇基准价为十一万三千五百元，提高二万四千五百元，增加了百分之二十七点五，到了月中，贝祖贻飞美，各处盛传改革币制，加上产地食米涌到，而早期银根特别松滥以后的回光返照，银根吃紧，于是物价下跌。但到了一月下旬，银根又松，加之旧历年关在即，上海发生工人饿工情事，各物加腾，食米破一百五十万关。到了二十七日，美汇又提高六千元，为十一万九千五百元了。此时物价已入饱和点，涨风稍息。

在这两个月来的纸价呢，十二月初每令一百三十五万稍事下跌，月中全国经济委员会通过了造纸工业会议的意见书，将纸货进口自百分之九十减到百分之二十五，木浆进口由百分之十加到百分之七十五。而木浆原料多为高贵纸类，所以事实将不能符合计划中的三万五千吨纸张的预期。这事对白报纸价格，无形有着影响，又兼之外汇再度提高，所以报新闻用纸猛涨至一百五十万，一月份上旬跳到二百二十八万，一直到月底，仍然保持二百万元左右一令的价格。此时正距旧历年不过十天，年赏问题严重，物价又升，报纸不得不设法调整发行价，在二月一日，各报联合加价，约有一倍的样子。

第八次调整

第七次调整售价的时候，生活指数已到九万多倍，此时年关一日逼近一日，物价指数已达十九万七千三百多倍，食米达一百七十万一担，此时银根不紧，布纱相继后尘爬高，市面混乱已极，公用事业也乘势参加热闹，上涨百分之二十五到三十七。航空运费增加百分之三十五到四十。而年前一周内，外汇两度提高，二月三日挂至十三万一千五百元，后又提高四千元，为十三万五千五百元。

等到春节期满，各业大做红盘，银根仍然松滥，各地商品续涨，食米窜近二百万关，此时物价指数为二十万三千九百余倍。月中以后，食米节节上涨，到月底已售三百余万。其他杂粮，一日上涨十万这事甚多。他如棉纱，仅就四十二支蓝凤而言，十八日一次暴涨八百万，二十一日又涨五百五十万元，下旬已达一亿三千万了。《大公报》载此期间银根之滥，为这半年所未有。此时物价指数又到二十四万一千多倍，美汇又提至十四万九千元。

至于白报纸呢，受到外汇几次提升，月初由一百八十万元，春节以后，一路上升，在月底已入三百五十万。报纸又作第八次调整，每份几加一倍。

总计起来，在最近十五个月以来，上海的报纸调整价格八次，共计加了七十多倍，可说是世界上自有新闻纸以来的稀有现象。在这举国紊乱的时候，要办一张报，真是困难重重。最近物价跳腾较之去年二月涨风更厉，美汇已调整至三十二万四千元，白报纸又涨到近六百万一令。我们的报人该如何度过这些日子呢？

（原载《前线日报》1948 年 5 月 3 日第三版）

物价与报价——半年来沪报五次调整
（民国三十七年三月至八月）（上）

穆加恒

笔者在今年三月，就上海物价上涨情形，对三十六年度来，十五个月中上海报纸售价的情形，作了一个统计。在那次统计中，上海的报纸于十五个月以内调整八次，元月时每份售价一百五十元者，三十七年三月则售价一万元，计上涨六十六倍强。每份售价二百元者，三十七年则售一万三千元，计涨六十五倍。其间每次调整价格，几全上涨一倍，相隔时间，最长为一百日，最短为十五天。要说这时期为"新闻事业史上的新时代"的话，这真是一个值得悲哀的新时代了。

自从上次作了这个统计以后，现在又时隔半年了，这半年来的物价变化更大，三月初的物价指数不过二十四万多倍，七月底已近五百多万倍。白报纸原售三百五十万一令的，八月份则一度高至六千五百万一令。现在金圆券问世，上海"打虎"期间，每令下落尚冻结在二十元一令（合法币六千万元）。职工生活指数上涨至一百五十万倍到一百六十万倍。在这段时期中，报社因之迫不得已，减张一次，调整售价四次，实际上是连减张等于调整了五次，平均每月调整一次。三月初原为二大张以上者，减为二大张，售价则由一万三千元增至二十六万元。当币制未曾改革时，上海报业公会本有一决议，定于八月二十一日加至每份售价三十万元。但未及调整，币制于八月十九日改革，各报社格于政府法令，只得将售价冻结于八月十九日售价上，每份仍售十六万元。但这一次的冻结，依照实际情形来讲，是非常之不合理的，若按成本计算，现在每份报纸至少须卖三十万元（金元一角）一份，然而报业界为了帮助政令的推行，只得忍痛牺牲。近传各报有减张之说，我们不知道这一方法之方稍施行将有如何后果，但对新闻界必是一大大的新丧。为了保留这一点点"新时代"的小史料，笔者就近半年来物价的上涨同报纸调整的情形，再作了一个统计，作为三月份《物价与报价》之续。统计方法，仍一本前文。

第一次调整

三月的开始，白米作了涨价的先锋，因为产地报涨，米虫兴风作浪，每担由三百万而三百四十万、三百九十万，到二十日已破四百万大关。这期间上海当局派令经济督察监视米市，每担限价为三百万，但限价无补于事。杂粮因米上涨亦陪同上升，豆油过七百万。除米上涨较烈以外，纱布因购棉地大多为战区，来源不继，市间存货复少，因此厂方有停工之说，故开出筹码不多，人心向荣。仅以四十二支蓝凤一项而言，三月八日喊价一亿五千万元，次日即升一千万元，十九日破二亿关。物价指数上旬约为三十四万多倍。但到下旬，已是四十三万四千多倍了。诚如某报所说，全月金融物价，在做噩梦，"一切空前""反映了法币的购买力每日下降一级"。最足以表示上海物价上涨的符号，莫过于台币的汇兑率了，差不多是逐日挂高，由一比法币一百五十，而一百五十九、一百六十九、一百八十九、二百二十一，此期间盛传币制将要改革，外汇又调整二次。第一次美汇由十三万五千元提高至十九万五千元。第二次，时隔九天，在三月十七日再提高六万，为二十五万五千元。三月底公布生活指数，工人为二十一万七千倍，职员为十六万六千倍了。

白报纸在本月内，因受物价及外汇两度调整的影响，由三百四十一令，一度涨至六百万元一令。依以上情形，报纸发行价的调整，是势所必然的了。

但报业同业公会在三月二十九日的各报上刊出启事，"……因存纸绌，取给困难，遵照节约纸张政令，公会同业议定自四月一日起，各报缩减篇幅"。原是三月十八日上海市社会局，就召集各报社负责人，举行了一个纸张节约谈话会，结果议定凡日出一张半以上之报纸，各减篇幅半张，日出一张半以下者，维持原状。于是四月一日起就施行减张了。表面看起来报纸价并未调整，实际上等于调整了一次，约加四分之一。

第二次调整

三月涨风在月底小息，各物小有回跌，到四月初，值得刺激物价的，是火车客运加价百分之八十五，公用事业中，电话涨一倍，煤气涨百分之七十，自来水涨百分之六十九，电涨百分之六十五，燃煤涨百分之四十六，航空运费加百分之四十九。于是食米因水运车运的价高一倍，加以产地报涨，乃再上升，原已跌回三百五十万，月中又入四百万。三月下旬却以通货周期性的膨胀作用，银根极松，物价一度紧急，四十二支蓝凤卖价二亿四千万，纱布、人丝一致上窜，到月底物价指数为五十二万一千多倍。

这个月中，物价较之上月实际上涨不厉，因为四月十九日蒋主席当选总统，却将物价一度的紧张加以冲淡。月底市府所公布的生活指数，工人为二十六万二千倍，职员为二十一万倍，本月台汇调整仅四次，自一比二百一十元调整到二百三十八元，由此得知物价波动，并不太厉。

至于白报纸的价格，亦无大的上涨，三月尾曾落至每令四百五万元，四月中旬初则仅涨至五百七十万一令，月底因自备外汇之故，商人为了需交现款，急于脱货，不得不贱价卖出，每令疲至四百八十万元。

虽然四月涨风不厉，但按照报社成本计算，一月亏虚仍以数十亿计，四月初的减张，并未予经济上多少补益，因此上海报业商业公会会员报齐议，定于五月二日作一年半来的第九次售价调整，每份计加一倍。

第三次调整

五月的上旬尾，国大在京闭会，全运在沪开幕，这时期中涨风重起，物价波动极高厉。主要的原因是银根松弛，暗息低落，市场险象因之环生，虽然前些日子有国库券的发行，也不能收效，加以国大游沪，全运开幕等刺激，物价上涨。但到五月下旬初，因当局一面加强管制市场，且继续抛售物资，兼之翁内阁首揆已经发表，经济措施容或有变，市场抱观望态度，故物价跳落幅度不大。因五月上旬物价的波动，全月的物价指数已是七十万四千倍，生活指数工人为三十三万七千倍，职员为二十八万五千倍。

五月份涨风的开始，仍是食米率先，因户口米价提高而分量减少，于是激起人心，货主扳紧，产地价格又有波动，于是由四百万一担节节上升，五月八日已入五百万一担。民调会此时未曾大量抛米，食米至十日竟一跳五十万，十二日六百万。于是市府限价，市场不得超出五百五十万元，门售不得超出五百八十万元。米价得以稍杀。但至二十四日，米又破七百万大关，市府当局无法控制，只得又下令门售市价不得超过六百万元。到六月一日食米限价取消，恢复自由买卖，民调会停止抛米，食米至六月七日又跳过八百万，十日则破九百万，迫近千万大关了。

因米价的上涨，物价一致飞升，老车面粉于五月中超二百五十万，六月上旬则每日上涨以倍数计了。纱布一项，四十二支蓝凤初仅二亿四千四百万元，到六月初即上涨至四亿三千五百万元，其中某日，曾一度涨过一亿。

五月里，外汇又调整一次，实际上自去年八月至此时，上海物价已上涨十倍，而外汇仅黑市上涨十五倍，乃在十七日外汇挂高，提至四十七万四千元，仅十倍。

到了六月，迎接新内阁的物价是看涨的，久传的美援延长应用日期，并减少六千三百万美元，这消息刺激商场不小，虽然当局令当日票据不能作用，但抵不住外来的游资，因是银根大滥，加之端节在望，各货又升。六月上旬末的物价指数上涨至八十一万七千多倍。

（原载《前线日报》1948 年 10 月 25 日第四版）

物价与报价——半年来沪报五次调整
（民国三十七年三月至八月）（下）

穆加恒

公用事业在五月十二日调整一次，上涨百分之十六到十九，六月上旬又作第二次调整，上涨百分之二十九到三十五。六月五日轮船客运一律加百分之九十。

此期间白报纸每令售价，在五月上旬十日内，由五百万而涨至六百四十万、七百四十万一令了。每令计涨二百四十万元。五月中下旬则因翁阁上台之初，一般物价稍跌，白报纸亦下落，但入六月以后，又上涨至七百六十万，后至八百万元。

经过了四十多天的时间，度过了五月上半月及六月端节前的涨风，报社为维持成本，不得已又将报纸售价加以调整，于六月十一日调整一次，仍为加价一倍。

第四次调整

第三次的调整，正是六月涨风方兴未艾，六月涨风之厉，当然也是空前。开始时银根松滥的程度，可说近乎荒唐，一般卖主，多不愿收当日现钞，而货物的上涨，亦无所谓谁快谁慢，食米首破千万大关，纱布、人丝、杂粮蜂涌而前，连霉季当前的香烟，也大翻其身，一日一倍了。刺激物价的另外许多原因，又是一片国营事业的上涨，新关金的出世和结汇办法中有一项说明美钞可以结汇，为美钞开了一个出路，美钞看高。六月初轮船加价百分之九十，航空费加价百分之八十五，全国铁路普遍上涨百分之五十到一百五十，仅以食米一项，在铁路加价次日，每担平均上涨五六十万。《大公报》在六月十三日的第四版上发一花框新闻：“最近物价跳动，米价每粒合法币三元，看你每日吃多少米？”六月中旬，粮食部长关吉玉为了上涨食米的暴涨，曾来上海。此时市府再度限价，门售不得超过千万一担，但事实上表现，限价无济于事，次日即上涨达一千三百万一担。此时的粮荒，实为一全国性的，成都、重庆、苏州、无锡等地，又重演抢米故事。各地物价亦疯狂上涨，北方某报纸某日刊出物价上涨新闻时，标题为“涨吧！要死的人们，已不知道怕了！”六月廿一日，上海食米又取消限价，民调会出为九百廿万一担，而市间早越一千五万万一担了。杂粮自然跟上，兵船老车面粉实售五百万元。纱布中四十二支蓝凤由四亿六，而五亿、六亿、十亿。到月底各业商店多一手执电话，一手持毛笔更改货价，一日达十次之多。月底物价混乱益甚，报载北四川路一带商家，多半停业听涨，而食米、杂粮市场全部停市，棉纱布疋市场也呈此现象。但改在场外黑市交易，白粳二千万元一担已不可得。连擦皮鞋，也得十万一双了。

在六月涨风中，某报有一个小小的统计：白粳上涨百分之二百九十四，

• • • • • •

龙头细布上涨百分之三百六十一，廿一支双马纱上涨百分之二百四十六，美丽火柴上涨百分之三百四十八，固本皂上涨百分之四百三十六，美孚火油上涨百分之三百四十，而颜料上涨最厉，竟达三十倍之多。政府当局，一如往昔对策，施行紧急措施，最密监督市场，但收效毫无，六月底的物价指数，已是一百七十万倍了。连三轮夫的索价，再也不以法币关金计算，在街头喊几块大饼算价。

在此二十天来，白报纸价每令由八百六十万过一千万，再到一千二百万，一千八百万，至月底则破两千万关。本月生活指数工人为七十一万倍，职员为五十六万倍，去物价指数愈去愈远了。就在六月底数日内，不风稍杀。银行业上半期结账，银根紧缩。报纸售价作了第四次的调整，七月一日，每份加价百分之百，普通二大张者售价八万元一份。

第五次调整

六月涨风如惊涛骇浪，时期长达四周。到七月初，物价因游资已冻结物资上，同时外埠物价亦涨过猛，华北又限止兑换流通券，外来游资减少，上涨乃暂入休止状态。但此时国营事业及公用事业欲因大涨风必得调整而涨价，航空费于上旬涨百分到一百八十，两路局调整加价百分之九十到百分之一百五十，公用事业以各有关因素上涨（五金上涨百分之一百二十五，柴油上涨百分之二百五十，煤上涨百分之一百九十，外汇上涨百分四百一十三，生活指数上涨百分之一百一十），致电车、公共汽车各上涨百分之一百五十六，小火车上涨百分之一百三十，轮渡上涨百分之一百七十，电话上涨百分之一百八十，自来水上涨百分之一百七十五，煤气上涨百分之一百七十一，全国铁路又加百分之九十到一百五十，邮资加价百分之二百。在此期间，银行开关，当局怕开出"满堂红盘"，乃举行紧急措施，但仍不能遏止，开关以后，日用品的上涨，例举二项足以代表了，固本皂涨至三千五百五十万，美孚火油上涨至一千三百万。第一周的物价指数，就上了二百四十五万倍，较六月份的平均物价指数高出一倍。

食米则扶摇而上，限价原为二千万一担，但实销价超过四五百万元，兵船面尾随上升七百万元，小麦已涨十九百万元，菜油六千万元一担。上旬食米破三千万大关，限价只得跟上为二千三百万。中旬初因当局管制颇严，两米逃锡，市长电请行政院澈查，而市间白米已售达三千三百万，限价再跟上升为二千八百五十万一担。到十八日银根大松滥，卖气最旺，一日间上升六百万。老车兵船面亦各上升二百多万售价一千一百万了。此时新币大额关金问世，一万，二万五，五万，二十五万，合法币二十万、五十万、百万、五百万票面。二十日 食米上升达四千二百万，老车兵船面粉一千四百万，生油每担七千八百万，棉纱中四十二支蓝凤七月九日售至十五亿，十天以后即数度冲破二十亿大关，月底则已二十一亿六千万了。月底的物价指数有着可惊的数字，五百万倍。七月份白报纸售价，上涨较前大厉，每令由二千万元，而三千万元，月中则破五千万元。三月份工人生活指数：工人为一百八十六万倍，职员为一百五十万倍。

到了八月一日，报纸又作最近半年来的第五次调整售价，各报上涨一倍，原为六万者售十二万一份，原为八万者售价十六万元。

七月间新闻界有两件值得提出的事，此地也附带记了下来。第一件事是邮资加价的事，邮局不堪赔累加价，五日将航空费改定，普通信件每廿公分一万元者加至三万元，新闻纸每公分自一万元增至六万元，这种错误的措施，引起整个出版界的惊震，一致认为这是在搜骨头上嗜肉的行为，于是有沪地十六家杂志停刊半月以示抗议。至十日，政府始再度改变办法，新闻纸之寄递，按照普通信件，并打六折，这段公案了了。

第二件事就是各报改定订阅期限，长期订户以半月为限，这与战前拉长期订户以年计的故事一比，是未免令人有"古怪多"之感。在七月廿九日《大公报》出版界征文特辑中有一篇《出版界的噩梦》，说"据说出于白报纸贵，各报一律减张，只剩下半张大小，售价是每天调整一次，长期订户以三天为限"，但到七月卅日各报登出启事，这已不是"噩梦"，而是现实了。上海市报业同业公会公告："查本会各会员报，发行本外各埠，为读者及派报业双方便利起见，原以订阅一月为原则，近因物价波动颇烈，报馆为顾及成本，不得不有调整售价之机会，兹经本同业公会本年七月二十九日会员临时大会决议，于八月一日起，所有本外埠发行之各会员报纸订阅期限，暂改每半月一期为原则，直接间接订户，概不得超过半个月，俾各会员报馆得随时应经济环境，而予调整，不至过分赔累，相应□案公告，尚希各界读者颇予鉴谅为幸。"这公告，又为新闻史写了新的里程碑了。

（原载《前线日报》1948 年 11 月 1 日第四版，有删节）

各报将缩减篇幅　中宣部订定办法

与上海商定者略有出入　若干报社将请维持原议

（中央社讯）政府为节约外汇关系，已将纸张列为限制进口物品之一，输入受限制。迩来各地报纸，每多增出篇幅，以相竞争。综计去年消耗纸张数量，几已超出战前输入额之三倍，若不及早加以限制，纸荒必日趋严重。顷悉：中宣部为节省外汇，减少纸荒起见，已订定各地报纸减缩篇幅暂行办法六项：（一）南京报纸，原有篇幅在三大张以上者，缩为三大张，其余依次递减为二张半、二张。原有篇幅在二张以下者，可自由减缩。（二）其他各地报纸，篇幅以两大张为最高额，原未出及两大张者不增，原在一张以上者，可自由减缩。（三）除国定纪念日及该报创刊纪念日外，不得出增刊。（四）各报广告及新闻之编排，应力求节约篇幅地位。（五）各地报纸至迟在二月十六日以前，须开始依照标准减缩篇幅。（六）黄色刊物，由中央宣传部与内政部商订限制办法。上项暂行办法，闻已分函各地报业公会，遵照执行。

（本报讯）中宣部顷订定各报减缩篇幅办法，已通知各地报业公会遵办。京沪各报以减缩篇幅案，原系中宣部还于上海召集两地报业负责人会商决定，惟中宣部此次订颁办法第（一）项关于"原有篇幅在二张以下者，可自由减缩"一点，与上海会议中所决定者略有出入，昨深夜京沪若干报社已作初步会商，将向中宣部请求维持原议。

（原载南京《中央日报》1947 年 2 月 1 日第二版）

报纸杂志等规定自动缩减篇幅

政院五日通过公布之新闻纸、杂志及书籍用纸节约办法：

第一条　各地报纸关于新闻及广告之编排，应力求节约篇幅，原在一张以上者，均应于本办法公布后，自动缩减为一张，其原在二张以上者，不得超过二张。

第二条　各地杂志篇幅，应依照下述规定：一、周刊，每期以十六页为度；二、半月刊，每期以卅二页为度；三、月刊以上，以六十四页为度，前项页数，均以单面计算，封皮可另加四页。

第三条　新闻纸、杂志及书籍，应尽量采用国产纸张。

第四条　内政部得根据事实需要，酌量调整各地新闻纸、杂志之数量，期于节约之中，并收均衡文化发展之实效。

第五条　无充分资金，固定地址之新闻纸、杂志，并应严格限制其登记。

（原载《申报》1947 年 9 月 6 日第一版）

报纸减张另行研议

（本报讯）本市各界节约运动委员会，于昨日下午三时在市府会议室举行第四次扩大会议，吴市长国桢亲自主持，出席委员严庄、徐寄颀、吴开先、沈宗濂、王冠青等六十余人，通过调整中西酒菜筵席及客饭节约价格标准，对配合动员戡乱、贯彻中央节约运动实施办法、本市实施新闻纸杂志及书籍用纸节约问题，亦有讨论，作□要决定。兹分志决议案于后：

一、行政院颁布修正公布"新闻纸杂志及书籍用纸节约办法"："各地报纸关于新闻及广告之编排应力求节约篇幅，原在一张以上者均应于本办法公布后自动缩减为一张，其原在二张以上者不得超过二张，原在三张以上者不得超过两张半。"并规定此项修正办法定卅七年元月一日起实行。决定仍由社会局召集报业公会及各报负责人研议，将结果申复内政部。

二、纸张节约组提：申请出版或复刊之报纸应如何严格审核案，决议：本会依据行政院卅六年十二月卅一日颁布之《新闻纸杂志及书籍用纸节约办法》第四条"内政部得根据事实需要酌量调剂各地新闻纸杂志之数量，期于节约之中并收均衡文化发展之实效"，兹决定函市府申述上海报纸数量已达饱和点，在一年以内，停止申请出版及发刊。

兹将行政院修正公布之新闻纸杂志及书籍用纸节约办法原文录后：

第一节，各地报纸关于新闻及广告之编排应力求节约篇幅，原在一张

以上者，均应于本办法公布后自动缩减为一张，其原在二张以上者不得超过二张，原在三张以上者不得超过两张半。（下略）

（原载《前线日报》1948 年 1 月 8 日第四版，有删节）

用纸者自行制纸——从上海各报缩减篇幅说起

今天起，上海各报为遵照节约纸张的政令而缩减篇幅。在内地，纸荒的严重性则比上海更为深刻，百分之五十以上的报纸早已恢复为战时的样子，采用土纸印报。或者是报馆兼并，改出联合版，像长春、沈阳、开封因为地处战区，每日仅有一张四开报纸出版，固无论矣；而作为当前建设重心的广州，四家日报（"中山""和平""岭南""广州"）也自今日起合并，改名《广东日报》出版，真是我国新闻事业危机的深刻化之反映。长此以往，我们相信这种惨象终必渗入上海新闻界，而今日起的报纸缩张，不过为此一凶耗的前奏。

在战乱军事正在白热化进行的今日，黑市纸价的猖獗超过任何商品，外汇又复极度枯竭，放宽进口殆不可能。纸荒严重的程度，在目前至少是无法减轻的。政府显然亦已注意及此，自第五、第六两季输入限额表决定以后，全国经济委员会副秘书长顾毓珠氏曾表示："（一）第五季（即二、三、四等三个月）报纸进口决不减少，第六季则视国内报纸生产情形而决定增减；（二）今年木浆进口量增为百分之四十二，至少须以半数制造白报纸，以供应国内需要。"但事实上并未可乐观，即以增加木浆进口，鼓励制纸工业而论，每吨木浆进口的价格较诸每吨报纸尤昂，加上国内的高工资，成本必定大得惊人。而且制成品的纸质，是否能与舶来品相比，尤为一大疑问。如果纸厂向厚利方面着眼，以国家外汇买进纸浆后，大部制造道林纸、钞票纸出售黑市，则益与政府扶助文化事业的初衷相悖违了。

为今日之计，我们只有向一劳永逸的方面打算，即国内必须迅速建立纸浆与造纸工业，尤其重要的，此类工业应该由从事文化事业者自己来筹谋通力创办。以目前事实为例，台湾纸厂规模最大，但产量不多；东北陷于战火中，已由萎缩转为停摆。上海据统计有二十三民营纸厂，大部集中制造海月、连史、卷烟及招贴纸；制造报纸者，绝无仅有，而且造纸所用的纸浆，仍需赖于舶来。所以，如欲依赖文化界以外的人士来办纸厂，决不能奢望对我们有什么帮助。抗战以前，实业部曾集合书报两业消用纸张者，筹议在浙江温溪创办纸厂，实露"用纸者自行制纸"的端倪，惜以抗战事起而未果。这一启示自值得我们继起办理。

制纸工业的先决条件，必须顾到原料、制造、运销三方面的密切配合。距离上海市场最近的木材产地为浙江的瓯江流域与福建的闽江流域，理想的办法是在丽水、南宁附近设立制浆厂，就近使用上游森林茂密的原料；在温州、福州附近设立造纸厂，利用海道输运制成品至沪。

自然，今日文化界的困窘，较诸任何阶层为尤甚，但众志成城，相信群策群力，必非一定不能办到。须知文化传播的主要工具是纸张，它的消耗有异于印刷机器，而且川流不息，不可一日或断的。事急矣，幸我同文亟起图之。

（原载《前线日报》1948 年 4 月 1 日第二版社论）

航邮涨价不合理

梅焕藻

现在想说的是航空邮费上涨的不合理。

中国、中央两航空公司的货运价格，如果是根据飞行成本加上合理的利润算出来的，那么，多运一公斤，航邮就得多赔出几千元。为了这事，中国航空公司一再呈请交通部要求增加航邮运费，交部一再迁延，后来中国航空公司以停运邮局收运的航空报纸为手段，逼使交部批准航邮每公斤由三百元改为三千元。因之邮局收的航空邮费也由每十公斤三元改为三十元，这好像是本年五月五日开始的。

上述的一涨九倍还有理可说，因为：①邮资于去秋抗战胜利后，即已由每二十公分二元涨为二十元；②交通部对中国航空公司的呈请已经搁置了很久很久；③每公斤三百元的价格比起货运的价格，大体上还要低一些。

然而，十一月十二日开始的由每十公分三十元一涨而为每二十公分一百五十元，比起上次要温和得多，何以便不合理？笔者不揣冒昧，敢将其不合理的地方列举如下：

①普通的航空信件，每封很少超过十公分的，所以这次的涨价，表面上虽只涨到原价的二倍半，实际上涨到了原价的五倍。寄往国外的航空信是以每五公分作一单位，现在把行之业已多年的国内航邮单位由十公分增为二十公分，手段固然巧妙，但是逃不过明眼人。写信人本来用薄纸写信的渐渐要改用厚纸了；本来用小的字体写信的渐渐要用大的字体了。将重量单位提高了，如果不能达到巧妙增价的目的，也将达到另一"目的"——鼓励公众耗费有用的航空吨位。

②中国、中央两航空公司的货运价格至少到现在还没有涨，也就是说，航寄一公斤半肉汁去重庆仍旧只要四〇八〇元。可是经由邮局寄一公斤的航空邮件（信函、报纸、书籍）便得要七五〇〇元。航邮是沟通文化的重要工具，现在竟得不到和商品相等的待遇，这说得通吗？

③这次航邮加价紧张跟随着邮资加价，好像有点"打铁趁热"的嫌疑。

④上次的航邮加价，民众早已经从报端得到解释，这次的加价则突如其来。邮资电费的加价要经过立法院的通过。我们姑不妨假定立法委员们便是我们选出的议员。交通部每次提出邮电加价的建议，总要在立法院引起许多激烈的争辩。可是航邮加价的根据仅仅是邮政总局发致各地邮政管理局的一纸电令，而前者又未对公众作任何的解释，是不是有点草率？

⑤航邮加价，系十一月十二日发表，当天便实行。许多许多的航空信（甚至有头一晚即已投筒的）都被退回寄信人，上面附一小条要寄信人补贴多少多少邮票。这在寄往重庆、北平的航信，因为每天有飞机由上海飞往重庆、北平，顶多只有两天的延误。若是寄往九江、徐州、青岛、昆明的航信，延误可就大了。像去年九江、徐州、青岛的航信，反不如当初就发普通信为妙。关于航邮涨价事先毫无通知一事，本埠英文《大美晚报》已经站在报纸的立场严加指摘。笔者对此完全同意。

上次航邮加价是中国航空公司发动的。这次的加价是邮政总局发动的还是中国或中央航空公司发动的，还不得而知。但是就民众的立场而言，实在应予猛烈的反对！若从报纸的立场而言，那更不必提了。现在航寄一份上海《大公报》去内地，仅航空邮费便得六百元。以目下"交通不通"的情形而论，有些地方，实在非利用航空不可。上海是最优秀的新闻记者集中地，上海又具备了内地报业所梦想不到的种种交通上和其他方面的便利。因此，上海的报纸比内地的要丰富得多，要精彩得多（这实在是不合理的现象，不过改正需时）；因此，内地各界对上海报纸的需求也特别多。内地一个公务员每月的总收入不过十几万元，要他们为了订一份上海报每月花上个两万元的航空邮费，是不是合理呢？报纸看不起，比报纸更重的书刊自然更不必提了。

邮政局和"中国""中央"两航空公司都是国营事业，而且都属于交通部。为了不要缢杀内地的文化，希望交通部赶快想出点救济的办法，笔者相信这不是我一个人的呼声，而是全国千千万万人一致的呼声！

（原载上海《大公报》1946 年 11 月 18 日第四版，有删节）

全国各报各通讯社集体向交部请愿

请求优待新闻邮电费

全国各报各通讯社，以交部于上月陡增邮电费十倍，无法维持，十六日一时假蜀中饭店召开全国联合会，到百余人，由马星野主席报告全国各报联合会组织意义。旋由毛礼锐、唐少涧、屠石鸣报告与交部洽商经过，各地代表发言亦极踊跃，对交部电话七折均不满意，以比较旧价尚高七倍，仍非今日经济万分困难之报业所可负担，而优待仅及日报，晚报不与，尤失平允。至于邮费，尤为报业之致命伤，以一份航空报纸，邮费则较报费为多，于理亦过不夫，佥认必须减至原价，始能维持。结果组织全国各报请愿团，推定高亦修等十余人为代表，向交部请愿。三时代表团率同全国各报驻京记者一百余人，分乘江南公司甫由沪运京新车四辆出发，车行至重庆安乐厅门首，恰适中宣部记者招待会，时会中各报记者复加入行列，一路浩浩荡荡，到达交部，当由俞部长大维，谭次长伯羽，陶司长凤山接见。请愿团代表分别陈述加价后，民营报纸无法维持之苦衷。俞答复：愿与请愿团共商妥善办法，当决定由俞本人及谭伯羽、陶凤山，十七日三时与请愿代表团详细研究，佥信政府或能签受全国各报请求，对新闻邮电费予以优待。

（原载《申报》1946 年 12 月 17 日第一版）

核减新闻邮电费

（甲）电话

一、京沪电话七折办法，扩及全国，并于白天规定二小时为通讯社、晚报使用，同样给予折扣优待。

二、叫用电话，挂普通电，即以加急挂出。

三、普通电话可指定时间。

（乙）电报

一、执照费如不付现者，由铺保或银行担保记账。

二、新闻电照寻常电提前拍发（即等于加急）。

三、请交通部、宣传部会同研究简语电报，供全国各报使用。

（丙）邮费

一、普邮不另作减低。

二、航空通行之地，新闻纸照图书小包办法计算。如一公斤，京沪原须三千一百二十元，现按图书小包办法，则京至沪一公斤一千二百九十元。此外京汉为一千九百十元，京平为三千六百七十元，京渝为四千二百元，惟航空加价亦同样照加。

此外，未获解决者，即报界提出，在新办法未公布前，电话暂以现价五折付费，电报暂以原价付费，此点因涉及法令问题，陶司长等未便答复，允请求俞部长办理，定二十日下午再作会商。

（原载上海《大公报》1946 年 12 月 18 日第二版）

新闻邮电优待办法

全国各报代表十余人，廿日下午四时许再度赴交部商邮电恢复原价事。商定：

甲、电话

① 京沪间夜间优待新闻界通话办法，推行全国。

② 白天规定上午十二时至下午二时新闻界通话电话提前接通。自下午

九时至次日晨七时之时间内，可指定在任何二小时内接通。上项指定时间之电话，必须在一小时前先行挂号，上述办法暂以京沪为限，俟各地有线电话畅通时，普遍实施。

乙、电报

① 拍发新闻电报执照预存报费，如不付存者，可请商店担保。

② 寻常新闻电提前拍发。

③ 由首都新闻界编拟发电用新闻简讯，送中央宣传部、交通部核定后施行。

丙、邮费

航空通过地点互寄之新闻纸，得照航空图书小包收费。

① 寄内地之航空报纸，可卷成小卷，照航空通运地点，每地汇成一束，按每束总重照收航空图书小包费外，另再加收新闻纸邮费，每卷不逾五十公斤十元。照贴邮票或照收邮费后，由邮局加盖邮资已付戳记。

② 航空运费有变动时，图书小包邮费随时调整。

（原载《申报》1946 年 12 月 21 日第一版）

我们的两点切身呼吁——请求减低邮电费并开放电讯使用

最近全国各地新闻界代表在京向交通部请愿，要求减轻新闻邮电费，经当局派人与各代表研商，据说已获得初步结果，还有些未解决的问题，尚在继续商量中。看情形，今后的新闻邮电费可望略打一些折扣，但比较起十一月加价以前的原价，距离还是很大的。

本来最近这一次加价，一加就是五倍十倍，来势太凶，太超乎一般人的负担能力。当时加价的理由是邮局不堪赔累，想靠加价以资弥补；但报载邮政当局宣称，十一月份以前，全国邮政总收入约五十亿元，支出一百三十多亿元，不敷约八十多亿，而十一月增加五倍后，邮政收入为一百零八亿，开支却增至二百亿，不敷约九十亿，反较过去亏累增加约十亿，可见当局加价的目的并未达到，而因加价所引起的其他困难却有以下数项：（一）一般人民享受邮政便利的机会是大大减少了，这可从邮政赔累增加的事实见之。一封航空快信也要五百元，国外的航信竟达数千元。不要说普通宛若穷苦的人寄不起，即一般靠薪给收入度日的人，一个月又能够寄得几封？人民借以传达消息，聊络感情，交换知识的工具，不能让人民充分利用，实在是国家对社会文化教育最大的一种刑罚。（二）与邮政关系密切的报纸杂志，所受影响更显而易见。普通三大张一份的报纸，航寄邮资达六百二十元，平寄也要二十元。照现在一般读者的经济能力，绝对难以负担这笔邮费。新闻电报由每字五元增至五十元，增加了九倍。长途电话费也大涨特涨。近来本报由南京报告国民大会新闻，每天要用六七十万元的长途电话费。报纸不同其他商品，这种负担不能随便转嫁给一般读者。一方面因为读者购买力的不足，使报纸发行不易增加，同时报馆本身支出加大。试问仅凭营业维持的民间报纸，怎能维持下去？一般外地读者得不到更多的精神食粮，尤其国外人士得不到更多国内情形的报道，试问又是谁的责任？（三）在最近一次调整外汇汇率后，当局曾声明公营事业不加价，对于商营事业的价格亦极力平抑，冀免物价的波动，但曾几何时，公营事业加价了，一加就是五倍、十倍，这是否对物价没有影响？我们对于交通当局因亏累而加价，原不能疵议，但公营事业的目的首在服务人民，多予人民以便利，如有亏折，应由国库拨款补贴。

我们可惜经济财政政策的脆弱，捉襟见肘，窘状毕露。我们更可惜政府对社会教育文化全无政策。对于国家今日教育文化的贫血状态，不但未尽力培助，甚或有意无意中时加摧残。即如最近这次邮电加价，我们可以相信全是从财政上作考虑，当时未必曾为社会文教设想。关于这一类事情，我们从事文化事业的人感觉最为痛切。我们的新闻报道，要争取时间，要向读者交代，仅在技术上就遭遇不少困难。官方通讯社可以设置电台，自由拍发电报，而民间报馆只能向官办的电讯局去拍发。电讯局也像其他公营事业一样，有其本身的困难，未必能发挥最大的效率，或给新闻事业以特别的便利。我们付出代价，未必得到圆满的效果。新闻电报是要时间的，目前情形，每日下午由京沪发往津渝的新闻电报常是不能当日到达。而新闻电不能当日到，那就一文钱不值了。在英美等国家，有商营的电讯事业，尤多使得，每家通讯社或报馆可以使用线路若干万尺，各报馆也可以自由使用无线电话及无线电传真，等等。我们则事事企图直接或间接地统制，而又统制得无效率。这种统制，在财政上或上未必会成功，在推动社会进步，发扬人心民智上，却注定了是一大障碍。政府拿了人民的钱来办有关教育文化的公共事业，而不使民间公平竞争，以求进步，在道理上无论如何也说不通。社会教育文化是国家未来兴衰所系的艰巨事业，自非发动全国人力不易有所成就。假使这种种统制的手段不变，长此下去，所有民间的文化事业都无法办得好，甚至维持不下去，人民的阅读见闻范围，概被紧紧限住了，这对于国家社会前途又有什么好处？

邮电加价与电讯的限制，只是这个问题中的两点，我们想询问的是：政府还要不要社会教育文化？还要不要培养新闻自由？如果还要，那么，政府便不应该以邮电加价来打击社会教育文化，便不应该以电讯统制来限制新闻自由。我们要求减低邮电价目，我们要求开放电讯，使民间报馆也可以自行设备无线电并使用之。

（原载上海《大公报》1946 年 12 月 21 日第三版社评）

航寄新闻纸类　邮局定优待办法

邮局为优待各地报馆交寄航空新闻纸，顷特规定下列收寄航空新闻纸暂行办法：

① 航空新闻纸重量限制，按照邮政规则第一百七十七条规定办理。

② 航空新闻纸寄费，如较航空图书小包寄费为高时，得按照下列两项办法交寄：

（甲）航空通运各地间互寄之航空新闻纸，得将寄交同一地点之若干份数，捆成一束为一件按航空图书小包纳费。

（乙）寄交内地各地，而利用一部分航空之航空新闻纸，得将其寄交同一航空通运之邮政分局转递之，航空新闻纸若干小捆捆成一束作为一件，此照通用局间航空图书小包纳费外，另加纳第一类新闻纸普通邮费，每卷每重五十公会国币十元。

③ 第二节甲、乙两项，比照航空图书小包费例，交寄之航空新闻纸，尤须捆束坚固，以免在中途散失，并在每一束上附一布牌，上书寄达之递运局地名，应纳之航空邮费，一律购买邮票贴于□牌上，零寄之小卷航空新闻纸，其航空邮费应购买邮票贴于封皮上，如须加纳普通邮票者，其普通

邮费亦可分别购贴邮票或付邮资，一概不得记账云。

（原载《民国日报》1946 年 12 月 28 日第三版）

航邮加价特别苛待新闻纸类

邮局因不堪赔累，要增加邮资，我们是相当同情的；若特别苛待新闻纸类，以为取偿，我们就不能不抗议了。

邮资加价案，此刻尚在立法院审议中，而邮局于本月五日从航空邮资加起，普通信件每廿公分自一万元增为三万元，新闻纸类每廿公分自一万元增为六万元。新闻纸类的邮资，比普通信件高出一倍，实在是一种奇异的措施。

我们相当同情邮资加价，但要合情理。加价的比例，应该是普通信件少加，以少增一般人的负担；对快信挂号信件可多加些，稍资挹注；对新闻纸类出版品更要少加，以免障害文化发展。现在邮资竟反此道而行，认准向文化界这根瘦骨头啃肉，未免有些残忍了！杂志界已对此事提抗议，并有十六家杂志暂行停刊，以待解决。报纸与杂志境遇相同，我们谨附杂志界之议，抗议这种不当的措施。我们敬望有关当局速作贤明的考虑，以免经由传播文化的航邮之手来扼杀当前文化界的微弱生机！

（原载上海《大公报》1948 年 7 月 10 日第二版社评）

十六种杂志停刊一期　抗议航邮不合理加价

决推代表晋京请愿

本市杂志界为抗议邮局航空邮资增加办法中对国内新闻纸部分不合理之措置，昨假清华同学会招待记者，沉痛指出杂志界遭受种种困难，几濒绝境，此次航空邮资加价，新闻纸邮费为普通信件之一倍，即每二十公分，自一万元增至六万元，依此规定，航寄一本杂志即须付邮费十二万元，实已超过杂志本身售价，是则无疑为读者增加重大负担，亦为今后杂志界之一大打击，为抗议计。决定三项办法如下：①推派代表二人，晋京向有关当局请愿；②四十六种杂志，联名发表抗议宣言；③十六种周刊及半月刊，决自即日起，停刊一期以示抗议。

至停刊之十六种刊物，据悉为《银行周报》《观察》《新路》《工商天地》《市政评论》《纺织周刊》《时代》《展望》《国光英语》《改造评论》《世界知识》《青年生活》《经济评论》《文摘》等。

（原载《申报》1948 年 7 月 10 日第四版）

年赏问题陷僵局　各晚报昨仍停刊

本市"大晚""联合"等各晚报劳资间因年赏问题不能解决，致于前日起一致停刊。据各晚报工友负责人谈称："各报关于年赏问题，资方已愿允发一月，且一部已预支半数但迄今尚未全数发给，资方突于八日晚采取联合行动，宣布年赏半个月之硬性规定，强制执行，以致前昨两日资方停止发稿，劳方无法工作，此一责任，应由各报当局负之，吾人三百六十余日中，无休息，手脑并用，出汗出力，无日不在紧张中生活，设或病假事假，必须另出高价觅取替工，既无星期例假，又无升工补工，故一年十二个月中，实际收入不足十个月，每月仅念余万薪津，故我人此次要求一个月，实属天公地道，合情合理，至于资方困难至是实情，惟办者什九皆告亏损，我人决不能因噎废食也。"

又上海市夜报联谊会昨致各夜报工友书：这次六家晚报诸位工友提出来的关于年赏问题，我们认为是应该寄予同情的，我们在原则上全部接受，问题是在于整个上海工商凋敝的情况中，我们的努力已经用尽，而且已经超过了我们的能力，所以我们后来不认为工友的要求应该弃置不顾，而且希望相互谅解实际困难，寻求一个合于双方实情的解决方式，希望在诸位的体谅下，早日恢复我们报人对社会应尽的天职，所以我们极端愿意我们的之间的问题，能够赶快解决。(12 日复工)

（原载《民国日报》1947 年 1 月 11 日第五版）

各业来年终奖金　市府决定办法

昨日社会局提出市政会议讨论经修正通过，上海市各厂商三十六年度发给年终奖励金办法如下：

（一）卅六年度年终奖励金以工资一个月为原则，各厂商如有营业不振无力负担者得缩短之，其营业亏蚀经查明属实，得予不发，前项奖金，各厂商得依其营业状况与劳方协议之。

（二）工厂论计算之工人，除临时雇佣者外，应依照前项规定办理。

（三）临时工仍依法去年成例办理。

（四）公营公用事业之职工，仍依向例，由该管主管机关核办。

（五）凡职工服务时期不满一年者，依照其服务月数，比例核减之，但至少不得低于十二分之一。

（六）年终奖金，以发给时之当月份生活指数计算，但有习惯者，从其习惯，前项奖励金，各厂商如因经济周转关系得分次发给之。

（七）各厂商如因发给奖励金发生争议时，应申请社会局依法调处，如调解不成立，应迅即提请劳资评断委员会评断，经评断后，劳资双方不得异议，在调处或评断期间，双方不得有任何违法行为。

（原载《东方日报》1947 年 12 月 13 日第一版）

新闻从业员配米问题　记者公会函请照原办法办理

关于本市民食调配委员会特价配给新闻从业人员食米事，日前该会忽议决窒碍难行，予以取消。本市记者公会得悉后，至为骇异，昨特函民调会表示意见，原函谓："径启者，报载贵对本市新闻从业人员特价配米办法，因窒碍难行，决定取消，云云。阅之不胜骇异。查新闻从业人员特价配米办法，系贵会呈准粮食部办理，并经贵会拟订新闻从业人员特价优待办法，提会通过，实施在案，似不应借口窒碍难行，率予取消。本市为维护全市数千新闻从业人员之利益，未能缄默，用特函达，务请贵会对新闻从业人员特价优待配米，仍照原定办法办理，并希见复，不胜企幸。"据悉，民调会主任任显群氏，对本市新闻从业人员特价配米问题，至为关怀，现正谋积极补救办法，务使本市从事新闻及工作人员得有特价优待配米，详细办法将提出本周之常务委员会决定后，再呈请粮食部核准云。

（原载《申报》1948 年 6 月 8 日第四版）

浮生散记

新闻从业员配米问题，已由民调会重行决定准予配售，昨各报已接获记者公会通知，故望小型报作者于二日内向各报登记，并随缴六月份户口配售证与准购证。惟闻多数会员，已自向米店领购，乃因新闻从业员之配米一度发生枝节，恐不见获得，故自向米店购买，因此事不无使吾同文损失，然为民调会举棋不定，其过不在"作协"。现不佞另与景福袜衫厂洽妥，每会员配售六十支飞马牌汗衫一件，货价可较市上便宜一半，余将提出于今日之常务理事会，通过后即当公告登记发售，务望"作协"会员注意及之，幸勿放弃权利。

"作协"成立迄今，一未有所拓展，固无可否认，其关键理事长一职尚未解决，故今日常务理事会如不再另选贤能，会务无法推进，尤望总干事及各组组长今日均请莅临列席与议。盖理事长虽为一会主脑，如总干事、各组组长不到会办公，理事长生三头六臂，亦不能一人包办一切。会务能否拓展，会员福利能否做到，须全体理监事及福利委员等群策群力，始能克底于成。余虽不愿就任理事长与常务理事，然以理事之资格，追随于诸长者之后，决不后退。余尝言办理一次日用品配售，先使各会员所缴会费与血本捞回，此次飞马牌半价汗衫一件，半价给付，可便宜数十万元，准可将所缴之入会与会费捞回。余终不就任理事长，亦已有过交待矣。至余个人对"作协"二月来均为一人独撑，垫去法币近千万元，不计利息，如以迩来货价暴涨，即日归还，亦已打上对折，是余无负于一百多会员矣。

（原载《诚报》1948 年 6 月 18 日第二版）

各报对新报休刊的争辩

未　名

昨天上海市报业公会举行理监事会议，对于新年休刊问题，经过一番激辩后，决定循以往向例，休刊三天，致使某大报照常出版的主张未能通过。

新年各报休刊问题，看来很简单，其实也相当的复杂。某大报认为目前时局紧张,瞬息变迁,报界为提供国人真确而迅速的消息,不能休刊,因此主张缩小篇幅,继续出版,尽报人应尽之天职。

不过因新年各报照常出版,一定会引起两个问题:第一,新年原来放假,倘照常出版,则职工方面理应给予额外津贴,此即俗语之"升工"。各报职工人数多寡不同,"升工"支出的数目亦随之而异。此在庞大之报纸,自可胜任;如平日销数欠佳之报纸,这一笔"升工"支出,将收入为大,权衡轻重,自以休刊为宜。第二,派报业方面对新年各报向须提高批价折扣,换言之,即乘此新年中,多获一笔收入。惟批价折扣提高,则报馆收入减少,这对于一部分报馆亦发生影响。总此两因,自以干脆停刊三天,不进不出,较为便宜。那天报业公会理监事会议席上,反对出版的某报社长,即系全市销路最少的一家。其中关键,不难覆按。

不过《中央日报》向不停刊,这次大概也不致有例外。该报亦加入公会,公会对它如何处置,倒是一个极有趣的问题。

(原载《东方日报》1948 年 12 月 31 日第二版)

胜利后上海新闻事业

气象格外蓬勃　　竞争空前剧烈

"申""新"二报官商合办改组完成

溪

抗战胜利以后的上海新闻事业,至今为时虽则仅及半载,而其变迁之烈,可说是上海近二三十年来所未曾有过的。最初各报随着国军纷纷在沪复刊出版,真是雨后春笋,热闹非凡,全盛时期的大报,到过三十种。其后,因受登记限制,旋又遭物价与工潮狂澜卷袭,相继停业者不少。最近新闻检查制度经已废除,出版亦获自由,各党各派的及内地的各报,多纷纷移沪出版,于是又呈繁荣之象。已复刊者有《立报》《联合日报》晚刊,新近出版有《侨声报》《新民晚报》及青年党的《中华时报》,在筹备中将出版的为共产党的《新华日报》上海版、《东南日报》上海版、《益世报》上海报、《大美晚报》中文版、《商报》及《新夜报》等。

最近十天之内，新闻界新闻中之最重要者，当推"申""新"二报的改组。上述二报复刊之初，决定由政府接管六月，当时《申报》由政府派潘公展（中央党务委员）为指导员，陈景韩（即陈冷血）为发行人，陈训悆为总经理，新闻报馆指导员为程沧波（江苏监察使），钱新之为发行人，詹文浒为总经理。现今接管六月行将期满，"申""新"二报已于五月份分别召开股东会，由政府加入官股，改为官商合办性质。据闻《申报》改组后的阵容，由杜月笙任董事长，史咏赓（史量才之子）为副董事长，潘公展为社长，陈训悆蝉联总经理，总编辑一职，由陈训悆兼任。《新闻报》则以钱新之为董事长，程沧波为社长，詹文浒为总经理，前路透社驻渝记者赵敏恒为总编辑。"申""新"二报不但执上海报界的牛耳，也是全国资力最雄厚及销数最大的新闻企业。其今后动向实堪注目。

最近上海各报竞争之烈，可说空前未有。《大公报》在抗战之前向美国定购的五彩印报机，不久可运抵上海，预料将来当使中国报纸纸面有极大的改进。《新闻报》是上海广告最挤、赚钱最多的一家报纸，读者对象是商人，所以在目前销数也是最多。《申报》作风向来与《新闻报》不同，它是以知识分子为对象的，现在销数与《新闻报》已相差不远。至于外埠读者群，向来是《申报》占着优势。该报之在中国，有如《泰晤士报》之在英国。内容之丰，新闻之多，为任何各报所不及，尤其国内外通讯，更为各报所望尘莫及者，现在日销十万份；自五月份起，又增出影印航空版，印刷精良美观，庋藏便利，实开国内新闻界之先河。《大公报》在出版之初，曾压倒上海各报，但自"申""新"复刊后，该报因篇幅关系，而其在沪事业基础亦远不及"申""新"两报雄厚，故其销数至今已降至第三位。此外如《中央日报》《文汇报》等，因求急起直追亦均已有显著的改进，勾心斗角，出奇制胜，亦颇受读者欢迎。从前《大公报》上海版总主笔徐铸成，自四月中旬起，因王芸生来沪，改入《文汇报》为总主笔，《文汇报》并另聘前《前线日报》总编辑宦乡及陈虞荪为副总主笔，同时扩充篇幅，故亦颇有起色。

小型报方面，如《前线日报》《立报》《辛报》《世界晨报》，均有其独特的风格。《新民晚报》出版后，更引起小型报剧烈的竞争。小型报最大的特点是趣味化及尖锐化，《辛报》是从前上海《晨报》经理宓季方所办，其体育新闻可说"独步春申"；《世界晨报》由姚苏凤主编，姚君亦是报界健将，在香港编《新民报》时，拥有广大的读者群；新民晚报馆的总编辑是《延安一月》的作者赵超构，赵君文笔尖锐，副刊尤其所长，出版近旬，销路颇佳；《立报》改组后，亦急起直追，这种激烈的竞争，无疑将使上海新闻事业有着迅速的进步。这是读者之福，亦是新闻界的好现象。

上海是个国际的商业都市，亦是中国文化中心，各党各派办报办杂志来作宣传武器，同时十二开本的小周刊亦是五花八门、层出不穷。四月间可说是黄金时代，但可惜它们大多数脱不了黄色，因此已有二十家被政府取缔而停办；另有十余家因营业不振，亦已寿终正寝。这些小报销数最多时，到过三万份。一般读者认为内容确待改进，但其印刷之精美，编排之活泼，的确较之战前有着飞跃的进步。这类周刊亦曾风靡一时，店员、学生、小商人以及有闲阶级，都是它们的读者群，其对文化影响之大，实不容吾人忽视。

（原载《周播》1946 年 5 月 10 日第 9 期第 4 页）

本市各报竞争白热化

泗　人

抗战胜利后，本市报纸已恢复从前的盛况，除"新""申""大公"三家以外，有"正言""国民""中央""和平""市民""中美""文汇""改造""前线""神州""侨声""四明""时事""立报""世界晨报"等十余家种①，比较抗战以前的原有报纸，已有过之而无不及。迨后各报工人要求依生活指数发薪，报纸负担加重，大有不堪赔本之苦。倘以增加售价及广告费为挹注的工具，又恐销路发生影响，除《四明日报》于阴历除夕以前自动停刊外，本年三月间相率停刊的有"中美""市民""立报"三家，现在《立报》已实行复刊，"侨声"亦于上月底创刊，正在筹备出版的还有上海《商报》及《东南日报》等数家，可谓盛况空前。

---

① 此处指《新闻报》《申报》《大公报》《正言报》《国民日报》《中央日报》《和平日报》《市民日报》《中美日报》《文汇报》《改造日报》《前线日报》《神州日报》《侨声报》《四明日报》《时事新报》《立报》《世界晨报》。

各报最近虽受工资增加的影响，赔累不堪，然而为相互竞争起见，犹在竭力扩充篇幅，以期推广销路。自《新闻报》出三大张以后，各亦不甘落后，群起扩充篇幅，有的从一大张改为两大张或一张半，有的从一张半改为两大张或两张半。大家不惜工本，各别苗头，一面登载启事，征求长期定户，并订优待办法，以便吸引读者，即号称老牌的《大公报》亦不能例外。

其实报纸营业是否发达，除销路以外，最要紧的还是广告，依照目前每份两大张售价一百元而论，如广告费收入不增加，专恃售价维持，势必得不偿失。盖白报纸每令售价二万四五千元，每令五百张，只能印两大张报一千份，即以实价每份一百元计算，亦不过十万元，再加报纸七折回佣，实得价七万元，一切其他排印工人及职员资金、业务费用均须包括在内，所以各报如不在广告上想办法，纯恃报纸销售数量，决难持久。

目前各报广告费收入及销售数量，均以《新闻报》占第一位，《大公报》次之，《申报》又次之，此种情况与战前并无多大变动。闻《新闻报》每日广告费收入约达一千万元以上，销数约为十八万余份，因此日出三大张毫无问题。其他各报尚难与之竞争。目前一般批评报纸人士都说《新闻报》为黄色新闻，一切落伍。其实平心而论，该报在评论、编辑、采访、印刷各方面均较从前大为进步；最近每星期一更增加"新文化"一栏，由胡山源主编，内容亦颇新颖而精彩。其他各报尚无类似的文艺专栏。该报能执本埠及至全国新闻界牛耳之故，一半固依赖其历史，一半亦为人材之整齐。闻广告商方面将来或须仿效美国报纸分类发行的办法，采取甲乙丙三级，以发行数量之多寡而定广告费用之高低。此举倘能实现，各报在销路方面又须作剧烈的竞争矣。销路奇惨的报纸非打烊不可了。

（原载《快活林》1946 年 5 月 11 日第 15 期第 6 页）

新闻事业蓬勃发展　沪大报竞争热烈化

报　探

本市新闻事业，最近充满空前蓬勃的气象，不但几家停刊的报纸，却准备"起死回生"而且新出版的报纸，更似雨后春笋，令人目不暇接。

停刊的报纸中，《中美日报》已决定在下月复刊，并且内部大事革新，据说将以最新的姿态出现。《市场日报》亦有改弦易帜年企图，谈判已见成熟。原定本月二十日出版的《立报》，因为筹备纯熟，于四月廿四日复刊，恢复本来面目。

新出版的报纸中，除《侨声日报》《联合日报》晚刊已与大家见面外，《中华时报》日内亦将出版。《商报》和《新民报》晚刊，则定五月一日创刊。中共的《新华日报》，亦有在五一劳动节出版的可能。其他正在积极筹备中的有《东南日报》《益世报》《新夜报》《大美夜报》等数种，都将络续出版。因此统计上海的大型日报，在最近将有二十家以上，晚报亦可能增至十家左右。

在这样的趋势下，各报展开"白热化"的竞争，自然是难免的事，所以"新闻""大公"及《申报》都准备扩充篇幅来争取读者。奄奄无生气的《神州日报》，亦准备赶一下了，将四开改为对开一大张，但能否杀出一条生路，还是一个大的问题哩！

（原载《海晶》1946 年 5 月 1 日第 11 期第 2 页）

竞　争

马星野

五五国府还都以还，京沪报纸的数目，增加至速。在上海，有《益世报》《东南日报》《新夜报》《商报》《中华时报》等。在南京有《大道报》《首都晚报》《新中华日报》等等，即将问世的还有几家。

白热化的销数战、采访战、广告推销战及人才吸取战，激烈地展开，多少老牌子的报纸不能禁此恶战而摇摇欲坠，有的改组，有的增资，有的关门。

自由竞争下，的确，京沪报纸发行之快，内容之充实，组织之加强，有明显之进步。如果你拿去年九月的报纸与今天的京沪各报一比，真如隔世。

但是我们希望报业竞争要循正当的途径，有君子之争之风度，以服务读者为一切竞争之归趋。如果专凭财力、政治力或特殊势力，如专凭说谎、

　　夸大等手段作竞争，则优者或被淘汰而莠者反而胜利。

　　这场竞争是否公平的判断者是读者，我们希望读者提高判断之水平，排除陈陈相因之成见，胜利之锦标，颁给最能为你们服务的报纸。

　　京沪报纸的读者，应该回想到重庆时代看土报纸的痛苦，清晰洁白的加拿大纸、瑞典纸，至少使你的视觉迟一点衰退，然而为进一点加拿大、瑞典的纸，不知绞了多少出版家的脑汁。

　　洋纸打垮了中国造纸业，天章在大亏其本，远有宜宾的中国造纸厂，也不知能维持到什么时候，然而最伤脑筋的是洋纸的黑市。

　　加拿大运出的白报纸，呈七十五块美金一吨。上海的加拿大造纸厂经纪人，定货是一百二十美金一吨，但是订货之难，难于上青天。上海市面的加拿大纸，却是六百差不多一吨，中间差了三百二十五美金；如果将捐税减去，自加拿大运一吨纸，净赚三百美金，每吨赚六十万法币，每一百吨是六千万。

　　今年到六月为止，加拿大已运到中国八千万吨纸，而中国报馆除向黑市买纸外，几乎等于无法购得洋纸，每吨要送投机商人及冒充报人以四倍以上的价格。

　　纸是我们的粮食，因粮荒而发生粮货案子，因纸荒而发生上海投机商人及冒牌报人冒购及囤积白报纸的现象，我们希望管进出口的政府机关及管外汇的政府、银行彻底一查。

　　更希望我们的新闻界不要参加这个投机，每一令上了谁的手，查起来全会明白的！

　　（原载南京《中央日报》1946 年 6 月 24 日第五版之《报学》第 2 期"报坛小议"）

晚报同业的斗争

讷　言

　　上海的晚报同业向有联谊会的组织，成立以来，对于同业的福利，无不精诚团结，力谋进展。虽然报纸立场各有不同，但对于出版时间，倒是一致共同遵守的。这种君子协定的精神，颇为新闻界人士所称道。讵料近来静如止水般的晚报同业，忽然掀起了轩然大波；各晚报在内容方面，固然都在竞谋改善，同时对于出版时间，也都在设法提早，竞争是尚。现象虽属良好，其中大有原因在焉。

盖自《大晚报》停刊后，同系连枝的《时事新报》窥知其隐，乃毅然改出晚报，意图取而代之。当其发刊之始，即以每日下午三时出版为号召，各报贩竞相争购，同业无不受影响，大家为了营业，顾全销路，自然不能不提早出版。此其一。

《时事晚报》既出，而《大晚报》忽焉再生，他们弟兄之间，不啻发生内战，甚至同在一地印刷，相同的地方发行。争先恐后的情形与日俱深，弄得两报主笔大不开心。据说近来出版时间，已在下午二时左右了。其他同业避免无谓牺牲，起而作自卫行动，随时提前出版。此其二。

再者如《联合晚报》《新民晚报》《新夜报》《华美晚报》等各同业，为了生存关系，纷纷提前出版。关于内容方面，无不力求精彩，各树一帜，可谓旗鼓相当。《联合晚报》则请读者直接订阅，《大晚报》则减价欢迎光顾，既充实内容，又争取时间。此其三。

同业竞争之烈，已成铁的事实。但是各有个相同的缺点：夜报近于午报，名实不符，窃为识者所不取。例如最近蒋主席来沪，是在二十二日下午五时到达，但一部随从已先于三时前飞入龙华机场，各报忙于出版，或只字未提，或多揣测之词，忽略了准确的报导，这是"美中不足"的地方。

（原载《铁报》1947 年 4 月 17 日）

全运会各大报竞争

报　僮

第七届全运会在上海举行，上海几家大报对于这一盛会，自然十分注意，要大大地竞争一下，所以都加派记者、扩展篇幅，表现得十分努力。在金钱的支出方面，有的是业务上，有的是宣传上，为数却也不赀。听说《中央日报》的预计，是准备化上七十亿。《东南日报》对于体育，本来是很注意的，这回自也要热闹一下，所以也打算赔上三十亿。"新""申"和《大公报》，虽不曾明白规定要化多少钱，但为了地位关系，未便落在人后，看来也都非化上数十亿不可。"和平""前线""正言""益世""商报"等，他们本来有个"十报联合会"的组织，便由十报联合出版专刊一大张，随各报附送，这个声势，却也不弱。不过实际上十报专刊，仅由五家负责办理，因为其中有的是西文报纸，有的是专门性报纸，不必要有这张专刊但为表示合作精神，还是用了十家报纸的名义，所有费用则归负责办理的五报担任，每家也要扯到近十亿呢。各夜报虽然为了时间关系，不能获得较多的新闻，可是也不能不来竞争一下。闻《新夜报》《大晚报》都有一篇特约稿子。作者从开幕起，一直到大会结束为止，每天写千把字外，还供给一点消息，稿费都是一亿。该两报所刊全运会的文字，每天算它五千字，都是由那一位特约先生执笔的，那么千字的报酬，也要达二百万元左右，可以说是破天荒的稿酬了。

（原载《东方日报》1948 年 5 月 9 日第二版）

"申""新"两报发生摩擦

报　人

前日某周刊曾在封面登载文学，讥刺《新闻报》日销二十万份以上即沾沾自喜，大肆宣传若与伦敦《泰晤士报》、日本《朝日新闻》相比，恰属小巫见大巫云云。某周刊闻由《申报》副总编辑王启煦所主持，"申""新"两报同称国内最大报纸，此项稿件刊登后，外界即盛传两报之间发生摩擦，惟是否可靠，尚待证实。

本月廿一日《新闻报》出版后，曾因报贩要求减低折扣未遂而拒绝批售，延至下午一时始告圆满解决，本市居民是日清晨均以未能购得《新闻报》为异，一般报贩则以该报罢工为词，顺便兜售《申报》，因此《申报》是日销路突见增多。惟闻报贩此次要求《新闻报》减低折扣系由有力者暗中指使，以便给该报当头一棒。

现在《申报》以老大哥资格正在多方设法竞争，期与《新闻报》争一日之长短，闻其竞争方法颇为奇特，即秘密派员与《新闻报》接洽，要求该报嗣后对于批售《新闻报》之报贩，每批五份"新闻"应搭《申报》三份，即所谓五与三之比率，此项要求《新闻报》曾予接受，但为报贩所拒绝，致未成为事实。《申报》见此计不售，改用另一新奇办法推销，即每批五份，另送一份，折扣方面仍维持原状不变，该报此项办法推行后，销路方面可能较前增加云。

（原载《快活林》1946 年 7 月 20 日第 22 期第 3 页）

《申报》噱头成功　赠品盛举收到效果

铁　儿

具有悠久历史的老牌报纸上海《申报》，胜利后继续复刊，因经理得人，业务蒸上，惟该报自知在上海新闻纸类中，和深入商界家之老大哥《新闻报》未敢争取其地位外，故自己谦让为第二块牌子，凡属报业方面有什么行动，终以老大哥《新闻报》意旨为意旨，所以该报表面上固然如是礼让，实际上在广告和发行方面，以及内容和印刷方面，暗地里却竞争得很烈，其敌对目标，当然是老大哥了。以现在上海各报的情形看来，《申报》是叨陪在老大哥之后，确实是第二把交椅了。

《申报》既有自知之明，也只有自己努力，或许有一天可以和老大哥并驾齐驱，或者赶在老大哥之前，一面在内容方面争取外，一面就在广告上设法争取整个上海商人的信仰，使每一个厂商踊跃刊登该报。照近情形，《申报》广告已具有极大把握，不致于低落《新闻报》；其次，发行方面为争取大量的读者，使广告和发行配备一起上窜，所以异想天开地用赠品之举来号召，固然一炮成功。七月份该报销数激增，同时在八月份四日这天，还联合厂商雇了十几辆汽车，装上各厂商的出品商标，形形色色洋洋大观，作了一次盛大汽车游行，居然也轰动了上海滩。现在于五号这天开始赠品，引逗很多人十拥在《申报》门前，凭抽出七月十九日的报上刊载的"署"字印花，摸号领奖，确是名利双收的一个办法，所以上海人只要动得出脑筋，无往而不利的。

（原载《上海特写》1946 年 8 月 13 日第 11 期第 4 页，有删节）

文化事业日趋没落

铁　儿

胜利后的文化事业，一度呈现着蓬勃气象，尤其是文化中心区的上海，除先后在沪复刊的新闻纸外，复由大后方迁沪出版的，约达十余家之多。目前在上海出版之新闻纸，晨报数达十六家，晚报六家，小型报九家，尚有方型周报约共二十余种，此外文艺性质之刊物亦在三四十种之上，形形色色，蔚为大观，几使读者目迷五色，无所适从了。

去年之今日，正是文化事业开始蓬勃的时候，半年后已似雨后春笋，益见兴盛，渐入黄金时代，当时更是天之骄子般的方型周报，日出四五种，几全数销售一空。其他小型报日销万份的数字。头块老牌《新闻报》号称日销二十五万份，不过实际打一个八折，但是二十万份的数字，也够惊人。《申报》和《大公报》约在六七万份左右。此外二三流报纸都在三四万份上下，最少也在上万的数目。可是好景不常，现在已转趋没落之境。

在望平街一带，近一二周内，大小报暨各种刊物，发行额均一落千丈，情形之惨，为历年所罕见。报人对此认为，发报的一个"霉期"犹如"霉天"一般，过了霉就为转入佳境，可是事实上近两天更是每况愈下，如《新闻报》已跌至十五六万份，"申报""大公"均在四五万份间徘徊着。除"中央""文汇""东南"，还盘旋于二三万份左右，此外各报都跌进万份关内，如"益世""时事""神州""民国"等①，均惨落至三四千份，就是日销近二三万份之方型周报，现也惨跌至七八千至万余份。依目前工人薪给指数则日日高升，而发行收入却日往下游，办报的人儿，莫不愁眉苦脸，感觉到维持之不易。至于各项刊物惨跌情形，虽各具理由，大型的晨报固然因由一百元涨至一百五十元而惨遭狂泻；晚报并未涨价也未减少篇幅（现却在竞争扩张篇幅），而跟同下挫；小型报内容日见充实，也一并带倒；那骄子似的方型周报更说不出倾跌的理由，现已一并下泻，跌无止境，前途均呈惨象，所谓"霉期"更不见得如是凄凉。其实总而言之，概括言

---

①　此处指《中央日报》《文汇报》《东南日报》《益世报》《时事新报》《神州日报》《民国日报》。

之，最大原因，是社会的不景气，生活日高，购买力日趋低落的缘故，是比较合理的解释。

（原载《上海特写》1946 年 9 月 24 日第 17 期第 5 页）

当前报业之危机

星

凛凛岁暮，中国报业在年关以前，又临到恐慌的深渊。做报的人临到这种关头，虽勉强挣扎，而谁也不能说有绝对安全的把握。

第一是邮电费、航空费的加价。这样五倍、十倍的增加，是交通部当局给予新闻界之致命打击。交通部只知道加价，只知道不许各报设电台，而不知道改进邮电之服务。目前各报，消息进来，则受电报加价之打击；报纸出去，则受航空加价之打击。各报虽大声呼吁，而交通部置若罔闻，此其一。

第二是工商业不景气，广告来源，越来越窄。即就本报而论，在最近半个月，广告篇幅由四页减到三张半。广告，是一个自足自给报纸所赖之最大财政来源，受工商业不景气之影响，附着于工商业之广告业，急速地衰落下去，而予报纸以经济上致命打击。

第三是工资问题。物价的飞涨，我们不能让辛苦做报的员工们受□寒之苦，目前的待遇无疑的是菲薄，然而各报收入在减少，广告绝对不能再加价，发行定价亦有限制，用什么财源来增加工资呢？这是各报焦思苦虑之问题，何况公务员加薪之说甚嚣尘上，报社员工待遇，若依公务员待遇调整而调整，恐非目前京沪各报能力之所及。

第四是原材料加价，且来源枯竭，报纸之原料是白纸，而报纸都是用外汇换来的，外汇的不断跳跃，即报纸之不断加价，报社向国外购纸，是以黄金计算的，而报纸之出售于读者是以法币计算的，何况目前有钱亦不易买到纸张，加拿大、美国之白纸，来源枯竭，当又是予中国做报者以重大打击。

京沪是全国报业中心，京沪是全国最繁荣的地方，而京沪的报纸，除一、二家以外，临着崩溃之危机。即就本报而论，本报经济基础之健全，仅次于上海《新闻报》，而因为层至叠来之经济压力，我们决不敢作乐观之希望。

做报不比一般商业，国家与社会，不可让报社自趋崩溃，我们再度呼吁，政府切勿打便宜算盘，而要积极予行将崩溃的报业以及时之援助。

（原载南京《中央日报》1946年12月9日第十二版《报学》之"报坛清议"专栏）

《新闻报》盈利七十亿

现在百业萧条，报业亦十家九赔本，独有《新闻报》走上老牌运，大发财源，成了上海报界天之骄子。该报自去年胜利后，由程中行、詹文浒等接收续办以来，迄今年十二月止，据说除去开支，已获净利七十万万之巨，比任何商业机关都挣得多。该报各部员工，平时薪给，原已异常优厚（一个茶役都比他报总编辑的薪津多），兹因本年度行将终了，员工们对于年终奖金（分红）早已提出要求，先由工友方面发动，以报馆如此发财，本年年终资金，每人须给五百万，并请在阳历年底即行一次发清。其他各部，当然附和。经过一番讨价还价之交涉后，现已决定不分员工，一律按人给三百分，本月底即一次发讫，上下一致同意，问题即告解决。该报同人，个个欢欣，准备快活过年。其他各报，连月薪都不能痛快拿到者，对之惟有自怨命苦耳。

（原载《上海特写》1946年12月14日第28期第6页）

一年中国的新闻事业

茅锦泉

民国三十五年的中国新闻事业，是中国新闻史上突飞猛进的一年，不过，由于民族现实环境的暗云重重，因此也遭遇到极大的危机，使三十六年的报业进化上，横着一个巨大的阻碍物。我们如何把这个障碍物击退，则有待于政府的协助与全体报界的奋勇努力！

检讨一年来的报业，当今年元月开始，政府与共党开始谈判，国家颇有和平统一的征兆。报纸是政治经济的反映。在此时期，报业由于国家政治环境的好转，各地报人纷纷发刊或复刊报纸。尤其在三月六日政府取消新闻检查条例以后，春夏两季，报纸如雨后春笋，大家对报业前途抱着无限的乐观，国内重要报纸如南京《大刚报》《新民报》在元月创刊。上海在四五月间创刊者则有《中华时报》《新民报晚刊》《新夜报》《商报》复刊；六月，《东南日报》上海版发刊。上海一地由于工商业发达，报纸无论在印刷、内容、发行方面，向来冠于全国。因此沪报竞争的剧烈，也更盛于全国。各报几乎两月一改革，三月一增篇幅，如《大公报》一年中由一张而增至三张，《新闻报》增至五张，南京《中央日报》也由一张而增至三张。各报都由于同业竞争而不得不增加篇幅与改革内容，以至除"申""新""大公"三报外，若干大（报）每月当亏蚀至数百万数千万元不等。目下上海有大型日报二十家，小型八家，晚报六家，英语报四家，通讯社十四家。

南京方面，报纸也已有廿家以上。东北收复后，报纸蓬勃发展，即长春一地，有对开报八家，沈阳对开报也有六家之多，其次为吉林、锦州等都有新兴报纸。西北方面，甘肃、青海、宁夏、西藏、新疆等省报业尚无振作，这完全是由于地理的、人口的、工商业的条件不够之故。各大都市与省会这一年来已形成了若干报纸集团。目前中国国民党有几个强固的报纸集团，《中央日报》除京沪两版外，尚有重庆、长沙、贵阳、昆明、桂林、南宁、福州、厦门、沈阳、长春、成都（已在今春改称《中兴日报》）共十三版，尚有《武汉日报》《中山日报》及《民国日报》南昌、广州、天津、青海、宁夏诸版。军方发行的《和平日报》有京、沪、汉、沈、兰、台中五版。民间报纸集体有《大公报》上海、天津、重庆诸版，《新民报》有南京日晚二版外，尚有沪、平、蓉、渝诸版。天主教《益世报》有沪、京（晚刊）、津、渝诸版。上述为中国有力的报业集团，它们足以左右全国的舆论。

在空前发展中的全国报业，这一年却始终在披荆斩棘地打开出路，言论方面大家由拥护政府而进至监督政府，这是中国报业进步的好现象。这里先谈内容。据笔者统计全国一百家重要的报纸，各报皆注意经济新闻，许多报纸每日以一版地位刊经济新闻与论文，尤以沪报为显著，有一个以上报纸聘请经济专家主编经济版。其次为各报重视本埠特写，文字生动活泼兼有，更注意各地通讯，如"申报""大公""东南""文汇"，杭州《浙江日报》、南京《中央日报》等报每日均以一版地位为通讯版。各报的特派记者、驻外记者、特约记者几分布各重要城市，这现象是前所未见的。再其次为报纸服务栏的开辟（有称"读者之页"），南京《中央日报》自十月十日起每日以一版地位为服务版，为读者呼吁，为读者作种种服务。"大公""文汇""前线"，南京"大刚"，杭州"东南""浙江日报"等也都有声有色，此一服务版的开辟，它发挥报纸的组织、刺激、批评、推动的作用。

（原载南京《中央日报》1947 年 1 月 6 日第十二版《报学》之"报坛清议"，有删节）

沪报业遭遇难关　物价高涨支出日增

无法支持时有停刊

沪市月来物价步涨，新闻事业为不景气之浪潮所冲击，蒙受影响巨，各报社除少数大报外，皆陷于风雨飘摇之中。因亏蚀过巨，而告停刊者，已有《侨声报》《民国日报》《国民午报》《神州日报》等数家，《大晚报》亦于二日前停刊，闻将于整理后再行复刊。《大众夜报》明日或亦停刊。若干报纸之职员，为维护其报务报社之生存，均愿自动减薪，暂不支薪，其余各报亦实行裁员紧缩，以渡此新闻事业所遭遇之空前难关。各报不能维持之主要原因：（一）生活指数飞涨，职工薪金皆以指数支付，而营业收入，则不能照指数按月调整。（二）工商业皆现不景气，广告收入骤告减低。（三）纸价高涨。故各报社除一二家外，其收支均不能平衡，有月亏达七八千万元以上者，即曾盛极一时之黄色刊物、方型周刊、各小报现亦已所剩无几，渐趋没落之途矣。

（原载南京《中央日报》1947 年 2 月 9 日第四版）

报业的危机

洪　都

今日报业已面临一个极大的危机，也可以说是出版行业的危机。战前三四块钱一令的白报纸，现在上海市价已经到了十一二万，最高时到过十八九万，换言之，即是白报纸的价格已经涨了四五万倍。一张对开白报纸，最低成本要一百一二十元，印成了报，还有损耗。报纸批发出去，至少是七折。即其他一切开支不计，一张报纸定价二百元，报馆所得仅仅抵得纸价。如果白报纸再涨一点呢，便得赔本。但是报社还有许多开支，油墨、动力、排印工、编排费、管理费、邮运费、通讯费、生财折旧等，又从何开支呢？

广告应该是报纸的大宗收入，但是在目前工商业不景气的情形下，商业广告少得可怜，人事法律广告的订户也不得不大事紧缩。我们只要翻开京沪两地的报纸来看，有几家能有足够的广告来支持版面的？

发行加价是有一个限度的，加得太多，便影响到读者的购买力，不是办报的人愿意做的。因此，只有一条路，便是紧缩篇幅。紧缩篇幅是办报的人万不得已的措施，然而为渡过这个难关，为保存报社本身原气，为节省外汇，为减轻读者负担，只好走这一条路！

（原载南京《中央日报》1947 年 2 月 20 日第八版《中央副刊》之"清谈"专栏）

拆账办报

王　浩

本市《大晚报》，是夜报中销路最好的报纸，但是处在整个文化衰落的厄运下，仍不免因受债务的拖累，一度宣告停刊。

在停刊期间，职工生活无着，复刊遥遥无期。于是《大晚报》的同人，组织了护报委员会，集合群力，把这一份历史悠久的报纸，于上月廿六日又复刊了。

他们的组织办法，在新闻界里算是相当新奇的。该报所登广告内称：同人生活因其困苦万状，迫不得已，暂由同人组织护报会于三月廿六日继续出版，以维全体员工之生计。所有复刊以前，本报一切人欠欠人款项，同人无法负责，亦无力负责。护报开支，如购买报纸等外，所有余剩，作四六分拆。六成为排字、制版、机器三房所得，四成为编辑房所得，其中包括稿费等等。预拟一礼拜一结算，今后各部分同人可以派得几何，不得而知；说不定分得数千元，或者说不定一文钱也分不得。

这种拆账办报的方式，有人戏比为旧剧中的拿"礼拜钱"，戏而不谑。但从这个比拟所获得的想象，却令人感到无限凄怆！

《大晚报》是夜报中较为幸运者，发行与广告，向居首位。而仍不免像营业不振的戏班一亲，老板拿不出包银，伙计们只好自己来演唱，拆账维持生活。假使是一个销路无把握的报纸，即有这番勇气，恐怕事实上也无如之何。过去已有若干报纸被迫停刊了。当前未完有若干报纸，仍在悲惨的命运中挣扎！

《大晚报》复刊后，内容及印刷都有显著进步，这是充分发挥了同心协力、息息相关的合作精神之功。但尽管报人自己做到了最大努力，而能否完全解脱不幸的时代命运，这个责任却在政府当局。

文化事业及文化工作者，虽然遭遇无可抗拒之致命打击，当局是不是会立刻伸出一只有力的援手呢？

（原载《前线日报》1947 年 4 月 7 日第五版）

多灾多难的一年

白宾善

……如二月十二日《新闻报》设新闻教育奖学金，二月二十六日记者团赴日，十月中旬五记者赴美访问，再如各地党报之改组公司经营，及七月二十七日平记者要求确定记者身份和继起之各地新闻界整肃运动等。然而，这些光明面被纸荒、打风和倒风所淹没了，充耳蔽目尽是萧条景象。

（一） 白纸恐慌

……战前每年平均进口值四百万美金，胜利后以敌人遗留的纸张四万吨勉强补贴了二年，今天实在是无法可想，加以全世界普遍闹纸荒，加拿大纸大量输向美国，我们的白色恐怖就形成了。

因为缺纸，二月十五日北平《市民日报》停刊二天，二月十八日天津《民生导报》《建国日报》《河北新闻》《大路晚报》《社会日报》同时停刊，二月二十二日闽南平《南方日报》停刊，说来太多，几乎各省均有因无纸而停刊者。

在纸荒声中，政府和报界合作采取应变措置。首先，于二月初决定缩减篇幅，再于十二月间公布纸张节约办法，这一来，去年五大张、三大张的盛景不再出现。其实，各地早已在实行纸张节约了。一月二十九日开封各地一律缩为四开，二月十六日穗各报规定不准超过对开一张半，二月二十七日济南各报一律缩二分之一。缩减篇幅问题的症结仅存在上海几个报，他们"奉广告之命"，不便缩减，此外不愿缩减也要自行缩减。

其次，政府采取纸的配给制度，自本年二月起每月进口二千四百吨报纸，上海一地分配一千二百吨，公营报社分配六百吨，全国民营报社分配六百吨。由于配给纸张，问题便多起来了，大家争配额，像去年争贷款一样。十一月七日平津派代表来请愿，十一月九日京报界要求多配六十吨，十一月十二日报界推代表飞京，十一月十八日归绥电请增配，他如鲁浙各地都有同样行动。最近上海报业核减两西报配额，还惹起一个不大不小的风波。

"白色恐怖"的镇静剂来了，本月十八日全国经济委员会决定明年起造纸工业增产，将现在产值九千吨增加百分之八十五，并计划三年内自给自足，我们希望这个计划实现。

（二） 待遇问题

在相当繁荣的三十五年度，因为技工待遇问题，仅南京一地就在九月二日及十二月二十八日发生两度罢工。这个种子经过年度的灌溉，今年到处蔓延滋长。最早是上海《大晚报》的停刊，接着三月十六日广州全市各报罢工一天，五月三日苏州各报因工资无法解决而暂停，五月廿九日南昌各报中断两日，六月六日无锡《锡报》等五家等停五天，九月四日成都各报排工罢工，十月二十三日天津各小报联合要求加薪罢工，十一月四日郑州全市无报，十一月十七日芜湖《大江日报》等五家印刷工人罢工，十一月十八日芜湖全市无报，十一月二十八日及十月三十日起，江苏武进和广东汕头两地因工人待遇问题，各报停刊竟延至一星期之久，演变到这步田地，各报的悲哀可以想见。以上是仅就大规模之停工而论。至于一地一二家之屡停屡辍，更多不胜举，经济情况未改善前，全国报业便永远面临着倒闭的危机。

（原载南京《中央日报》1947 年 12 月 27 日第七版《报学》，有删节）

报业职业工会昨开代表会

选举理监事并通过宣言

上海市报业职业工会，昨日下午二时在中正路会所召开代表大会，到《申报》《新闻报》《中央日报》《正言报》《民国日报》《中美日报》《文汇报》《前线日报》《立报》《辛报》等会员代表六十余人。由社会局代表曹德模，劳动协会代表水祥云，总工会代表杨俊山（出）席指导。当场选出理事十七人，监事七人，并通过宣言及继高待遇等提案十余件。理监事亦当场由社会局代表监督宣告就职。兹附该会宣言于后。

在胜利后，尤其全国冲突停止，政治协商会圆满告破，国家建设前途已露曙光，春满大地，祥和空气弥漫全国的今日，本会同人，欣逢此盛世佳节，得集各报会员代表于一堂，检讨过去，策励来兹，欢幸何似。爰经共同的研讨，一致的议决，用抒所感，藉为本会今后工作努力的鹄告，并就正于各界。

（一）关于政治的：我们的主张，是遵奉总理遗教，彻底实行三民主义，以及蒋主席所昭示的民主、统一、和平、团结，"政治民主化，军队国家化"，以建设富强的、自由的新中国。

（二）关于工运的：我们欢迎政治协商会所议决的"实行劳动法，改善劳动条件，试行劳工分级制，举办失业工人及残废保险，切实保护童工女工，并广设工人学校，提高工人文化水准"，更愿政府立即付之实行，但同时我们要认识工运的意义，是以维持改善劳动条件和一切福利为目的。因此,工运虽赖政治的保险,但必须竭力避免工运政党化。

(三)关于工潮的:工潮,是世界大战后各国普遍的现象,尤以最近上海为烈,此兴彼起,原因于在敌伪时期,资方财富集中,国难财,胜利财,极尽豪华,而对工人日处饥寒交迫于不顾,一旦天日重光,要求资方维持最低生活而不获,而引起怠工罢工情事,实由于资方自食其恶果。我们希望当局以公平的、合理的(方式)解决工潮。但同时请求政府立即全面抑平物价高涨,因为罢工加薪,加薪而物价又涨,循环因果,工潮永远不得其平。工潮不平,不独劳资双方同受其害,对国家建设前途,亦是有力的阻碍,所以我们诚望政府作釜底抽薪之计,而更希望资方清静其头脑,工潮是为何而发的,"知难行易",工潮是不难解决的。

(四)关于本会的:凡是服务报馆的工友,都应加入本会,以团结的力量,集体的行动,来争取我们的地位,增高我们的待遇。我们服务于报馆的工友,工作则通宵达旦,手足脑耳心力并用,而待遇则反不得温饱。据我们的调查,大部分工友都不满三万元一月的。本会实深致其同情,要求资方立即自动加以改善,使能生活,工作待遇,要两得其平。

以上所述,卑之无甚高论,实为我们今后工作的方面,坚强的意旨,永矢勿谖,谨此宣言。

(原载《民国日报》1946 年 2 月 8 日第三版)

上海各报工潮　社会局调解未获结果

各报不允工人同工同资要求

昨晚"申""新"等数报工人已罢工

(上海十九日发专电)十九日午后二时,社会局继续解调各报工人要求加薪案,各报提出:

1. 同工同资不合理,应仍照技术高下,分别工资高低。

2. 各报经济情形不同,负担能力亦异,希望分为三类,由社会局调查各家营业状况,决定一工资基数,按生活指数计算;同时决定工作标准,合格者给最高工资,以下者有等次。

工人代表坚持同工同薪，仅将每月五十二元五之基数减至五十。多数各报认为之基数乃二十六年《新闻报》一家之平均数，不能适用，且不胜负担。经调解人双方接洽，未能接近。工人代表声称：夜十二时前不满意答复，不能担保工人照常工作。局长吴开先派秘书主任潘仲甲，向双方声明，如协议无结果，该局明日即有决定送达双方，如仍不能接受，则可依法声请仲裁。在仲裁期间，任何方面依法不得有轨外行动。工人代表声明，即转达各工友，但不能负责担保工人行动。各报仍临时在社会局借地协商，决定一致行动。如工人罢工，明晨决发行联合版。迄晚八时，《中央日报》工人首先罢工，已将馆门封锁。九时，《新闻报》《申报》《立报》等工人亦均罢工。

（原载天津《大公报》1946 年 2 月 20 日第三版）

上海工潮　各报工潮调解无结果

（上海二十日发专电）十九日晚十一时各报工人开会，以在调解时期，罢工形势不利，且知各报决发行联合版，乃临时改变办法，于十一时半起先后恢复工作。惟密令各报工人于二十日上午十一时之前不得出报。各报于是照常排版印刷。而联合版印妥后，并未发行。至上午十一时，报贩头脑临时向《大公报》《新闻报》《申报》提出要求，减低批价。三报以要求不合理，拒绝要求，宁不发行。迄午，其他各报仅有少数在当地发出，外埠报均未发。"大公""新""申"则全未发行。各报迄保持接洽。二十日全日社会局与工人代表在协议中。迄晚将每一工人工资基数商到四十五元，但照一月份生活指数核计，每月工资计四万七千七百九十元，照二月份物价当在七万元以上。多数报馆以财力薄弱，未克负荷，夜仍在集商中。

（上海二十一日发专电）二十一日午后各报集议，以知社会局已裁定四十五元工资为基数，多数不克负荷，故决议向市府声请仲裁，提出希望。工资刻有三类，最高为四十五元。各报只有三家可勉承认最高标准，但仍愿保持一致行动。下午五时后，社会局裁定书送达各报。现在事实上问题不在工资多少，而为多数报纸能否延续生命。如问题不得合理解决，匪特多数报纸即将停闭，各报多数工人亦将失业，主政人员亦将蒙羞，三方均属不利。有数家报馆二十一日已自行讨论停闭善后办法。

（原载天津《大公报》1946 年 2 月 22 日第二版）

情形复杂　协商无效

上海各大报罢工秘闻

报贩要求提高折扣　　"联合版"将成纪念品

报　童

这半月来，每天的报纸上尽一片工潮声。我们新闻界常常有人来请求主持正义，或是要求作公正的报导，可是到了本月二十日，形势就有些异样，问题已临到我们本身。各报的发行部电话机铃声不断，经理室宾客如云，显示着非常的局势。各报印就的报纸，原是清晨发出的，这一天到中午还堆积着，成为新闻圈内的一桩大新闻。

两度会谈

先是，十九日那天，上海报界工会的代表及各报经理，在吴社会局长主持之下，召集劳资双方谈判。劳方提出的条件很简单，要求最低工资不得低于每月国币五十五元，按工人生活指数计算（依二月份指数，最低薪水为每月捌万余元）。当日会谈直至下午七时，没有结果，最后社会局决定在二十日作公正的裁定。

虽然条件正在等待裁定，但各报工友工作照常。至二十日天未明，突然因为派报工友的折扣问题，致各报未能及时派送。经过情形是这样的：派报工友要求的条件，因生活飞涨，戋戋佣金，不足转辗分润。原来胜利以后，各报批价大都按六六折实收，这次则要求按廿六年抗战以前办法，要恢复到四八折实收，而馆方则因开支激增，纸价又如此昂贵，批报折扣，早已列入预算，如何再可变更。

联合版不收报费

当天上午四点半，各报主持人曾议出上海各报联合版，这联合版不登广告，亦完全站在报导新闻的岗位上，拟张贴在各街道，不致因而损失精神食粮。

联合版议定之后，当付印四万张，从二十上午七时印就，至中午十二时，因张贴问题未决，一直"按报不动"。至午后约十二时三刻，南京路、望平街口及河南路口，有报贩叫卖《中央日报》，继之"前线""正言"续有叫卖。至下午二时，除"申""新""大公"三家外，其他各报都已逐渐由报贩叫售，但全市报摊，这天始终未售一张。

条件从长计议

关于报贩的折扣，据最准确的消息，派报方面的对象，纯粹以销数最多的"大公""申""新"为标的。至笔者作此文稿时，次日已照旧派送，系根据临时调解办法。至整个条件，仍待从长计议。

至于工友工资的裁定问题，社会局裁定为最低工资四十五元；惟裁定之后，因为各报环境不同，销数及广告收入亦互有分别，故各报主持人正在继续会谈中。

（原载《七日谈》1946 年 2 月 27 日第 11 期第 1 页）

各日报酝酿怠工的前夜

一　军

比来因生活指数日高，致工潮澎湃，平日新闻界对于提高工人待遇一层，因会尽宣传义务。万不料罢工潮蔓延日广，此风竟侵入报馆之印刷部也。先是，在十月十二三日，报界印刷职工会，曾集议向报馆当局提出要求，因现在印刷工人之工资只一万数千元，请增加为至少为每人三万余元。此数本极合理，但报馆当局确实亦有难处，因代价日高，对开报纸售三四十元，不够赔贴纸费。且各日报中，如《新闻报》等广告发达之报纸，纵增加支出，尚勉可支持；而如《民国日报》等，平日广告本备极凄惨，不加工资已感维持不易，何堪每月更增百余万之支出？以是不免面有难色。十五日晚间，职工会本有怠工之议，是晚劳资双方，集议于《新闻报》，一时各报之排字房，都翘首静候会议之结果。虽编辑部发下稿子，而不插毛坯，直至十一点敲过，资方的展期五日，会商后，答复各报之排字房，一律在十一点后始开手排稿。而在此犹豫之五日中，传《中央日报》已全部接受劳工之条件，而五日之期，截至十九日晚间届满。是时，虽不入工会之《大公报》及《和平日报》排字房，亦全体取一致行动，且因《中央日报》先已解决，故职工会派纠察队前往《中央日报》排字房监视，不许工作，俾翌日如无报纸，则全上海各大报一律休刊。笔者属稿之时，在十九日晚一时左右，传闻工会方面，以资方始终答复不得要领，但《新闻报》以报导为天职，如实行停刊，则不免对不起读者；如竟听其如期出版，则怠工之威力不能显示，缘是议决一律于深晚三时方得开始工作。有人谓：机械中以《新闻报》所有者为最新最灵，其他各报，三时开手，必不能如期印出，惟《新闻报》则独为例外，究竟如何？须待事实为之证明矣。

编者按：二十日晨大小各报皆脱版，望平街市面萧条，因报贩亦乘机罢工，致《新闻报》《申报》印就后亦未曾发行。

（原载《七日谈》1946 年 2 月 27 日第 11 期第 10 页）

报业劳资纠纷仲裁决定

上海市报业职业工会前因要求增加工资，自本年二月份起，工友月薪基数以民国二十六年每一工人平均工资五十五元计算，其薪津依市政府公布之生活费总指数为升降标准。资方对此项要求未同意，乃经市政府、市商会、商总工会等所派定之仲裁委员孙芹池、戴时熙、徐福基、金润庠、叶翔皋数度商讨，于三月二日决定仲裁书，业已分别送达双方，其文云：

资方应自本年二月份起增加工资，其增加之方法如下：（甲）资方应根据劳方各人之工作技能、服务经验，及各报馆过去惯例、营业状况，与劳方在最低法币三十元，最高五十元之间，个别商定工资基数，再乘当月工人生活费总指数计算。（乙）以后每月工资，概依各该月之工人生活费总指数升降。

仲裁书详述"事实""理由"后，末并载明"委托印刷所代排代印之报纸，在法律上报馆为定作人，印刷所为承揽人，各印刷之工人则为印刷所之雇佣人，报馆与此项工人间并不直接发生劳资关系，而各印刷及其工人，又均非本件争议之当事人，自不能在仲裁范围之内，毋庸置议，合应附带说明"。

（原载上海《大公报》1946 年 3 月 4 日第三版）

沪报业工潮解决了

风潮一度冲击之后　若干报馆不堪支持

上海市报业劳资争议，相持兼旬，今已获得解决。仲裁结果，决定资方应自二月份起增加工资，其办法为与劳方在最低法币三十元最高五十元之间，个别商定工资基数，再乘当月之工人生活费总指数计算之，以后每月工资，概依各该当月之总指数升降。

上海各报工人待遇，向以"新""申"二报为最高，每年薪津，向以十七个月计算，实为其他各报所不及。据谓，"新""申"二报现去年十一月下旬复刊时，各工人薪津为一律四万余元，迄去年年底怠工风潮后，又增发一万元，共为五万余元。上月二十日市社会局调解时，决定依照民国廿六年平均工资，一律四十五元，再乘当月之工人生活费指数。但各报以不堪负担，且各报间之财力有限，而工人技术亦有高低，乃再向市政府提请仲裁，反对各工友薪津一元化。同时各报工友之待遇，亦应酌视情形，分出高低，凡委托印刷中代排代印之报纸，不应并案办理。仲裁结果决定资方应自本年央月份起，根据劳方各人之工作技能，服务经验，及各报过去惯例，并营业状况，与劳方在最低法币三十元最高五十元之间，个别商定工资基数，再乘当月之工人生活费总指数计算，以后每月工资，概依各报该月之工人生活费指数升降。仲裁书送达后，"新""申"两报劳资谈判几经周折，结果资方接受各工友底薪不分等级，一律以五十元计算，"中央""和平"等报则分为四及四十三元、两十五元，其他如"正言""前线""时事"以及各夜报，亦先后获得解决。其中《大公报》因前由光华日报印刷部代印，按照仲裁书，不受约束，今则已迁入自设之新开河工场。而代排印刷工人曾于三月三日在南京路《大公报》营业部举行示威运动，高呼"李子宽拿出良心来"，四壁及李所乘之汽车，均为惊人怵目之标语所贴满。纠纷如何解决，则尚须视其演变而定。

据《申报》工友语笔者称：经过此次仲裁后，《申报》对每一工友之负担额为十三万一千六百余元，较之十二月底多八万余元。其计算方法为每人以五十元为底薪，再乘二月份工人生活费总指数为一八四五倍，外加五个月工作奖励金之每月平均分配额三万九千四百三十元，共事上数。至于技工勤工以外之职员薪额，亦按照旧有比例额依次递增，但不以底薪为标准。按：战前"新""申"两报总经理总编辑薪金约为四百元，若依现今工友比例计算，则其所得薪津当在一百万元以上。但此次调整结果，总经理总编辑之全部所得约全工人收入两倍半，即月入三十三万余元，普通编辑亦可得廿余万元之巨。

查二月间中中交农四行员工怠工后，行役生活费收入增至十万七千余元，行员十五万二千，较之胜利以前伪币月入一百余万元，约增廿余倍之谱。四行员工风潮后，上海员工要求改善待遇风潮相继而起，而今各报员工生活费之调整，尚为市政府、市商会、总工会所组之劳资争议仲裁委员会成立以来之第一件仲裁案件，而此次仲裁中之最严重要一点，厥为市政府所决定之采用工人生活费总指数升降办法。预料此风开后，各界必将起而追效，酿成另一轩然巨波，殆可断言。而最近大学教授、法官、检察官以及公务人员之为生活迫切呼吁，亦为情理中事。

又，另据可靠方面消息，有若干报纸经此次风潮冲击后，确有不堪支持之势，预料在短时期内，二十余家报社中，将有多家"关门大吉"。

闻《立报》因不堪负担现已停业。

（原载《周播》1946 年 3 月 15 日第 1 期第 2 页）

报工二次风潮中之各大报态度

索 然

报界排印工人，最近忽又一度发生工潮，四日《民国日报》等，均未出版。按此次仲裁委员会裁定之工人，《新闻报》《申报》《正言报》等，均以五十元为标准。当三日晚谈判时，詹文浒不耐长谈，当即慨然应允，以伊翌日即须乘机赴台湾也。

此外，为《民国日报》《文汇报》等工人，要求底薪较次于"申"

"新"两报，以四十五元计算，而资方仅允以三十五元至四十元为准。工人方面谓：《民国日报》系堂堂党报，岂能屈居殿军？而资方则以销路与广告两皆消索，自愿退居起码报。工人不允，遂成僵局。

《文汇报》主者告工人，谓他报皆有津贴而"文汇"则纯靠营业，四十元之底薪，实不胜负荷，如汝等不满，则尽可分手；馆方如能另雇工人，则继续出版，否则惟有停版。而工人方面，以为停刊，对于工人，自须发给解散费，问题决不如是简单。双方相持不下，是以四日《文汇报》亦出版。

《中美日报》谈判业已解决，言定底薪为四十五元，但以五元作为储蓄金，暂不支付。

至《大公报》李子宽，曾对社会局公断底津一律为四十元，表示不服，乃声请仲裁。而仲裁之结果，则反提高为五十元，惟较活动，定三十五元为最低额。第工人欲望，却随之提高。《大公报》李子宽，乃不得不屈服于五十元底薪之前，可谓求荣反辱，且《大公报》为自购生财，到处挖聘工人，前此在伪国民新闻印刷所，代排《大公报》之工友则以不能随同过渡，每人须发给解散费一个月，而自办之生财，又系生手，故出报时间反较迟缓，可谓双重损失。天下事欲速则不达，大抵如此。

（原载《快活林》1946 年 3 月 16 日第 7 期第 8 页）

《大美晚报》工人罢工　资方呈报市政当局

不获协议准备申请调解

本市英文《大美晚报》，昨日因印刷工人突然罢工，致未出版。据该当局发表消息：罢工行动系发给一个月新年赏金及本月份上半月薪金后发生；工人方面，事前并无申请社会局调解。□昨晨工方曾指派代表一人，向当局要求于旧历新年期间，停工一周，如不停工，则须发给双薪，并每人借给三十万元。该报社长高尔德君，当向工方发表声明："市政当局曾通知本报，旧历新年期间，并无正假期，故本报决定仅于旧历元旦放假一日。关于年赏问题，本报已发给双薪一月，不能再发其他任何特别津贴或借款。至对此次之罢工事件，本报拟即申请市府当局予以严峻处置，准备于必要时，商得市府当局同意，将工场关闭，重行改组。"云云。工人方面，昨曾两度停止工作，但旋即复工，及至获悉资方无让步之意，始正式实行罢工。该报经理已将昨日情况，呈报市府当局，并准备如直接协议不能迅速成立，即申请调解。

（原载《申报》1947 年 1 月 17 日第五版）

后 记

· · · · · ·

犹记得，2010年9月初，暨南大学图书馆广场前垂柳像顾长的发辫在阳光中摇曳，几张长椅安静地卧于花丛边。图书馆展开巨大的双翼，学子背着书包，或舒徐，或急促，出出进进。而我刚刚从黄埔大道进入校门，开启我梦寐以求的博士后科研流动站生活。

从羊城苑18栋到图书馆，几乎是我每天必走的路。繁茂的树枝投下阴影，在肩上和运动鞋上跳荡。天空总是那么蓝，白云总是那样流淌。每到回南天气，湿重的气息在树林和楼宇间弥漫，橘黄的落叶将校道装点成斑斓的油画。图书馆七楼特藏室是一个神奇的历史空间，宁静，自由，悠远。我有时斜倚桌边的窗沿，放眼烟雨迷蒙中鳞次栉比的繁华城市。寒来暑往，晓风夕阳，三年紧张而充实的生活刹那间结束了。而这本书正是在我"流动"期间撰写的出站报告的基础上略加修改形成的。

传统史学比较重视上层人士和精英分子，而底层民众如何，大多语焉不详。在近代新闻史上，一张报纸出产，萦绕于读者脑海的往往是那些多少闻名遐迩的编辑和记者，遑论坐拥报馆、风头无两的老板了。而那些在昏暗的灯光下和混浊的空气中铸字、排版、印刷的工友以及在烈日下和骤雨中奔走售卖的报贩则往往成为"透明人"，人们对其熟视无睹。这段文字就展现了报贩辛勤劳动的场景：

> 国庆日之上午二点钟间，望平街渐渐喧闹，卖报人已自四面八方，集中于此矣。其始不过五六人，既而十余人，既而数十人，既而百余人，至天明时，已及数百人矣，有男子，有妇人，有童子，有女孩。望平街南自福州路，北至汉口路，进展而东至河南路，全为卖报人所占据，凡有车马，均须绕道而行……至天明时忽雨，而各卖报人有挺立雨中者，此其精神，

有同军人之冒雨进攻,且皆护惜其报不令着雨,而宁以此身供雨帅摧残,曾不稍悔,及其所欲领取之报已到手,则冒雨冲锋而去。

事实上,在当时报纸生产的过程中,始终存在着一种现象——不平等:就工友而言,工作繁重,收入微薄,文化生活贫乏。劳动造就了贫困,成为一种"异化劳动"。不仅如此,他们的苦难和悲怆既无以言表,也很少走进历史:他们之中有几人的名姓为人铭记,又有几人留下自己的影像为人喟叹?而我对这样"无声"的人群总会抱以天然的同情。这正是我定位于工友与报馆,探析其间的劳资关系的缘由。由于有幸在上海市档案馆寻获一些1945年至1949年的档案资料,再加以从报纸上爬梳了不少上海报业动态的报道,因而我将研究时段锁定在这一时期。报业劳资关系是我贸然闯入但长期关注的研究领域。现在看来,本书还只是对这一时期的劳资关系特别是劳资冲突的一般性描述,未能充分使用和深入解读那些档案;另外,我曾经设想运用社会史的方法展示报馆工友的工作情形和日常生活,惜史料稀少,终未如愿,期待将来能够弥补这一缺憾。

白驹过隙,八载已去。在此,我首先要感谢暨南大学新闻与传播学院,学院为我们提供了良好的研究条件和浓郁单纯的学术氛围。刘家林教授是我在站期间的合作导师,他对学术的热爱和博学、勤勉令我深受教益。正是在刘老师的指点下,我几次远赴上海图书馆查找资料,撰写并出版了《上海〈立报〉史研究》。

我的爱人李铭凤从江汉而南方,陪我走过几个城市,全力支持我的教职和学术兴趣;岁月如歌,毫无怨言。而第二个孩子的降临也给我们的家庭带来了许多欢乐。

本书由广西大学新闻与传播学院资助出版,感谢学院领导唐兴书记、刘洪院长和王辉副院长的关心和支持。

最后,感谢责任编辑冯琳老师和刘蓓老师,她们的专业水准和一丝不苟令我印象深刻。

李时新

2021 年 3 月